学校变革与教师发展丛书 | 主编 谢 萍 朱旭东

保持教学生命力

追求有品质的教师生活

［英］戴杰思（Christopher Day） 著

谢 萍 译

华东师范大学出版社
·上海·

图书在版编目(CIP)数据

保持教学生命力：追求有品质的教师生活/(英)戴杰思著；谢萍译. —上海：华东师范大学出版社,2022
（学校变革与教师发展丛书）
ISBN 978 - 7 - 5760 - 2439 - 5

Ⅰ.①保…　Ⅱ.①戴…②谢…　Ⅲ.①教学质量-研究　Ⅳ.①G420

中国版本图书馆 CIP 数据核字(2022)第 161127 号

保持教学生命力：追求有品质的教师生活

著　　者　戴杰思
译　　者　谢　萍
责任编辑　张艺捷
责任校对　邱红穗　时东明
装帧设计　刘怡霖

出版发行　华东师范大学出版社
社　　址　上海市中山北路3663号　邮编 200062
网　　址　www.ecnupress.com.cn
电　　话　021 - 60821666　行政传真 021 - 62572105
客服电话　021 - 62865537　门市(邮购)电话 021 - 62869887
地　　址　上海市中山北路3663号华东师范大学校内先锋路口
网　　店　http://hdsdcbs.tmall.com

印 刷 者　上海商务联西印刷有限公司
开　　本　787毫米×1092毫米　1/16
印　　张　15.75
字　　数　218千字
版　　次　2023年5月第1版
印　　次　2024年6月第2次
书　　号　ISBN 978 - 7 - 5760 - 2439 - 5
定　　价　48.00元

出版人　王　焰

（如发现本版图书有印订质量问题，请寄回本社客服中心调换或电话 021 - 62865537 联系）

*Teachers' Worlds and Work: Understanding Complexity, Building Quality,
1st Edition*
by Christopher Day
ISBN:9781138048607
© 2017 C. Day
All rights Reserved.
Authorized translation from the English language edition published by Routledge, a member of the Taylor & Francis Group.

本书原版由 Taylor & Francis 出版集团旗下 Routledge 出版公司出版,并经其授权翻译出版。版权所有,侵权必究。

East China Normal University Press Ltd. is authorized to publish and distribute exclusively the Chinese (Simplified Characters) language edition. This edition is authorized for sale throughout Mainland of China. No part of the publication may be reproduced or distributed by any means, or stored in a database or retrieval system, without the prior written permission of the publisher.

本书中文简体翻译版授权由华东师范大学出版社独家出版并仅限在中国大陆地区销售。未经出版者书面许可,不得以任何方式复制或发行本书的任何部分。

Copies of this book sold without a Taylor & Francis sticker on the cover are unauthorized and illegal.

本书封面贴有 Taylor & Francis 公司防伪标签,无标签者不得销售。

上海市版权局著作权合同登记　图字:09-2020-846号

学校变革与教师发展丛书

主编：谢 萍　朱旭东
编委（按照姓氏拼音顺序）：

程化琴　戴杰思　何 暄　贾莉莉　裴 淼

宋 萑　杨 洋　赵玉池　郑泽亚

总序

随着2020年COVID-19新冠肺炎疫情的全球暴发,全球各国的社会、政治、经济和生活等方方面面都受到很大的影响,教育领域也同样发生了重大的变化。人们普遍认为,在全球和国家发生根本性变化时,教育可以促进社会、经济和文化的转型,教育改革已经成为许多教育制度和学校发展计划的共同主题。从20世纪中叶以来,教育变革经历了不同发展阶段,先是在外部授权的改革模式中进行课程和教学的革新;逐渐有公众对公共教育和学校表现日益不满后导致改革资金投入减少从而导致对教育变革的关注也一定程度地减少;后来发展为转向授予地方学校决策权,并强调其责任。教育改革逐渐成为学校及所在社区进行平等管理的问题;在20世纪的后期,很明显,问责制和自我管理本身不足以成功地改变教育。教育变革开始更加强调组织学习、系统改革,而不是仅仅在教学,在课堂。教育工作者对教育变革的理解从线性方法发展到强调改革过程复杂性的非线性系统策略。教育变革的主要挑战是如何理解和应对不可预测的动荡世界中的快速变化。同样,改革的重点也从改组教育系统的单个组成部分转向改变某一学校或学校系统中盛行的组织文化,以及改变某一学校或系统的大部分需要改革的内容,而不是学校的不同组成部分。学校变革的意识和思维需要重新建构和进入新的阶段。

学校的变革是教育变革的核心内容,从教师、领导者和管理人员,到教育研究者、课程开发者和大学研究者,都需要在这段旅行中分工与合作。变革政策从萌芽到实现是一个漫长的、变化的、动态的过程。学校的许多变革都来自上级行政部门的要求。近年来,国内的"双减"政策、新课标的颁布、民办教育促进法实施条例、家庭教育促进法等各种政策、法律法规的出台随时都让教育工作者感受到:自上而下的变革有着法定的起源。英国政府发起了许多试图提升教学、学习和成就的改革,从现实来看,这种自上而下的改革不一定会引发真正的革新,也就是说,政策对于改变教师未来期望和教学方法也可能无法有直接的影响。① 一方面,自上而下变革的增多可能会使纯粹的教师自我变革空间缩减(House,1998),教师的自主选择受限,不得不在压力下重新学习以应对陌生的变革,这对许多老师来说都是一种挑战。另一方面,教学需要专业的知识,更需要良好的同事关系、灵敏而有目的的领导以及教师自己的使命感,这些可能是比政策强制更有力的提高教育质量的杠杆。②

同时,学校变革的成功与否与校长领导力、教师质量与专业发展密切相关。一切变革的成功实现都离不开学校的利益相关者的共同努力,学校领导力尤其是校长领导力、教师质量以及家校社协同等变量都非常关键。第一,在变革的环境下,校长的领导风格可以影响教师对变革的准备状态,③可以通过影响教师参与教学相关活动的意愿和参与的预期来影响教师的专业发展,校长变革领导中"营造支持环境"和"调整组织与绩效"两个因素对教师专业发展有更为显著的预测作用。④ 变革会给组织和个人带来一定程度的痛苦,但管理不善会造成过度或不必要的情绪痛苦。对于变革管理的关键不在于变革的起源是内部的还是外部的,而在于在设计和实施的过程中是否支持与包容教师的专业性。校长不能做一个对大规模改革毫无疑问的管理者或执行者,而应该运用道德目标和个人勇气,维护学生和教师的利益,建构一个动态学习的共同体,使所有成员都能够体验和享受深度学习。学校和教师工作模式的变革需要改变教师整体的工作状况与环境,在具体的情境中建立学习文化,因为学校文化氛围会塑造教师个人的心理状态。建构专业学习共同体可以发展一种新的文化,形成跨越学校内部层级结构和同一层次内部的能力结构和合作文化,为推进变革提供技术帮助、同辈

---

① Spillane, J. P. (2012). *Distributed leadership*. NY: John Wiley & Sons.
② Day, C., & Smethem, L. (2009). The effects of reform: Have teachers really lost their sense of professionalism?. *Journal of educational change*, 10(2), 141-157.
③ National Council for Curriculum and Assessment (NCCA) (2010), "Leading and supporting change in schools", discussion paper, available at: www. ncca. ie/en/Old% 20Publications% 20listing/Leading_and_Supporting_Change_in_Schools. pdf (accessed 2 January 2011).
④ Chang, D. F., Chen, S. N., & Chou, W. C. (2017). Investigating the Major Effect of Principal's Change Leadership on School Teachers' Professional Development. *IAFOR Journal of Education*, 5(3), 139-154.

群体支持和适宜的文化氛围。这种专业学习共同体不能只局限于一个学校内部,而应该形成跨学校范围的更大的共同体。对学校正式组织结构的重构也为变革的产生以及成员间的有效沟通提供了组织支持。

第二,学校的变革更需要教师的理解、支持、行动和付出。教师在变革中的专业性发展及其贡献也成为研究的重点。在教师个体的层面上,首先,教师的主体性是实现教育体系目标的核心。其次,教师的专业水平直接影响变革的实施效果。教育变革的成功取决于教师的审辨性思维、专业自尊、创新和创造的自主程度以及专业资本。① 教师的专业发展不仅可以提升自身的能力,还能促进学生成就的提升,校长可以通过支持教师专业发展的合作模式,促使教师成为变革的推动者。② 这就要求教师开展持续不断的学习,提升自身专业水平,寻找变革的正确方向与措施,同时也要防止专业共同体的合作学习强化错误的认知和手段。③ 第三,变革将引发教师的情绪变化,积极情绪更能让教师利用自身的知识和承诺在学校变革的过程中进行专业性的参与。第四,教师间的合作是促进变革成功的重要指标。第五,教师的领导力是学校改善的关键因素,可以通过教师专业发展得以培养和促进。④

综上可以看出,变革已经成为教育领域的新常态,当教育生态系统作为更加开放的系统,各元素之间的相互依赖和促进变得越来越重要的时候,教师作为学校教育与变革的核心作用无论怎样强调都不为过。理论者和实践者之间逐渐地形成一定的共识,即传统的教育变革思维模式不再提供足够的概念工具来应对多维需求和变幻的情境。因此,也是基于以上的考虑,我们决定出版这样一套"学校变革与教师发展"的丛书,从前沿的理念和创新的实践来探讨在这样的变革时代中教师和学校如何才能实现可持续的发展与成功,追寻"变革"中那些永

---

① Hargreaves, A., & Fullan, M. (2015). *Professional capital: Transforming teaching in every school*. NY: Teachers College Press.
② King, F., & Stevenson, H. (2017). Generating change from below: what role for leadership from above?. *Journal of educational administration*.
③ Hargreaves, A., Lieberman, A., Fullan, M., & Hopkins, D. (Eds.). (2010). *Second international handbook of educational change* (Vol. 23). Berlin: Springer Science & Business Media.
④ Darling-Hammond, L. (2006). Constructing 21st-century teacher education. *Journal of teacher education*, 57(3), 300–314.

恒的"不变"。本丛书包含以下六本书,其中有三本是英文专著的中译本,有三本是专著,它们分别是:

1.《教育与激情》

本书是北京师范大学讲席教授戴杰思的一本经典专著。它将与"激情"的对话延伸到教师工作和生活的各个方面,从八个章节探讨我们为什么需要在教育中拥有"激情",如何才能永葆教育激情。从教师个体到学习共同体,从教育理论到教育实践,从教师学习到学校领导,本书带领教育工作者在教育旅程中满怀激情,寻找到一条幸福的志业之路。

2.《保持教学生命力:追求有品质的教师生活》

本书是关于教师成长与发展的前沿论述。通过分析教师工作与教师世界的复杂性,剖析是什么帮助和阻碍了教师的工作,以便帮助他们尽自己最大努力教好学生。作者将"竭尽全力教好学生"贯穿全书,一方面,教师尽其最大所能教学生很重要,但是并不一定每位教师都会这么做;另一方面,未必这样就能教好学生。因此,本书为教师保持教学的生命力和有品质的教师生活的"幸福"教育工作者提供了可借鉴和实施的理念、方法与策略。

3.《卓越学校领导力:学习与成就的基石》

本书是一项为期三年的有关学校领导力对学生成就影响的实证研究成果。通过对英格兰学校的抽样和创新的混合研究设计,研究全国范围内中小学校长的领导工作,探索领导力对于学生成就产生怎样的影响以及影响是如何产生的。所有这些学校都在提高学生成就的举措上取得了成功,并且至少连续三年具有增值成就。本书为教育循证领导与管理提供了详尽的数据支撑。

4.《学校领导与管理基础》

本书通过对学校"领导"与"管理"的全面剖析,结合全球研究理论,扎根中国本土,通过案例分析,使读者对学校发展过程中应该关注的基本要素和理论基础有一个比较扎实的了解,为对教育领导与管理感兴趣的研究者、学校领导实践者和愿意成为学校领导的人员提供可思考与学习的前沿领导与管理的理论知识与实践技能。

5.《变革时代的卓越校长是如何"炼"成的》

本书通过对全国不同类型的学校的优秀校长的典型案例深描,较为全面而生动地揭示卓越校长在变革时代中的学校领导的共性与差异,从而形成中国路径的卓越校长成长路径,为校长的专业发展与培养的政策制定和实践探索提供可参考的数据支持和循证依据。

6.《"变"与"不变":变革领导力的魅力》

本书在区域治理视阈下,探讨了学校中高层领导在学校变革中对变革的意愿与态度;引领变革的措施与决策;变革带来了怎样的效果与影响等一系列问题,从而启发这个不确定时代的变革领导的"变"与"不变"的精髓与魅力。

虽然学校的变革在世界各地都常常发生,但它仍然没有被世界各地的学界和教育工作者作为重要议题进行系统地讨论和分析。希望本套丛书的出版能够为推动国内学校变革和教师发展的研究尽一些绵薄之力,也希望能够通过大家的共同努力,能提出并形成一套属于中国本土的学校变革与教师发展的理论与实践模式,为教育研究与实践贡献智慧。

我们真诚地感谢在本套丛书的编著过程中无私奉献的每一位成员,不管是译者、作者还是在编著过程中给予建议、意见和帮助的专家、校长、教师、学生及助理等,还要感谢华东师范大学出版社在出版过程中辛勤付出的领导、编辑等,虽然没有办法在这里一一列举名字,但是对大家在过去这些年的一起陪伴和共同努力的感激之情无以言表。感谢我们的领导、同事和家人对我们工作的支持和鼓励,感谢所有关心、指导、帮助和支持过我们的人。本套丛书能顺利出版,离不开所有人的共同付出。同时,本套丛书也难免会有瑕疵或者错误与不当之处,如果您有任何的意见和建议,也请与我们或者任何作者取得联系,我们将在再版时修订完善。如果您有兴趣参与本套丛书再版或者有关学校变革项目,也欢迎随时与我们联系,谢谢您的帮助与支持。

谢萍博士
北京师范大学教育学部惠妍国际学院院长
cathyping.xie@bnu.edu.cn
朱旭东教授
北京师范大学教育学部部长
zhuxd@bnu.edu.cn
2022年6月

中文版序

我非常高兴看到这本书现在能够有机会让更多的教师读到,尤其是中国教师。多年来,我一直在中国的多所大学访问和工作,并在北京师范大学作为讲席教授工作,结交了很多朋友,通过这些,我了解了更多有关中国中小学教师的生活和世界。最近作为一个为期三年的学校-区域-大学合作(U-D-S)项目的负责人,我与中学领导和北师大的同事一起的工作经历告诉我,尽管西方国家和中国在文化上存在差异,但也有许多相似之处,比如,好教师及好的领导者的工作目的、实践行为、承诺、身份认同和韧性以及他们工作所处的情境。

似乎在所有案例中我们都可以看到,教师的世界和工作都变得越来越复杂,也要求他们付出越来越多的努力,教师承受的压力越来越大,工作时间越来越长,除了要求他们更加关注学生的幸福感以外,也期待他们更好地提高学生学习和成就。然而,教师自身的幸福需求往往得不到支持。这种情况潜在地可能会导致越来越少的年轻人选择加入教师行业,也会有越来越多的人要么离开教学,要么他们最初的教学热情被削弱。

我写这本书的最初目的是源于出版商让更新我在1999年出版的书《培养教师:终身学习的挑战》。我也同意了出一版那本书的更新版。但当我重新阅读那本书后,我很快意识到只是做一个简单的更新是不够的。正如所有希望尽其所能教好书的教师们都知道的那样,学习会涉及变化,而变化并不总是容易实现的。

教师及其教学的环境和条件会随着时间而变化,一方面是因为家长的期望和学生的需求在发生变化,另一方面也是优秀的教师和他们的领导者总是在寻求改进。无论身处何种文化中,本书都力求阐明教师的承诺与质量之间的联系,以及教师竭尽全力教学的能力、意愿和承诺如何受不断变化的政策规定的调节,但同时这些也将受他们自己的承诺和学校文化的积极影响。本书认为,最好的教学是头脑(认知)、双手(技能)和心灵(情感)的集合体,因此也提出激发和维持教师在其职业生涯中不断奉献的建议与方法。如果不整合这些内容,课堂教学效果将不尽如人意。

最后,我祝愿所有愿意提升学生的学业、社会学习以及幸福感的教师与校长们,以及所有阅读本书的人都能实现自己的目标,通过实现对学生的承诺并为自己的国家服务而获得成功。

戴杰思
英国诺丁汉大学教育学教授
北京师范大学教育学讲席教授
2023 年 4 月

在教师工作和教师专业学习与发展的研究方面,世界上几乎没有人能像戴杰思(Christopher Day)那样精通。在这本巨著中,戴教授汇集了几十年来对教学质量的核心要素的理解和见解,如教师承诺、教师韧性和教师身份等。戴杰思的作品是博学的、容易理解的、与时俱进的,但最重要的是,他对教师是谁、教师做什么及为什么他们这样做怀有深深的感激之情。

安迪·哈格里夫斯(Andy Hargreaves),波士顿学院布伦南教育主席,美国

在这本书的开头,戴杰思写道:"在我们当前所处的环境中,很多教师都在努力做到最好。"对我来说,这本书是对为什么会出现这种情况及当代教师如何下定决心在学校和教室中创造合适的条件来挑战这种环境的深入调查。这一愿景既现实又人道,正如戴教授所做的那样,他进行了广泛的研究,包括他自己的研究和许多其他学者的研究。他的伟大成就是将许多不同的观点结合在一起,并将这些见解整合成对21世纪成功教师的整体描述。

伊恩·门特(Ian Menter),英国牛津大学教师教育荣誉教授

这本书对理解教师的工作和世界的复杂性做出了重大贡献。它汇集了戴杰思教授在教育领域，特别是对长期持续的职业生涯的教学专业的工作、洞察力和贡献。《保持教学生命力：追求有品质的教师生活》帮助我们理解教学和教师身份的复杂关系如何影响政府和学校政策、战略和文化的设计、发展和制定。作为教师和教学专业领域的倡导者，戴杰思的声音强劲且自信，怀揣乐观的设想，它为所有教师提供了一个声音，这些教师关注教学，也关注在不确定的时代中时时变化和政策模糊的情形下，哪些是提升他们的工作及效果的最为关键的内容。

朱迪思·萨克斯（Judyth Sachs），澳大利亚麦考瑞大学荣誉教授

了解影响教师整个职业生涯工作质量的关键因素是建立和维持教师持续的承诺和有效性。《保持教学生命力：追求有品质的教师生活》提供了崭新的研究视角，剖析了这些关键要素如何独立和共同影响教师工作和生活：政策和工作条件，教师专业性，身份，情绪，承诺，韧性，专业学习与发展类型，高水平领导力的重要性。在将这些因素结合在一起的过程中，这本书对这些因素的影响提供了新的、详细的和全面的理解，并针对如何建立和维持教师的能力和意愿，使他们在职业生涯中尽力做到最好提供了建议。这一开创性的书籍将是教师教育工作者、教师、校长和学术界人士的重要参考读物。

戴杰思（Christopher Day），英国诺丁汉大学教育学院教授

谨以此书献给来自不同国家、不同文化、不同环境，始终努力做到最好和杰出的教师们。

目录

图目录 / 1

表目录 / 1

序 / 1

前言 / 1

致谢 / 1

第1章 变革时代的教师专业性 / 1

第2章 专业身份:将教学视为有情感的工作 / 27

第3章 教师工作和生活的多样性:承诺是保障质量的关键 / 49

第4章 教师韧性 / 68

第5章 专业学习与发展:功能与态度相结合 / 84

第6章 学习是学校领导的社会性事业 / 113

第7章 优秀领导的重要性 / 137

第8章 洞悉复杂性,构建高品质 / 162

参考文献 / 182

译后记 / 217

图目录

1.1 专业资本、教师素质和教师效能之间的关系假设 / 13
1.2 专业学习与变革的组织条件 / 18
1.3 教师与学校集体社区之间关系的概念模型 / 23
2.1 改革与教师身份、情感体验、课堂冒险与教学质量之间关系的概念模型 / 35
2.2 场景1：相对平衡的影响 / 42
2.3 场景2：一个主要的影响 / 44
2.4 场景3：两个主要的影响 / 45
3.1 教师发展的相关维度 / 53
4.1 教师韧性的四维框架 / 71
5.1 PLD规划框架 / 87
5.2 以功能性和态度性为导向的专业学习与发展规划模板 / 94
5.3 2007年至2008年按发展活动类别划分的影响及参与情况比较 / 110
6.1 学校情境的影响 / 115
6.2 实践共同体、社会资本以及课堂与学校改善 / 121
6.3 专业学习共同体的要素 / 124
7.1 小学发展的不同阶段 / 142
7.2 关系型信任如何在学校中发挥作用 / 150
7.3 信任的递进分布 / 157
7.4 维护和发展的一个模型 / 159
8.1 理解复杂性，建立并保持品质 / 164

表目录

3.1 教师职业生涯后期的专业承诺轨迹 / 59

3.2 不同职业阶段影响教师的关键因素 / 65

5.1 教育和学校教育促进人类繁荣 / 90

5.2 评价专业学习和发展的影响 / 96

5.3 持续承诺和减弱承诺的教师对影响他们的因素的评价 / 111

6.1 专业发展的模式和类型 / 114

6.2 PLD 的三个主要方向 / 116

6.3 PLC 维度及描述 / 126

6.4 群体身份认同的形成与互动规范 / 128

6.5 穿越断层线 / 128

6.6 导航紧张情境 / 128

6.7 对个人成长的集体责任 / 129

7.1 校长领导在教师能力构建中的不同模式 / 144

序

戴杰思写了一本虚拟百科全书,讲述了当今作为一名教师意味着什么,他们生活在学校文化中,并随着时间的推移不断学习,努力成为一名高质量的贡献者。单一的描述很容易,但是讲述教与学、在学校内外的生活,以及处理专业和个人成长的复杂问题却很难。如何厘清和解释老师在一所学校持续努力并保持领先,与学生建立联系,以及如何在个人生活与教师责任之间的平衡中游刃有余,这些正是本书的内容。

我们了解到我们生活的时代的变化性质及它如何影响我们世界各地的老师。但这本书的贡献在于,它回答了政策、校长和实践是如何与教师的工作生活相联系的。许多人研究了教师及他们的动机、效率和发展,但很少有人研究和论述教师成长和影响的所有变化条件是如何联系在一起的。这本书毫不畏惧地把今天成为一名卓越教师的所有复杂性、关系和压力分解,再重新组合在一起!

我们首先要了解这些变化包括工作负担的增加、学习和使用数字技术的压力,以及知识增长的复杂性带来的专业发展。

如何处理这些问题?谁领导专业学习?最重要的是知道什么?教师被认为是"专业人士"还是他们仅仅是"技术人员"?教师是参与自己的学习还是受他人委托?为教师学习和深化知识创造了什么样的条件?本书作者从不同的角度对所有这些问题进行了研究。

把教学作为"情感工作"和"韧性"的力量这两个部分是重点,以前从未有人写过这两部分如何与教师质量关联,以及在压力重重的情况下如何保持教学质量。我们了解到,随着教师学习新的知识和技能,并继续面对挑战,他们的投入在不断增长。

"韧性强"的教师学会适应不断变化的环境,懂得如何平衡当今世界教师的需求和挑战。韧性不仅仅是生存,还是如何保持积极,如何让教学令人满意,以及最重要的"如何提高集体效能以及专业控制、影响力和责任的共同信念"[戴和顾(Day 和 Gu),2014：11]。

这个讨论是无价的！它帮助我们理解为什么教学如此复杂,韧性如何成为理解教师创造、工作和学习处理复杂问题的关键因素。

我们也了解到,校长在促进教师学习中的关键作用。这本书不仅对"教学领导力"和"变革型领导力"等各种说法进行了批判,还对成功的校长如何学会同时在个人、人际和组织层面上工作提出了更全面的观点。

这本书之所以如此重要,是因为我们都在学习——教师、校长、学者和家长——教师的价值观和信念、学校文化和专业学习,以及校长的领导才能和发展,都是影响教学、学习和领导的重要因素。如果我们想要拥有高质量的教师,我们要处理的就不是单一事件,而是要处理复杂的政策、领导、支持、信任,以及教学中存在的专业性和情感素质。

书中最有力的观点之一是关于教师专业发展的讨论：它是如何组织的,新知识和想法从哪里获取,以及教师如何参与自己的学习。我们再次认识到承诺和常新的必要性,认识到一致性和教师积极参与之间的矛盾——这是贯穿全书的一个重要主题。本书剖析了为学习创造的多维条件：智力、情绪、组织、个人,链接头脑和心灵,并意识到了解教师(和学习者)在学校文化中如何以成人的角色学习和成长是很重要的。作者也将终身学习过程中的压力、紧张和其他必需品都呈现在了读者面前。

拥抱教师的世界和工作的复杂性是这本极其重要的书的本质。戴杰思旁征博引,从政策、研究和实践的角度分析和理解教学、学习和领导力的复杂性。作为读者,良好的教育让我们可以学习和享受这一优秀的贡献,从而了解如何在一个充满挑战的世界中成为高质量的教师！

安·利伯曼(Ann Lieberman),斯坦福教育机会政策中心高级学者

前言

本书剖析了教师工作与教师世界的复杂性,旨在确定教师所需,并分析是什么帮助和阻碍了他们的工作,以便帮助他们尽自己的最大努力教好学生。我将"竭尽全力教好学生"这一短语贯穿全书,原因在于教师尽其最大所能教学生很重要,但是他们不一定总是这样做,或者未必这样做就能教好学生。

从理想的情况来讲,无论什么环境,教师都应努力让学生发挥最大潜能。然而,这种愿望和能力不仅受到他们自己不同的最初动机和承诺度的影响,同时也随着当前和未来情境的变化而不同。比如,对一些教师来说,教育是一种服务,一份充满热情的事业,然而对有的教师来说只是一份职业,或者只是"一份工作"。虽然动机和有效性之间并不一定存在必然的因果关系,但是,由于教师不同的动机及对教育服务的不同理解,会在教育投入和承诺之间存在质的差异(可能成为影响有效教学的重要因素)。随着时间的推移,无论他们当初的动机和承诺度如何,保持长久的精力和付出对教师的智力和情绪都将是一种挑战。

全书的讨论并不假定所有的教师都是感到不满意的"牺牲品",由于某些政策,教师的工作"技术化"或遭人贬低,他们面对"新自由主义"的政府议程要求时也无能为力。事实上,有相当多的实证研究表明,在合适的工作条件下,事实远非如此。本书也不会给所有教师"贴上标签"。一些教师竭尽全力教好学生,有的并不如此,而有的教师的意愿和能力也在不断波动与变化。同时,本书通过各国研究的数据和证据显示,要在职业生涯中做到教学有效性,教师不仅应获得、应用并在必要时增强他们的学科知识和课堂能力,他们还需要感到受尊重,有价值,受信任;在被评估和判断之外,要想实现高水准,他们的动机、承诺度、抗逆力都很重要。国际上大量的研究明确表明:这些与他们在职业生涯过程中专业性和专业身份的培养、支持甚至必要的挑战是密切相关的。

简而言之,如果我们相信所有学生都有权利由有能力的教师来授课,教师能致力于为所有学生提供最好的学习机会,那么我们需要明白并承认,最佳的教学在智力和情感上吸引人,同时也会让人在这两方面感到疲惫;如果教师有很强的专业精神、专业身份认同、承诺度和抗逆力,有合适的专业学习和发展的机会,同时还有高期望、关爱和成就塑造的积极校园文化,学生将从中获益。

我原本打算将本书写成《教师发展:终身学习的挑战》(1999年出版)的升级版,那本书是我的经历和思想的结晶,我曾担任任课教师、教师教育者、地方政府学校督学,之后作为大学教师和研究员。然而,当我开始回顾并分析在那之后的教育,我发现政策干预在加速,因此,随之而来的学校治理、课程、教师处境及条件、评价教学有效性的方式等都在发生巨大的变化。在同一时期,对学校、教师和领导的新的深入研究揭示了为什么有的教师在整个职业生涯过程中热情洋溢、知识丰富、能力高超,而有的并不如此,以及是什么带来了这样的不同;另外,研究也进一步阐释:当教师因政策、工作条件、社会环境变化而承受个人、智力和情感方面的挑战的时候,是什么帮助及阻碍教师的意愿和能力来帮助学生实现学业成绩及综合能力的发展。同样,我也发现,尽管有目的的专业学习和发展的机会很重要,但无论它们如何设计严谨、有针对性和管理有序,这些都还不足以保障所有教师能在职业生涯过程中全心全意地教好学生。

同时,当我在寻找用全方位的视角看待教师的工作及世界的时候,我越来越清晰地看到,大量的研究仍然将教师的生活、工作、政策及社会情境的不同构成元素作为独立的个体来进行分析。尽管这些研究对于理解教师生活和工作的方方面面提供了独特的见解,但由于这些研究基于一定的研究领域和学科,因此并不容易将它们的"这些点连接起来",构建各研究结果之间或者对学校、教师和学生的工作和世界的多方位联结。比如,教师的专业性和身份认同如何影响教师的承诺度和抗逆力;学校领导力和专业学习与发展如何加强或者削弱这些方面;情绪如何像一条线贯穿在教师的工作和生活中。随着教师在整个职业生涯过程中的发展,这些方面已经不再是孤立地存在着,而是交织在教师个人、专业及工作等各个情境中。教师对这些方面的体验将影响他们的观念和自我期望,同时也将影响他们的日常工作。在他们教学生涯的不同阶段、不同政策和学校情境中,他们管理和调节这些方面的能力将影响他们的工作质量及有效教学的意愿与能力。由此可见，它们提供了理解其复杂性的一个框架。

因此，本书最后落脚为研究和分析影响教师成长、幸福和有效性的关键内外部因素。这些因素各自独立，同时也相互结合，共同形成了教师工作和世界的复杂性。因此，欲提升教学质量、创建高水平的教师团队，洞悉这些因素，并理解为什么它们如何相互作用应成为政府和学校政策、战略及文化设计、发展和实施过程的核心。所以，这本书一方面关注什么对教师最重要，另一方面也关注在变革时期对所有致力于提高教师工作水平和增强其成效的人们来说什么是最重要的。

本书分为两部分。第一部分探讨了教师工作的一系列情境，如政策、学校组织结构、工作条件、文化及情绪，同时分析由此对教师专业性、身份认同、承诺度和抗逆力的影响，这些都将直接或间接地影响教师职业生涯过程中教学"有效性"的能力和意愿。第二部分重点论述已知的"有效的"教师专业学习与发展的类型，以及高水平的领导力对此的重要性。本质上，这些章节试图回答一系列如下问题，这将有助于进一步理解教师工作和世界的复杂性，以帮助提高教师素质和质量。

1. 变革时代教师专业性的本质是什么？（第1章）
2. 专业身份认同和情绪在教师竭尽全力教好学生的意愿和能力方面发挥什么作用？（第2章）
3. 优质和有效教学所需的教师承诺有哪些？（第3章）
4. 如何让教师保持抗逆力，以帮助他们始终热情饱满地影响学生？（第4章）
5. 个人专业学习和发展的有效方式有哪些？（第5章）
6. 学习是一种社会性事业，什么样的合作式学习和发展是有效的？（第6章）
7. 领导者在创造和培养组织文化中发挥什么作用，以便使参与者（教师和学生）无论是在学习、再学习还是提高知识与理解的过程中有安全感？（第7章）
8. 在21世纪，构建和维持教师素质和质量有哪些挑战和机遇？（第8章）

本书的各个章节描绘以上各不同部分之间的联系和相互作用，解析教师工作、生活及面临的挑战的各种复杂性，同时也不仅仅是这些，也期望更多地指明未来的发展道路，即任何一个国家都需要的、任何一个学生都应该有权利享有的健康的、富有成效的、尽心尽力的、有抗逆力的、有效的教师专业教学。

致谢

我要感谢安·利伯曼和朱迪思·萨克斯,她们是这本书的两位"诤友",感谢他们给予的深思熟虑和智慧的反馈;感谢海莉·麦卡拉(Hayley McCalla)在早期多版写作初稿中所做的工作。最后,我要感谢很多同事,他们对老师、教学、学习者和学习等内容的激情和承诺,在我职业生涯的不同时期影响了我的思考和实践。就像最好的老师一样,他们永远不会被遗忘。

经许可在本书中使用下列文献中的版权材料,对作者和出版商特此致谢:

Clarke, D. and Hollingsworth, H. (2002). Elaborating a model of teacher professional growth. *Teaching and Teacher Education*, 18(8): 947 – 967, reprinted with permission from Elsevier.

Day, C. and Kington, A. (2008). Identity, well-being and effectiveness: the emotional con-texts of teaching. *Pedagogy, Culture and Society* 16(1): 7 – 23, reprinted by permission of Taylor & Francis Ltd, www.tandfonline.com.

Day, C. (2009). Building and sustaining successful principalship in England: The importance of trust. *Journal of Educational Administration*, 47(6): 719 – 730, reprinted by permission of Emerald.

Day, C. and Gu, Q. (2009). Veteran teachers: Commitment, resilience and quality retention. *Teachers and Teaching*, 15(4): 441 – 457, reprinted by pemission of Taylor & Francis Ltd, www.tandfonline.com.

Day, C. and Hong, J. (2016). Infuences on the capacities for emotional resilience of teachers in schools serving disadvantaged urban communities: challenges of living on the edge. *Teaching and Teacher Education*, 59: 115 – 125, reprinted with permission from Elsevier.

Day, C., Sammons, P., Leithwood, K., Hopkins, D., Gu, Q., Brown, E. with

Ahtaridou, E. (2011). *Successful School Leadership: Linking with Learning and Achievement*. Maidenhead: Open University Press. Reproduced with the kind permission of Open International Publishing Ltd. All rights reserved.

Fielding, M. (2012). Education as if people matter: John Macmurray, community and the struggle for democracy, *Oxford Review of Education*, 38(6) December, 675 – 692, reprinted by permission of Taylor & Francis Ltd, www.tandfonline.com.

Gu, Q. and Day, C. (2007). Teachers Resilience: A necessary condition for effectiveness. *Teaching and Teacher Education*, 23: 1302 – 1316, reprinted with permission from Elsevier.

Hipp, K. K., Hufinan, J. B., Pankake, A. M. and Olivier, D. F. (2008). Sustaining professional learning communities: Case studies, *Journal of Educational Change*, 9: 173 – 195, reprinted with permission of Springer.

Jackson, D. S. (2000). The school improvement joumey: Perspectives on leadership. *School Leadership and Mangerment*, 20(1): 61 – 78, reprinted by permission of Taylor & Francis Ltd, www.tandfonline.com.

Lai, E. (2014). Principal leadership practices in exploiting situated possibilities to build teacher capacity for change. *Asia Pacjfic Education Review*, 15(2): 165 – 175, reprinted with permission of Springer.

Lesser, E. L. and Storck, J. (2001). Communities of practice and organizational performance. *IBM Systems Joumal*, 40(4): 831 – 841, adapted with permission from IBM.

Mansfield, C. F, Beltman, S., Price, A. and McConney, A. (2012). "Don't sweat the small stuff": Understanding teacher resilience at the chalkface. *Teaching and Teacher Education*, 28: 357 – 367, reprinted with permission from Elsevier.

Robinson, Viviane M. J. (2007). School Leadership and Student Outomes: Identifring What Works and Why, Vol. 41. Melbourne: Australian Council for Educational Leaders (ACEL), reproduced by permission of ACEL.

Sachs, J. (2016). Teacher professionalism: Why are we still talking about it? *Teachers and Teaching: Theony and Practice*, 22(4): 413 – 425, reprinted by permission of Taylor and Francis Ltd, www.tandfonline.com.

Wong, J. L. N. (2010). What makes a professional leaming community possible? A case study of a Mathematics department in a junior secondary school of China. *Asia Pacific Education Review*, (11): 131 – 139, reprinted with permission of Springer.

第 1 章 变革时代的教师专业性

全世界的教育系统都处于变革之中。随着新千禧年的开启,社会中各个领域都在严肃且信心百倍地进行改革。这些改革的关键内容之一是教师的专业发展。社会大众终于认识到,教师不仅仅是可以用来改善国家系统的、需要加以改革的"变量"之一,同时,他们也是改革中最重要的变革推动者。

维尔加斯-雷蒙斯(Villegas-Reimers),
联合国教科文组织国际规划教育研究所,2003:7

如果说教师是学校变革中最重要的推动者,那么了解他们的工作和生活,以及在其三四十年的职业生涯中,是什么在挑战和变革的背景下影响着他们的工作和生活,这些是确保教师持续投入和教学质量的关键。虽然研究人员已经对影响教师尽其所能做到最好的意愿和能力进行了探索,但他们采取的是不同的且往往是割裂的方式。当我们阅读一篇文章、一份研究报告或一本书时,我们很容易发现其中的重点,如政策变化的影响,校长在塑造和引领学校的愿景、方向和文化方面所扮演的角色,教师的道德目的,专业身份,效能感和能动性,承诺和弹性,信任,学校的改善及效能,作为情感工作的教学,持续的专业发展,专业学习社区,伙伴关系和网络学习等。所有这些对于理解教师的工作和生活都很重要,但在文献中却往往没有联系。我们很少看到整体。然而,尽管这些研究各自都为教师成长相关的情境、影响和条件提供了贡献,但是只有把它们视为密切相连的、从内部和外部均对教师产生影响的部分,我们才可以理解教师的世界和他们工作的复杂性,并借此构建和维持教师工作的质量。

这本书整合并讨论了一系列国际层面的研究,这些研究发现:

1. 教师会有各种不同的动机进入教学岗位(作为一种职业、作为一份工作、作为多种工作组合的一部分），因此并不是所有的教师都会投入一定水平的承诺，来激发、吸引和维持学生的兴趣、期望和抱负。

2. 教师在其职业生涯的不同阶段会体验到不同的学习和发展需要。

3. 教师的自我感觉——他们积极、稳定的职业认同感——与他们在课堂上有效的感知能力密切相关。

4. 成功的专业学习和发展注重通过功能和态度的结合来加强个人、人际和组织能力。

5. 教学既是一种智力的追求，也是一种情感的追求。为了使教师有意愿并且有能力把教学做到最好，教师不仅需要智力上的支持，也需要情感上的支持。

6. 为了应对课堂互动中可预测和不可预测的挑战，教师需要有适应能力。这种能力可能在他们职业生涯的不同阶段由于不同的原因或多种原因的组合而出现波动。

7. 学校的领导力水平和同事之间的关系是影响教师士气、工作满意度、自我效能感和质量水准的关键因素。

8. 建立、维持个人的和集体的专业资本是学校领导的一项关键职能。

变化的工作情境

政策

在着手解决对复杂性的理解和建设高质量这两个问题时，我立刻被持续不断发生的各个国家的政策和社会现状变革，以及政策如何在教师和学校发展的决策中越来越占据主导地位所震惊。在我们当前所处的环境中，很多教师都在努力做到最好。他们在不断满足日常教学复杂性，实现由道德驱动的更为广泛的教育目的的同时，也面临着因满足结果驱动的外部政策而带来的越来越多的压力。当然,有理由认为这种情况一直存在。然而,几乎可以肯定的是,21世纪的教师面临着前所未有的来自国家的压力,这些压力越来越多地通过干预系统来监督他们的工作质量,以及对学生进步和成就的可测量的影响,以此符合政策议题。例如,在一些国家,有明确的四项中央层面的政策倡议：

1. 职前情境

随着各国政府开展对学生为教学做好准备的方式的改革，当前国家政策对职前教育的结构和文化产生了更大的影响。这代表着一种从大学扮演主导角色的"理论和实践"模式向学徒式的"实践"模式的转变,在这种模式中,大学及它们所进行的教育研究(除一些个例外)正在成为以学校主导的组织的次要参与者——最多被称为初级合伙人。"为美国而教"和在英国、瑞典和澳大利亚等国家的类似政策,如英国的"学校指导"和"以学校为中心的初级教师培训"(SCITT)模式,都说明了这一趋势。这其中隐含的信息是,教学被看作一种最好与其他从业者一起学习的技艺。虽然不同国家的变革步伐不同,但走向学校主导、大学支持这一模式的方向是相似的。

2. 教师工作

各个国家的政府政策导致教师的工作越来越非私有化。其结果之一是,教师的教学内容、教学方法和教学效果都受到了更加严密的审查,教师对学生的影响也受到更加频繁的评估,例如,使用年度教师绩效管理(也称为评价)、进步和成就措施(对学生有差异化的目标要求)、在学校教育不同学段中的课程连续性和取得的进展(因此没有重复的内容)及国家定义的教师和学校标准。

3. 有限的自主权

政府政策在确保学校管理课程和资源方面更加自主的同时,也在学生的福祉和学业成就方面对家长和政府更加负责。在英国,转移教育责任和政府远离教育标准通过建立学校系统"自我提升"的"学院"、"MTAs"(多样化学术信托机构)、大量受私人企业管理的学校"链"和"TSAs"(由"教学模范学校"和国家领导者教育主导以及教学行政领导管理的学校教学联盟)得以体现。简而言之,学校已经变成由企业管理者支持的准企业、公司化企业。与这些在国家系统层面的分布式领导和在学校层面不断下放的自主权相对应的是,中央政府通过全国性考试及测验加强对课程和对学生成绩评价手段的控制。在英国及越来越多的其他国家,学校质量由独立的教育标准办公室(Ofsted)加以监测和评估,Ofsted的监察人员致力于构建全国性的监测框架,公开按照以下四个类别对个别学校进行评估,分别是"优秀""良好""需要改进"或"特殊措施"。

4. 教育标准全球化

多年来,许多国家的公共服务中,以结果为导向的政策议程在不断增加。当前,大多数教育系统的领导者认为他们能够准确地判断出学校的标准和学生取得的成就,尤其是通过如经济合作与发展组织(OECD)举行的 PISA 测试、TIMMS 和 PIRLS 等测试,在核心领域,如读写、数学和科学,对国家内部及不同国家之间的学校教育标准和学生表现进行比较。有人据此合理地断言,这种"数字体制"不仅已经成为一种"资源,通过它进行监管",而且还是可以"用来进行比较的数据库"[奥兹加(Ozga),2008:264,267]。

考试时代的教师专业性

一段时间以来,人们一直声称,对公司管理的强调导致了前面提到的很多变革,并且在过去 20 年里给专业性本质带来了巨大改变。例如,在 1996 年要求每个教师必须:

> 能明确达到学校设定的目标,很好地管理一批学生,并且出于社会责任记录学生成就和问题的专业人士。在这种模式中,成功的专业教师的标准是工作高效,有效地达到为学生和教师制定的成就标准,并对学校的正式责任做出贡献。
>
> 布伦南(Brennan),1996:22

最近,斯蒂芬·鲍尔(Stephen Ball)和其他一些学者用"绩效性"(performativity)来描述这个系统,并将其与压制教师主动性和创造力的"新自由主义"环境联系起来。

> 在教育领域,绩效性的首要效应是重新调整那些可能会对学生、组织、甚至是国家的可衡量的表现结果带来积极影响的教学和学术活动,并且将注意力转移到社会、情感或道德的发展等没有直接测量价值的各个方面。绩效性是通过我们所期望的自我定位的措施和目标加以制定的,但经常也会在工作中产生应该如何自我组织的不确定性。绩效性在我们的头脑和灵

魂里最为有力,也就是说,当我们自己这样做的时候,当我们承担起更加努力、更快、更好地工作的责任时,提高我们的"产出"自然会作为个人价值和他人价值的一部分……绩效性在任何简单的意义上来说都不是一种压迫的技术,它是一种满足和回报,至少对一些人来说是这样。绩效性是新自由主义管理的一种关键机制,是一种用比较和判断来代替干预和指导的不干涉管理形式……自我管理的个人和自治的组织通过审计、检查、评估、自我审查和质量保证等在复杂的绩效中得以产生。

鲍尔(Ball),2012:31—32

为教师制定标准,作为学校外部评价其表现的方式之一,已成为很多国家学校的常态。萨克斯和莫克勒(Sachs 和 Mockler,2012)声称,绩效管理和绩效文化"嵌入教育政策和实践当中,尤其在政府干预将专业标准强加于教育行业的情况下更为明显"(第33页)。他们断言,这种绩效文化会过分强调教学的技术层面,减少教师在课堂上作出自由判断的传统职责,并侵蚀教师的信任。

首先,它们可以公开那些被看作理所当然的教师的实践和决策;第二,特权,更有问题的是它们把教学技术视为一种特权,而忽视教师做出专业判断的有关能力;第三,它们破坏了教师的自主权,使教师成为政策的执行者而不是自身行为的仲裁者。因此,随着它们越来越多地在监督的氛围中运作,教师工作的本质以及如何认可和奖励教师工作之间相矛盾,教师职业、工会和教育官僚机构之间的信任逐渐被削弱。这种绩效文化强化了教师专业性的理性技术方面而非变革的形式。

萨克斯和莫克勒,2012:33

从本质上说,这些批评认为,政策趋势改变了教师专业性取向的本质[莱希特和芬内尔(Leicht 和 Fennell),2001]。由于现有的"教师个体通过协商和对社会定位的教师角色的反思"[奥康纳(O'Conner),2008:118]的专业身份受到因新的政策干预带来的持续变革和挑战,教师逐渐被称为"技术人员"[阿普尔(Apple),2008;鲍尔,2003a]。史密斯和莫克勒(Smith 和 Mockler,2012)指出,这些措施通过一味强调"为考试而教"和一个"靠不住的"教师作为"技术人员"的概念,对教师的工作量和士气带来惩罚性影响,并且对教师招聘和教师资源的保留也有消极影响,扭曲了更为广泛的学校教育的目的。

我们担心当前的标准制度和教师成长的政策环境,使他们从内心不愿建立理解教学的复杂性和教师与学生的多样性的意识,取而代之的是标准化实践、抑制辩论、专业客观性的错误概念。

史密斯和莫克勒,2009:8

政策改革对教师工作和生活的五大影响

政策力度的加大和学生需求的变化给教师工作主要带来以下五个方面的重要影响结果。

第一个结果是增加对教师工作量和官僚作风的要求,这些要求与更加详细的、标准化的记录和报告程序有关。这些要求是教师工作中不可分割的一部分,因此需要密切关注。

第二个结果与教师专业学习和发展(PLD)的管理有关。随着学校的管理权力不断下放,校长在资金、管理、指导和质量方面负有更加明确的责任,并且他们直接对政府负责,以确保提高教学、学习和学生成就。因此,参与教师专业学习和发展不再是教师个人的选择,而是一种正式的要求,是教师为改善学校做出贡献的一部分责任。

第三个结果是随着传统上的教师之间的孤立逐渐消失,教师之间和学校之间的合作正在走向常态化。这有很多好处,如分享实践、教师对实践做出决策和判断的过程更公开、透明等。

第四个结果是教师需要扩充课堂教学和学习方法,因而压力增加。在这种情况下,可利用的数字技术的增加意味着很多教师不得不调整自己作为知识拥有者的传统的"专家"角色,而成为知识的"经纪人"或媒介,协助学生对广泛的未经筛选的信息作出理性的判断。

第五个结果是意料之外的、不断增加的有关教师对变革的消极反应的报道。例如,英国著名的全国性报刊《卫报》在2016年对4450名教师进行了调查,结果发现,98%的教师表示他们承受的压力越来越大,82%的教师反映他们难以应对当前的工作量,75%的教师表示他们的心理健康受到了严重损害。只有12%的教师说他们可以平衡自己的工作和生活,43%的教师计划在未来五年离职。很多其他国家的教师也有这样的反映。英国出现了教师招聘和教师留任的危机——79%的学校报告称,他们在招聘和留住教师方面遇到了困难[莱特福特(Lightfoot),2016]。类似的情况在美国同样存在,美国是报告教师士气低落和教师招聘及留任问题的众多国家之一[约翰逊(Johnson)等,2012;博伊德(Boyd)等,2010;艾伦斯沃斯(Allensworth)等,2009]。

教师专业性的含义

在广泛的政策变革及其后果的背景之下,教师专业性的含义仍然是一个相当具有争议性的话题。特别是在很多国家,学术界担心国家政策要求的这些变化,尤其是关于学生学习成就的评估和特定课程领域的监测,正在对教师专业性含义的以下关键内容产生威胁:经过一段时间的培训后获得资格证书,教师自主和自由决策。因此,由弗隆(Furlong)等在2000年确定的教师专业性的三个基本组成部分——知识、自治和责任这一观点正在不断地受到考验。

改革对教师专业性的影响方式在最近两项跨国实证研究中得到说明。第一,一项跨文化的研究调查了在英国、法国和丹麦这三个国家中,政策对中学教师工作的影响[玛尼斯、布罗德福特和奥斯本(McNess, Broadfoot 和 Osborn),2003]①。研究结果发现,在英国,对绩效的要求强调管理上的有效,以利于问责,而忽视了教师在情感方面对教学和学习根深蒂固的承诺(玛尼斯等,2003:243)。它更多地关注工作本身,从社会和情感方面对教师工作的程度加以说明——教师自身对他人的情感投资,使他们容易受到政策变化的影响,并减少教

---

① 本节摘自戴(2003)在穆斯和卡尔斯勒(Moos 和 Krjsler)所编写的《专业发展与教育变革——在教育领域做专业人士意味着什么?》(哥本哈根:丹麦大学教育出版社,2003:45—67)。

师锻炼创造力和维系与学生之间关怀性关系的机会[尼亚斯(Nias),1996;阿克(Acker),1999;哈格里夫斯,1994;伍兹和杰弗利(Woods and Jeffrey),1996]。

在丹麦,尽管改革有所不同,但在互联网上提供的学生测试结果表明当前正在向绩效政策进一步迈进。研究表明,在教师专业化方面(在英国),由知识构造的教师角色已经受到侵蚀,教师在课堂决策中的自主权受到限制,他们的角色变得更加工具性,因为他们的价值主要取决于教师是否成功地遵守中央政策的要求。在挪威,也有全国性的考试、国家标准对学校质量加以评估,而且由于鼓励私人对学校提供资助,各个学校之间的竞争加剧[韦勒-斯特兰德和谢沃(Welle-Strand 和 Tjeldvoll),2002]。芬兰[林内、卡维瑞玛和西摩拉(Rinne, Kivirauma 和 Simola),2002]和瑞典[伦达尔(Lundahl),2002]也有类似的情况。之后的文献中陆续提到,政府对教师和学生表现的可测量指标及依据相关标准的定期报告显示出势不可挡的增长趋势[如鲍威尔(Power),2004;卡斯特利斯(Castells),1997;阿普尔,2006;奥兹加,2008;鲍尔,2012]。

萨克斯和莫克勒(2012)认为有三种这样的绩效文化:

> 监管性文化:存在于通过编纂制定的标准制度或倡议举措中。需要规章、执行和制裁来确保其得到遵守。
>
> 发展性文化:代表一种致力于满足社区、教师、家长和学生等各种利益相关者利益的责任制的回应形式。就专业标准而言,它们由专业驱动,并受到职业的控制……同时,它们致力于外部赋予的责任制和教师发展需要之间的平衡。
>
> 测量性文化:是迄今对合同性责任的一种反映形式,因为它们有自己主要关注的标准、产出和结果。它们受到政府而不是教师的支持,因为它们依赖一套预定的绩效指标,这些指标被看作是对教师教学绩效和学生表现的一种客观测量。
>
> 萨克斯和莫克勒,2012:35—36

我们不难将这些文化和教师专业性的含义联系起来,教师专业性的含义正是通过这些绩效文化中的一种或几种在学校中的定位来体现的。

埃维茨(Evetts,2011)对教师专业性术语的界定提供了两种基本且有用的广义概念取向。第一种是"职业专业性",它与前改革时代及教师、教师协会和工会的普遍偏好相一致。

职业专业性：

> 一种在专业的职业群体中构建的术语,其中包含合议的话语权威。它涉及来自雇主和客户这些实践者之间的信任关系,并以复杂情境中实践者的自主判断和自由评估为基础。
>
> 埃维茨,2011:23

第二种是"组织专业性",它支持了政府政策批评者的一些观点。

组织专业性：

> 一种在工作组织中被越来越多管理者使用的术语。它包含在决策制定中的理性——合法的权力形式和等级结构,还包括工作过程、实践经历和管理控制的标准化。它依赖于外部形式的监管和问责措施,如目标设定和绩效审查。
>
> 埃维茨,2011:23

夸张一点说,只提倡组织专业性的形式可能会提出一个"有限的教师的概念"(戴,1999:139),削弱在迷茫和困难情况下维持"教师"发展的自信心、创造性和道德素质……并且侵蚀他们以自信和权威处事的能力,以及削弱信任(萨克斯,2016:423)。然而,尽管这种组织专业性促进了以监管为主、关注"合约和报告"的绩效文化,它们在这些方面确实起到了一定作用。

> 可能产生一些关于学习成果标准的共识,并为教师提供一种共同的和共享的话语实践……它们还可以帮助外界认识到教师工作的范围和规模,并提供一种认可和奖励教学而非个人主义的系统方法。
>
> 萨克斯,2016:415

我在英国和世界其他很多地方的学校所做的研究也描绘出一幅更为复杂的景象,这幅图反映出一种更大的、"宏观层面"的视角与教师和学校如何开展其工作两者之间的关系。我发现,并不是所有的学校和教师都感到自己被"压迫",不能在外部制度的约束和政策变革中开展工作,无法实现更为广泛的教育目的,无法找到"回旋的余地",对工作不够满意并且无法找到个人的专业成就。那些克服他们所面临的挑战,不断在教学上付出努力且取得良好效果的教师,往往受到强烈的道德、伦理和人文目的的驱使。

因此,尽管在某些程度上,政府改革似乎改变了教师的含义,将关注点更多地从教师个体转向学校领导和制度管理者,但即使是在这样一个前所未有的充满变革的时代,作为一名专业教师,仍然和强大的技术文化(知识库)、服务性伦理(致力于服务客户的需要)、职业承诺(强烈的个体和集体认同)和专业自治(对课堂实践的控制)密不可分[埃奇奥尼(Etzioni),1969;拉森(Larson),1977;塔尔博特和麦克拉克林(Talbert 和 McLanghin),1996]。还有一些研究人员承认"批判理论家"(如阿普尔,2006;奥兹加,2012;鲍尔,2012)的观点,提出了一种更加细致的专业性观点,认为教师很可能成为积极的能动者,能够调解改革,并维持一种充满关怀、承诺及自治的道德和实践。由英国的一项"教师地位项目"(哈格里夫斯等,2006,2007)收集数据的报告显示,教师对其专业性的思考可能理解为一种由强烈的、共享的信念和承诺作为其内在核心(如拥有专业知识和被信任的需要),一套虽然连贯但却有争议的专业性因素作为中间内容(如自治的定义),以及由不同元素构成的外部组合而成,这些元素通常具有高度的争议性,并且仍未整合到更广泛的思维方式中[斯旺(Swann),2010:549]。在不同的政策要求下,教师能在多大程度上实施这些内容,取决于他们自己在各个领域的价值观强弱,以及他们所工作的学校文化中传达出来的集体价值观。

专业资本

二十多年前,哈格里夫斯和古德森(Goodson)提出了专业性的七种原则,这些原则为"指挥和控制"改革议程提供了一种思路。如今,在日益增加的"自我提升"制度下,这些原则成为教师和校长提升的重要"标志"。

1. 加强对教学、课程和关怀等影响学生发展的事务进行自主判断的机会和责任。

2. 具备实现教师所教内容的道德与社会目标,以及为实现这些目的的课程及评价的参与机会与期望。

3. 致力于在协作氛围中和同事一起工作,以帮助和支持的方式利用共享的专业知识来解决专业实践中遇到的问题,而不是将团结协作当成执行外部任务的一种激励手段。

4. 职业他律而不是自我保护的自治,即教师以一种权威但开放的方式与更广泛的学习社区中的其他伙伴(尤其是家长和学生自身)展开合作,他们对学生的学习有着重大作用。

5. 致力于对学生的积极关怀,而不仅仅是对学生进行安抚。(他们认为,专业性在这种意义上说,必须承认并接受教学在情感和认知层面的重要意义,并认可与承诺和有效关怀相关的各项技能和性情。)

6. 自我引导的探索和努力有助于不断学习专业知识及相关的实践标准,不能服从于变革所要求的无休止的、无用的各种义务(经常打着持续学习和提升的幌子)。

7. 创造和认可高强度的工作任务,并给予相应的地位和奖励。

哈格里夫斯和古德森,1996:20—21,引自戴,2002:681—682

这些原则在随后几年里得到了详细的补充和完善,并在最近通过"专业资本"这个概念得到了更加清晰的阐述。在重新界定专业性概念的重要贡献里,哈格里夫斯和富兰(Fullan)提出,教师要想教好学生,做到"高承诺、充分准备、持续发展、有适当报酬、能利用人际网络最大化个人发展,并且能通过个人能力和经验做出有效判断",对专业资本的投资是必不可少的(2012:3)。他们将"人力"、"决策"和"社会"资本的观点结合起来,构成"专业资本"这一概念。

人力资本注重资历、经验和个人知识及技能的发展。

决策资本是指在不可预测的课堂教学过程中做出明确判断的能力。它是"专业人士通过结构化和非结构化的经验、实践和反思而获得和积累的资本"(哈格里夫斯和富兰,2012:93)。与此相关,人们注意到教师的"效能、希望、乐观和韧性等资源协同促进"个体的积极心理资本[艾弗利(Avery)等,2009:434]。然而,必须承认的是,无论教师对学生的工作多么投入,当他们因繁重的工作感到疲倦、感到被他人轻视或是与外部强加的变革进行斗争时,这些资源会变得越来越少,教师们很难做出明确的判断。

社会资本是通过与学校内外的同事之间频繁的、富有成效的互动而建立起来的——休伯曼(Huberman,1995)称之为"持续的互动"——这种互动专注于教学和学习,通过互动,信任关系也得以构建。教师之间的关系质量被认为是留住教师和改善学校的关键因素[布里克和施耐德(Bryk 和 Schneider),2002;利娜和皮特(Leana 和 Pit),2006;戴等,2007;查能-莫兰(Tschannen-Moran),2014]。专业资本的这一概念表明,埃维茨(2011)的"职业"专业性理念可以通过持续与批判的对话、相互信任和尊重得到强化。

哈格里夫斯和富兰(2012)引用了利娜(Leana,2011)对教师人力资本和社会资本之间关系的测量结果发现,相比于低社会资本的教师,拥有高社会资本的教师所教学生的数学成绩高5.7%以上,并且他们的学生拥有更好的学习表现,教师和学生都具有较高的人力资本和社会资本,有更好的收获和成就。重要的是,利娜发现,如果在学校拥有"强大的社会资本",所谓的"低能力"(低人力资本)的教师能够和所谓"一般能力"的教师取得同样的成就(利娜,2011:34)。

> 像专家一样教学意味着不断探索和改进自己的教学。这意味着在专业资本中不断发展和改造……计划教学、改进教学、作为高绩效团队的一部分而不是一个孤立的个体进行教学。这意味着在组织和社区中发展共享的专业资本……使其成为更广泛的教学专业的一部分,并为教学发展作出贡献。
>
> 哈格里夫斯和富兰,2012:22—23

因此,关系是"社会资本的重要来源,其定义是通过和他人直接或间接的联系而产生的潜在的和实际的认知、社会和物质资源……(能够引导)……教师学习和实践的变革、同事之间的知识共享、对学生学习的承诺……提高学生的成就(并且)提高对工作的满意度"[伯德韦尔-米切尔和库克(Bridwell-Mitchell 和 Cooc),2016:7]。

图1.1说明了专业资本的培养如何能给教师带来最佳教学的良好机会。即

使如此,我们也不能假定教师素质和教师效能之间存在着直接的因果关系。

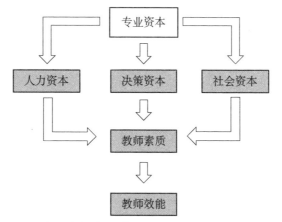

图1.1 专业资本、教师素质和教师效能之间的关系假设

教师素质与学生成绩:一种复杂的关系

> 有人指责说,考试既不能反映孩子的整体情况,也不能告诉我们需要了解的事情,这种说法不无道理。压力带来区域的造假情况剧增,一些考试成绩的提高只不过是狭隘的应试化教学的结果。尽管如此,考试仍然是当前广泛使用的唯一衡量标准,而且在政策争论中占据着中心位置,这种情况在短期内不会得到改变。
>
> 佩恩(Payne),2008:6—7

由于政府的政策越来越基于实证,学校发展的行动也越来越注重于满足政府政策的倡议,因此,好的教学就是引导学生提高成绩这一信念已成为一个毋庸置疑的假设。有一些迹象可以表明很可能就是这样。例如,有学者声称:

> 研究表明,教师素质与学生成绩之间呈显著的正相关关系,教师素质是解释学生表现的最重要的学校内部因素。
>
> 欧洲委员会,2007:3

另外,大型的研究数据,如由里弗斯和桑德斯(Rivers 和 Sanders,1996)、哈努谢克(Hanushek,2011)和哈蒂(Hattie,2009)建立的数据库均指出,"好"教师可以提高学生可测量的学习成绩。格拉德威尔(Gladwell)总结说:

> 斯坦福大学的经济学家艾里克·哈努谢克(Eric Hanushek)估计,一个糟糕教师所教的学生平均一个学年能学到半年的知识,而一个好教师所教班级的学生会学到相当于一年半多的有用知识。这其中的差异相当于一年的学习时间。
>
> 格拉德威尔,2008

哈努谢克(2011)在之后的一篇论文里考察了由可测量的学生表现结果作为定义的教师素质,发现在美国,由"高效"和"低效"的教师所教学生的成绩存在着相当大的差异。

"高效"的教师:

> 各个班的平均学习成绩,即使是同一所学校的各个班级,都有很大的不同。有些教师每年都能比其他教师在学生学习上取得更好的成就。这种差异是巨大的,一些教师能在一个学年取得一年半的成就,而一些所教学生为同等水平的教师只能取得半年的成就。换句话说,两个水平相同的学生,在一个学年结束时,所掌握的知识可能会有很大的不同,这完全取决于分配给他们的教师。如果一个糟糕的教师再加上其他一些糟糕的因素,那么学生完全不可能重新取得良好成就。
>
> 哈努谢克,2011:467

然而,大规模的定量研究虽然有用,却无法解释教师为什么在致力于学生进步和成绩方面变得"很好"或是"很糟糕"。这些研究不能告诉我们任何关于积极的和消极的工作环境有何不同,以及环境可能对教师动机、士气、责任感、职业认同和韧性的影响——而这些都是教师素质的关键因素。例如,区分教师在课堂上教什么、学生如何学习以及学生在考试和测验中所取得的成绩是很重要的。

在美国,乔(Goe,2007)认为:

> 标准化成绩测试的目的是衡量学生的成绩,而不是衡量教师的素质。教师效能(即教师的贡献)和课堂效果(即同伴、教材、教具、课程、课堂氛围等因素的贡献)是很难进行区分的。将特定教师与学生测试成绩联系起来的相关师生数据同样难以获得。
>
> 乔,2007:2

还有其他研究证据表明,教师素养和学生成绩之间的关系,以及专业学习和发展与学生成绩之间的关系,并不像它们看起来那么直接。这些不同的研究证据发现,成为一名教师并坚持在教师岗位任教,尽力把学生教好,在不断变革的政策、工作场所和生活环境中面临着巨大的挑战,而且并不是学生的所有学习和成就都是教师素质和教师教学的直接结果。芬斯特马赫和理查森(Fenstermacher 和 Richardson,2005)对教师素质和教学质量进行了区分:

> 优质教学可以理解为那种能够产生学习的教学。换句话说,教学确实会给教师一种任务感,但任何关于优质教学的认识都取决于学生学习教师所教的内容。为了使这些观念分类更加清楚,我们把这种教学定义为成功的教学。
>
> 芬斯特马赫和理查森,2005:186

阿伦森、巴罗和桑德斯(Aaronson、Barrow 和 Sanders,2003)在教师素质的框架下,进一步提出关于教师效能的稳定性问题。他们发现,根据学生的考试成绩,那些被认为在一个学年内效能较低的四分之一的教师中,只有36%的教师在第二年留了下来,而在那些效率较高的四分之一的教师中,57%的教师在第二年留了下来。

研究还发现,教师的工作环境具有重要影响作用[戴等,2007;帕佩(Papay),2011;布里克(Bryk)等,2010;麦卡弗里、萨斯、洛克伍德和米哈伊(McCaffrey,Sass, Lockwood 和 Mihaly),2009]:

> 教师在服务的学生、承担的课外任务、用于计划的时间等方面各不相同……当然,有些教师相比其他教师能够更好地适应工作中可能面临的各种紧张和压力。在某种程度上,这些差异可能是个人素质的差异……我们测量和跟踪学生的学习成绩,但并没有对教师的教学负荷、计划时间、学生缺席情况、难教或抗拒的学生的比例、外部干扰的频率及教材的获得和高质量的设备进行测量。
>
> 肯尼迪(Kennedy),2010:596—597

在教师工作和学生成绩之间建立因果关系而不是相关关系的困难也反映在有关参加专业学习社区活动和课堂实践的持续变革之间的直接因果关系的主张上。虽然有这方面的报告(详见第5章和第6章),但它们很少,而且通常具有一定的背景和具体的主题。甚至有研究发现,教师特征(教师的性别、年龄、资历和经验)对可测量的学生学习成绩没有统计学意义上的显著影响[凯恩(Kane)等,2008;斯莱特(Slater)等,2009]。

影响教师学习、发展和变革的条件

认识到教师的变革是一个极其复杂和充满不确定性的过程是很重要的,教师的变革和学生学习标准之间的关系决不是一目了然的。由于持续监测、检查和公共问责制度,再加上与绩效政策直接相关的官僚主义任务,教师工作强度更大,改革给教师带来了高度的不确定性、不稳定性和脆弱性(鲍尔,2003)。正如一位学者敏锐观察到的:

> 你要通过改变人和发展人来加以变革。必须要让人们相信你要求他们做的事情是有价值的。人们必须拥有变革的所有权,这意味着变革在很大程度上必须是一个自下而上的过程、一个自愿的过程。对像学校这样复杂的组织进行真正变革,你不能简单地从高层下达命令。你发布命令,得到的只是遵从……
>
> 佩恩,2008:193

和学生一样,教师不能(被动地)发展。学校不仅要给教师提供高质量的学习机会,还要提供能够培养教师的主人翁意识、相关性和主动参与意识,以及能够提高教师主动性和能力的学习环境。这都将会影响教师的稳定性、对职业的积极认同、承诺和适应,它们和教师的道德使命感及教师工作的环境和条件密切相关。

凯尔克特曼(Kelchterman,1996)对十位经验丰富的小学教师的职业生涯进行了研究,尽管研究规模不大,但却极具开创性。研究揭示出两个反复讨论的主题:对工作稳定性的追求和对同事、校长及学校外部人员(如家长、督察员、媒体报道等)判断的脆弱感,这些判断有可能完全基于可测量的学生成绩。随着脆弱性的增强,教师在教学中倾向于消极表现和保守主义(凯尔克特曼,1996,引自戴,2002:688)。

变革过程可能是循序渐进的(无论是在个人还是组织层面),也可能是转型似的(对当前观念和实践的根本改变)。对个体而言,两种类型变革都可能包含一段不确定的和失衡的时期。因此,变革的过程需要随着时间的推移得到支持,因而校长在建立和发展学校结构和文化方面具有重要作用,他们可以支持教师的自我效能和自我管理。图1.2说明了学校结构、文化和支持因素对教师自主性、效能感,以及参与变革的意愿与能力的动态、综合影响。

无论变革是"自上而下的"还是"自下而上的"、主动生成的还是被动推动的、渐进的还是转型的,也无论教师的自我效能感和能动性的强或弱,都可能引起教师的失落和焦虑——失落是因为学习新东西会带来"舍弃"(如根深蒂固的信念和未经检验的、可能会对新实践发展产生影响的旧实践),而焦虑是因为在新旧的过渡之间,新的实践可能并不完美。因此,变革将是一个具有挑战性的过程,可能至少暂时会使教师产生失落和技能欠缺的感觉。在这个过程中,那些参与到需要质疑或挑战现有观念和实践的变革中的教师,可能就需要得到支持。

教与学的关系:数字技术的挑战

英国政府科学办公室表示,"在未来十年里,人们的身份可能会受到几个重要的变革驱动因素的显著影响,特别是技术的快速发展"(政府科学办公室,

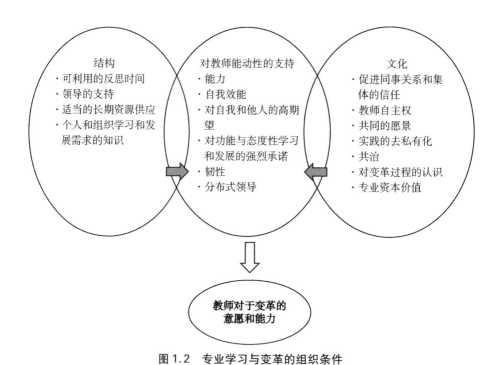

图 1.2 专业学习与变革的组织条件

2013：1)。有充分的证据表明,学生对电子游戏、社交媒体和互联网等数字技术的日益沉迷,对教师产生了深远的影响。不同数据来源的研究结果都开始围绕一些对学生在校学习及教师在课堂上的相关教学工作产生影响的关键主题进行整合。虽然本书篇幅不允许对这些文献(另见戴和顾,2011)进行全面的分析,但以下从美国学者加德纳(Gardner)和英国学者格林菲尔德(Greenfield)的研究成果中节选出来的内容反映了有关学生及其学习、教师变革和教学质量的重要问题。

注意力集中度

一项针对英国 400 名教师和 2 000 名家长进行的有关孩子阅读习惯的调查发现,77%的受访者表示,孩子的注意力持续时间明显下降,而且他们将时间用于：

在家进行"屏幕"活动的时间是阅读传统书籍时间的三倍。他们每天看电视的时间有 90 分钟,玩电脑的时间为 42 分钟,上网时间为 28 分钟,相比之下,阅读时间只有44分钟。

英国培生集团,2011

在美国,一项针对2000名中学教师的有关数字技术的使用调查也发现了类似的结果(格林菲尔德,2015：27),这对教师进行工作计划及他们在课堂上所扮演的角色产生影响。一般来说,教师需要设计一些机会让学生能够保持学习的注意力,让学习变得更有吸引力、更持久,而不是将其"简化"为一个个零碎的片段。

同理心

神经科学家苏珊·格林菲尔德(Susan Greenfield)认为,"正是通过看到他人、或听到他人的声音,我们才能试着理解他们的感受,而'过多地专注于社交网络的二维世界可能……影响年轻人的共情能力'"(格林菲尔德,2015：149)。同样地,加德纳和戴维斯(Gardner和Davis,2013)发现,"如果我们不和他人真正地建立起联系,我们就不能做到换位思考,我们通过情感风险走到一起"(第104页和119页)。这不仅对那些具有创造性的艺术和人文学科有重要影响,在这些学科中,学生的共情能力非常重要,同时也对所有教师"深层"和"浅层"的学习有重要意义。

深度学习(元认知)

有人声称,电脑更适合"快速、浅显地阅读短文",而这可能"减少自我调节所需的认知资源的调动"[阿克曼和戈德史密斯(Ackerman和Goldsmith),2011,引自格林菲尔德,2015：232]。加德纳和戴维斯认为：

> 多任务处理和"单一任务处理"之间最大的权衡这一在于……在多任务处理中,进行更深层次的思考、深思熟虑或抽象性思考的机会更为有限。你必须更多地依赖表层信息,而这并不是创造或发明的好方法。
>
> 帕蒂内(Patoine),2008,引自加德纳和戴维斯,2013：146

因此,所有教师面临的挑战是,如何将持续性的政策要求与哈格里夫斯和芬克(2006)所定义的"深度学习"结合起来,以显示自己每年在课堂教学和学习方面的进步,以及以量化方式提高学生学习水平方面的成就。

> 深度学习通常是一种缓慢的学习——批判性的、深入的、深思熟虑和再三思考的。只有学习才能激发人们的情感,并与人们的生活联系起来。它不太关注绩效,而且急不得。目标对它并没有改善作用,测试也很少能达到其目的。不能因为别人说你应该这样,你就这样。
>
> 哈格里夫斯和芬克,2006:53

创造性思维

> 发展个体理解和阐释世界的概念框架也就意味着鼓励个体有质疑、解构传统教条和观点的信心……想象这样一个世界,个体拥有出色的感觉和运动协调能力,能够处理多项任务,在智商测试中表现出色,但却不能进行充分的思考和理解,更不会产生有创意的想法,这并不是一幅令人愉快的画面。
>
> 格林菲尔德,2015:259—260

在美国,加德纳和戴维斯(2013)还提出,"一方面,年轻人对各种观点、经历和实践的好奇心,和需要投入集中的、持续的注意力的深入理解有所差别,另一方面……阐述观念、深入参与及反思性思维的能力和创新动力之间也有所差异(第88页)"。教师期望所有学生都参与到培养这些素质和技能的学习中来的时候,他们似乎面临着倦怠的风险。这对他们的工作提出了更高的要求。

学校领导效能

> 多样化需求不仅对领导者所拥有知识和技能的广度提出了挑战,而且也对他们自身的灵活性和适应性,以及如何将自己和必须扮演的多重社会角色联系起来提出了考验。
>
> 汉娜、伍尔福克和洛德(Hannah, Woolfolk 和 Lord),2009:169

当学校结构和文化为成长发展提供最佳环境时,就有可能建立和维系教师参与持续性专业学习和发展的专业化资本和能力。创造和发展这种学习文化的责任直接落在校长身上,他们是学校改善的关键媒介。

如今校长们面临着更多压力,遵守所谓的"绩效"政策,即每个学校都要竞相在考试驱动的排行榜上取得更高的名次。然而,政策研究者[埃尔莫尔(Elmore),2004;富兰,2009]对于外部产生的变革能否改变教学质量、学习质量和学生成绩表示担忧。一些研究通过所谓的"平均水平的"学校揭示出,尽管校长"制定"(解释和说明)而非"实施"政策,但政策本身"缩小可供选择的范围,尤其是设定特定的目标或结果"[布劳恩(Braun)等,2010:549],这些强制性政策可能会迫使校长妥协他们的教育价值观[哈默斯利-弗莱彻(Hammersley-Fletcher),2015]。但是,最近一项英国的"有效学校"研究发现,那些成功的校长利用改革机会,将学校发展进程融入广泛的教育目的、教育过程和教育结果当中,从而创造和维持学校的成功。

许多学校在领导和管理方式上的一个重要变革是领导力成为一种集体的而非个体的努力结果,这至少部分是社会复杂性和绩效政策等环境背景导致的[科尔曼(Coleman),2011]。学校里越来越多的人通过分布式领导参与学校文化塑造、重塑和决策制定的过程,这为目前这种变革提供了强有力的证据。在对学校领导力的梳理中,马尔福德(Mulford,2008)通过使用世界银行对社会资本的定义,将其看作"在群体、网络、规范和信任中,人达到生产目的",认为社会关系是一种重要资源[格鲁塔特(Grootaert)等,2004:3,引自马尔福德(Mulford),2008:28]。他区分了"联系"(发生在学校内部)、"桥梁"(发生在学校之间)和"连结"(发生在学校和更广泛的学校社区之间)这三种社会资本。经济发展与合作组织(2004)认为,马尔福德定义的发生在同事之间的"联系性资本"是群体价值的一部分(第28页),能够影响学生和教师的"归属感"及学生的学习和学业表现能力[范斯坦(Feinstein),2000;菲尔德(Field),2005;贝蒂和布鲁(Beatty和Brew),2005;霍根和多诺万(Hogan和Donovan),2005]。值得关注的是,在学校改善方面,它同样和教师对于变革的意愿的倾向直接相关……[路易斯(Louis)等,2005:198,引自马尔福德,2008:29]学校领导力作为过去少数人的专利,如今已被重置为多数人的权利。

然而,校长们自身也要受到一系列监测、检查的制约,这些监测是他们工作世界的"重要组成部分"。在过去的二十多年里,校长们像他们的老师一样,由于要努力承担起更多的责任,因此工作任务更多,工作时间也更长。如今,学校领导必须定期联系的外部利益相关者的范围和数量也大大增加——这是公开问责制和绩效政策时代的产物。有一部分原因是政府改革要求学校提升透明度,还有一部分原因是社会和经济日益分裂的社会需求变化对学校提出更多情感要求。例如,英国的一调查显示,只有7%的中学校长像大部分老师一样,认为他们有时间从事工作之外的兴趣。研究表明,有效的校长需要拥有强大而清晰的教育价值观,并比以往任何时候都更加广泛地运用战略性和人际关系方面的素质和技能。在这种情况下,有人认为学校校长现在所需的品质和业务经理的要求非常相似,学校应当聘用那些社会技能和个人技能符合新时代要求的管理者,并且"诚实、开放和不惧变革的阻力"[库珀(Cooper),2016]。

教师学习的责任

投资专业学习和发展是作为专业人士的教师个体及学校的责任。世界各国一系列关于有效领导和学校改进的研究都指出,当前重点是构建整个学校的结构和文化,以促进和加强教师学习和发展[罗宾逊(Robinson)等,2009;戴等,2011;利伯曼(Lieberman),2010]。在这样的学校里,除服务性政策和组织需要以外,个体职业生涯中各个阶段的学习和发展的需求都受到认可,没有一个人或团体的学习需求受到忽视。然而,建立一种确保学习不只是教师课堂教学工作的"附加",而且是他们日常期望和现实工作的一部分的相互信任的信赖关系是需要时间的。在学校内部,非正式的学习机会往往是通过各种相互作用创造出来的,例如,通过教师个体对实践的共同反思,通过表现相似或个体特征相近的教师之间关于课程教材、教学规范、价值观或经历的信息和观念交换,通过全校范围内关于相关研究结果的讨论等。伯德韦尔-米切尔和库克(Bridwell-Mitchell 和 Cooc,2016)研究了这些非正式关系的特点,发现个体特质(如人口统计特征)、组织环境(如结构和文化)和非正式社会环境(如社区特性)结合在一起,有助于培养教师的集体感,为教师提供社会资本。并且根据强度、密度和紧

密度,有不同程度的非正式学习关系:

> 强度指的是个体之间的依附程度。密度是个体之间真正发生的可能互动的比例。紧密度和密度有一定关系,是指与第三方产生间接联系的个体之间在一定程度上也直接互相联系。
>
> 伯德韦尔-米切尔和库克,2016:8

图1.3说明了个人特质、非正式社会环境和组织环境的结合如何有助于团队合作,以及为获取社会资本提供途径。

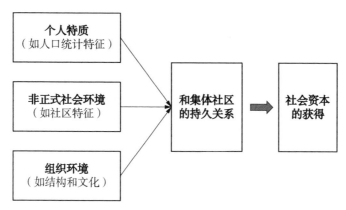

图1.3 教师与学校集体社区之间关系的概念模型

(资料来源:伯德韦尔-米切尔和库克,2016:9)

研究者得出的结论是,学校正式结构的重组(如角色和责任)需要伴随着为教师创造他们和同事之间通过互动发展起来的强大的、交叉的和相互促进的关系的机会。

学校中的信任

信任和诚信是社会资本的基本组成部分。查能-莫兰和霍伊(Tschannen-Moran和Hoy,2000)通过对四十年来关于信任的理论和实证研究的跨学科总结,强调尤其是在变革中对信任加以关注的必要。他们发现信任是:

组织良好运作的关键要素；

集体合作和沟通的必要条件；

密切而高效的人际关系的基础；

一种能在对他人的工作和行为充满信心时更加高效工作的润滑剂；

一种比其他管理组织生活的方式能更加快捷、更为经济地减少交往和交换复杂性的方式。

查能-莫兰和霍伊，2000：549

反之，不信任会"引发焦虑和不安……通过将脆弱性最小化来实现自我保护……隐瞒信息、虚伪或是欺骗来保护自身利益"（查能-莫兰和霍伊，2000：550）。

布里克和施耐德对芝加哥小学的开创性研究（2002）还发现，随着时间的推移，"信任关系"（社会资本）在学校发挥了关键作用，它提高了学生的阅读和数学成绩。而在英国，一项在中小学进行的大规模研究（戴等，2007）发现，在学生可测量的成绩进步和教师个体及群体承诺之间具有显著的相关性。

在功能和态度方面进行投资

在成功的学校，专业学习和发展的制定既包括职业主义，也包括组织专业化。萨克斯（2016）参考埃文斯（Evans，2007）的研究，认为这两种取向都可能在教师能够利用的专业学习和发展的活动中得以体现。这些学校中，专业学习和发展的目标和实践不仅是针对制度的短期的、功能性需求，而且针对教师作为专业人员的更加基本的、长期的态度性需求。尽管教师知识增长的需求有可能被扩展和深化为"态度性"需求，但实际在功能和态度上都有所体现，因为这些需求是由教师在专业化方面、专业身份认同和承诺方面以及当前政策和社会背景方面进行的更为广泛和深刻的批判性反思所塑造的。只有功能性和态度性需求都得到满足，才可能会有更少的教师离开教学岗位，更多的教师愿意留下来，而且这些留下来的教师更加热爱他们所从事的工作，坚持教好学生，创造弹性空间，尽自己所能好好教学。

定义专业学习和发展

在1999年,我将"专业发展"定义如下:

> 教师在单独或与他人一起通过总结、更新和完善他们作为变革推动者的承诺,达到教学道德目的的过程中,在教学生涯的各个阶段,都与学生、年轻人及同事一起获得并发展批判性知识、技能、计划和实践。
>
> 戴杰思,1999:4

虽然这个定义隐含着正式和非正式的(计划之外的)学习和(按照计划的)发展,通过教师伦理和道德目的揭示了职业生涯任务,但它并没有将教师的工作、教师的承诺、教师的效能感、教师作为能动者和专业人员的身份及韧性等所有教师教学的必备能力考虑在内。同时,它也没有指出专业学习和专业发展过程之间的差异。在本书中,我将试图弥补这一点。像韦伯斯特-莱特(Webster-Wright,2009)一样,我对学习(非正式的、经常是没有记录的、很少受到关注,如通过与他人之间无意识的互动、个体对自己及对工作发生的背景的反思)和发展(由内在、有组织的个体、群体、整个学校组织的事件和活动正式构成,参加校外课程,通常与教学和学生成绩的提高有关,预期导致改变,并且通过如年度绩效管理进行监控)这种二分法提出挑战。相反,我承认教师在这两个过程中都能得到学习。然而,参与具有强大作用的非正式学习的机会不仅取决于教师间的偶然会面,也取决于教师个体参与和从学习中反思的意愿和精力,还依赖于相关部门的建立和学校文化的创建、教师之间相互合作和相互尊重的关系、非正式学习的工作条件和机会及对教师追求核心业务的提升和维护教学和学习标准的鼓励等。它们之中的每一种都有其特殊的挑战性。

接下来的几章主要解决非正式的专业学习和更为正式的专业发展如何考虑更加明确的情感维度,这一维度包含教师工作、教师承诺、教师效能感、教师作为能动者和专业人士的身份及教师韧性等所有教师完成其教学的必备能力。下面几章还会提供一些最有可能支持这种专业学习和发展观点的文化和条件方面的案例。以下定义是对专业学习和发展之间二分法的认识的挑战。它承认教师在不同的时间和不同的地点以不同的方式进行学习,而且这种学习是不同机会和经历的结果。这表明,专业学习和专业发展对教师做好教学工作来说都是必要的。

专业学习和发展是:

教师作为变革的能动者,会存在单独或与他人合作的教学过程,在这一过程中:

教师在国家改革的背景下,将他们的情感性和知识性职业生涯承诺扩展到更为广泛的教学伦理和道德目的。

梳理和更新他们的积极专业认同和专业资本。

需要在他们教学生活的各个阶段,通过教育儿童和与同事来往,获取和发展批判性的价值观、性格、素质、知识、技能、规划、实践和日常应变能力。

参与功能性和态度性的专业学习和发展。

结语

正如我们所看到的那样,在过去二十多年里,许多国家的教育变革使得国家和地方各级教育系统的领导者与在课堂教学的教师之间的紧张关系日益加剧。由于许多国家近年来在教育教学、学生学习成就标准方面不断制定和提升标准,这种持续不断的教育改革使得紧张关系暂时无法得到缓解。当然,这种对教育的渴望并没有错。然而,如果认为这只是简单地改变学校治理模式,提升学校领导和教师资格,定义、运用和检验各种标准,那就是对教师及其工作复杂性的极大误解,并且无法充分解决如何建立和维持教师良好教学质量的问题。

随着政策的声音旷日持久,它们对教师专业性、职业认同、教师承诺和韧性及教师需要理解和明确认可的工作及生活的影响也面临着挑战,在教师看来,政策并不利于他们对高质量的不断追求。关于教师职业、教学本质、教师工作环境和条件及影响教师教学意愿和能力的因素的研究进展更多地揭示:成功的教学是一种教师投入情感和知识的教学,教师幸福感和工作满足感非常重要,所有教师在他们的职业生涯中都需要建立和维持他们的能力、承诺和韧性,学校领导在为教师学习和发展创造条件和机会方面越来越重要,以及积极、稳定的专业性意识和职业认同对教师认知和教师效能也十分重要。

第 2 章　专业身份：将教学视为有情感的工作

教师对专业身份的认知和演绎的方式是衡量其专业特质、承诺水平和适应能力的重要指标和关键变量。

> 教师专业身份是教师职业的核心。它为教师提供了一个框架，让他们构建自己关于"如何成为""如何行动"及"如何理解自己的工作及其在社会中的地位"的想法。重要的是，教师身份不是固定的，也不是强加的，而是通过实际经历并结合自己的感受逐渐形成的。
>
> 萨克斯，2005：15

专业身份塑造着教师对自己的期望，塑造着教师对他人的期望和认知，塑造着教师的效能感和能动性，塑造着教师对于自己能否成功地与学生合作这一信念的强弱。在考虑职业身份在教师工作中的作用时，重要的是要认识到要想做到最好，就需要在个人特质和专业能力方面进行投资。许多年前，凯尔希特曼斯（Kelchtermans, 1993）提出，专业中的自我就像生活中的自我一样，是随着时间的推移而发展的，它包含五个相互关联的部分：(1)自我形象：教师如何通过职业故事描述自己；(2)自尊：作为老师的自我演变，不论是好的评价，或其他评价，他们如何自我定义以及如何被他人定义；(3)工作动机：是什么促使教师选择、坚守或离开这份职业；(4)任务感知：教师如何定义自己的工作；(5)未来愿景：教师对其职业未来发展的期望（凯尔希特曼斯，1993：449—450，引自戴杰思，2002：682—683）。虽然这些发现是有说服力的，但随后的研究表明，教师工作中的专业自我在其他地方我称作"专业人士"（戴和顾，2011）需要放在"专业身份"（戴和顾，2011）需要定位于"专业身份"（价值观、信仰、自我效能、能动性）来体现,这是一个更广泛的概念,正如本章所揭示的,它提供了一个更为复杂和微妙的视角去观测教师工作和生活中的个人和社会的复杂性。教师身份是如何形成的,以及在多大程度上是稳定的,这些都是经历、个人、专业、政策和工作场所等综合作用的结果,而这些都可能会发生变化。

温格(Wenger,1998:149)认为,专业身份有五个维度。

> (1)身份是一个协商的经历,我们在经历中体验,我们和他人通过具体的情境来定义自己是谁;(2)作为社区成员身份,我们通过熟悉和不熟悉来定义我们是谁;(3)身份是一个学习轨迹,我们通过过去和未来来定义我们是谁;(4)专业身份作为多重身份的联结,我们通过将不同形式的身份协调成一个身份来定义自己是谁;(5)身份是局部与整体之间的关系,我们通过协商更广阔的风格和话语来定义自己是谁。
>
> 萨克斯,2001:154

专业身份通常"不那么稳定,不那么趋同,也不那么连贯……不像以前的研究文献中所暗示的那样"[麦克卢尔(MacLure),1993:320]。例如,改革如何被接受、采用、适应、持续或不持续进行,将受到"作为专业人员"对个人意义大小的影响。虽然詹金斯(Jenkins,2004)所称的"主要"个人身份(如"自我"或"代理")可能比其他身份更能抵抗来自外部的挑战,但面对持续和强大的压力时,这些身份也并非总是不变的。

> 在这种内在—外在的辩证中,其他人掌握着大部分的牌……其他人对形势的定义占据了主导地位,从而占了上风。因此,当与他人的疏离回馈于自我知觉和反射性时,个体就会与自身和自我意识产生疏离。
>
> 詹金斯,2004:54

当现有的、预先强化的专业身份受到质疑或其合法性受到直接挑战时,教师会产生消极情绪[伯克(Burke)和斯泰茨(Stets),2009]。这并不意味着来自他人的强势言论对教师的专业身份完全产生负面影响。他们的专业身份是稳定的还是不稳定的,是积极的还是消极的,不仅与他们对积极或消极外部影响的反应方式密切相关,而且也与他们的教学内部动机密切相关。

最近有研究者在美国、德国、澳大利亚和挪威对选择教师作为职业的动机进行研究[瓦特(Watt)等,2012],发现无论国家背景如何,关键动机都是内在价值、做出社会贡献的愿望,以及与儿童和年轻人一起工作的愿望。然而,正如塞利格曼(Seligman)指出的,他们的"工作定位"可能有所不同。

> 学者们区分了三种"工作定位":一份工作、一份事业和一份使命。
>
> 你在工作只是为了周末拿工资,这只是一种手段……
>
> 事业需要对工作进行更深入的个人投资。你通过金钱和晋升来标记你的成就……当晋升停止……异化就开始了,你就得去其他地方寻找满足感和意义。
>
> 使命是一种为工作本身而充满激情的承诺。有使命感的人把他们的工作看作是为更大的利益做贡献,为比自身更有意义的事情做贡献。工作本身就是一种满足,而不考虑金钱或晋升。当没有钱、没有晋升机会时,工作还会继续。
>
> 塞利格曼,2002:168

这并不意味着在这些分组中的某一组的老师一定会比其他组的老师教得更好。然而,我们有理由认为,在一个整体的专业精神共识范围内,教师的承诺水平和他们的专业认同感将是不同的。教师积极应对消极工作场所,或者个人、学生和政策要求的意愿和能力可能会有所不同,这不仅取决于外部挑战的相对力量和强度,还取决于他们的工作定位、工作场所和文化,以及他们内在动机的强度(他们的价值观、信仰、效能感和能动性)。

教书的使命:以道德目的为中心

> 教育教学不可避免地是一种道德努力……教育(以及学校教育作为一种手段)提供更广阔的学术成就,因此教师对课堂道德生活的贡献,对学生

道德生活的贡献,对社会品格的贡献,都是至关重要的。

桑格(Sanger)和奥斯古索普(Osguthorpe),2011:570

本文回顾了有关信念在教师学习和变革中的作用的国际文献,贯穿了哈格里夫斯(Hargreaves)和富兰(Fullan)(2012)的关于人力资本、社会资本和决策资本及教师专业性的概念(见第一章)。其基础是道德目的、价值观和信念。每位教师在课堂中暗含的一部分是通过他们是谁、他们的行为方式(他们的专业身份)去影响学生的自我认知、对学习的态度、志向、与他人的关系、对社会本质的理解及参与的可能性。虽然它可能不是教师职责或工作条件的明确部分,但毫无疑问,最好的教学充满着道德目的。菲利普·杰克逊(Philip Jackson)和他的同事在20多年前写的一篇文章在今天和在当时都是正确的。

> 任何一个仔细观察过教室里发生的事情的人都会发现,我们的学校所做的远远不只是把必要的知识传授给上课的学生(或者没有这样做,视情况而定)。他们还影响学生看待自己和他人的方式。他们影响学生思考学习的价值和追求,并为终身的思考和行动习惯奠定基础。他们鼓励学生形成自己的看法和品味,培养学生对事物的喜欢和厌恶之情。他们促进学生性格的发展,在某些情况下,这甚至可能是让学生养成不良性格的一个因素。

杰克逊(Jackson)等,1993:xii

虽然教师对学生的关心是建立在关系的基础上,"教师和学生之间的联系"[埃尔巴兹(Elbaz),1990,1991和1992:421],但这不仅仅是回应和照顾学生,还包括一种道德责任。索克特(Sockett,1993)认为:

> 教学是一种人际交往活动,旨在通过一系列的教学技能,塑造和影响(不是用固定模型去训练)人们通过教师所教授的东西成为一个完善的人……教师不仅让人们在受教育的过程中学习,更是帮助塑造一个人成为他自己。因此,在每一种教学情况下,每个学生的道德品行都是至关重要的……我将教学视为主要是道德的(即致力于个人的福祉),而不是工具的

(如经济原因)或非教育的(如监护原因)。

索克特(Sockett),1993:13

索克特关注的是职业角色的道德权利和义务,他定义了四个维度:社区(提供了关系的框架);知识或专长(技术服从于道德标准);问责(对个人和公众);理想。他在这四个维度上又加上了教学固有的五大内在美德,这五大美德是理解教育实践的核心:诚实、勇敢、关心、公平和实践智慧。迈克尔·埃劳特(Michael Eraut,1995)也令人信服地指出:"这是教师的道德和职业责任……而不是合同……应该成为他们持续专业发展的主要动力。"他认为,当一名专业人士意味着:

1. 一种为学生的利益服务的道德承诺,通过反思他们的幸福和进步,思考如何最好地培养和促进这种幸福和进步。

2. 为提高管理、教学和决策的质量而定期审查实践的性质和有效性的一种专业义务。

3. 通过个人反思和与他人的互动,继续发展自己的实践知识的专业义务。

埃劳特,1995:232

从这些角度来看,教师不仅是由学校和课堂之外发起的政策变革的接受者,而且也是变革的发起者。在这个意义上,道德目的是"变革运动"的盟友。

更直接地说,道德目的——或做出改变——关注带来的改进和提升。换句话说,这是一个变化的主题……道德目的使教师接近儿童和青年的需要,改变促使他们发展更好的策略来实现他们的道德目标。

富兰,1993:12

道德目的并不是一个新的概念,与此相关的研究也在不断深入。核心的道德维度[波哥大(Bogotch)等,1998]认同,课堂教学和学校领导在其最佳状态下,不仅是对知识和技能的熟练掌握、交流和应用,而且超越技术层面,包含了对社会所有成员的关心和社会正义感[贝克(Beck),1994;诺丁斯(Noddings),

1992;斯塔拉特(Starratt),1991]。哈格里夫斯和富兰的论断强调了道德目的对于良好教学的持续重要性。

> 当绝大多数教师成为专业资本力量的榜样时,他们变得聪明、有才华、忠诚、合作、深思熟虑、睿智。他们的道德目标体现在他们以专家为驱动的不懈追求中,即为学生和社区服务,并不断学习,持续学习,以更好地做到这一点。
>
> 哈格里夫斯和富兰,2012:5

在一项针对澳大利亚中学教师情感体验的小规模研究中,奥康纳(O'Connor,2008:117)考察了教师角色的关爱本质,认为关爱主要是"教师出于激励、帮助或鼓舞学生的愿望而产生的情感、行动和反思"。①

她探索了"个体教师如何在他们的专业工作中使用和管理情绪来关心和关怀学生"(奥康纳,2008:118)。区分关心(教师的专业职责是尽其所能确保所有学生的进步和成就)和关怀(真正的同情和操心所有学生的幸福)是很重要的。"关心"和"关怀"之间有一种相互关系。两者对教与学、教师与学习者都至关重要。

总而言之,许多教师的道德目的、价值观和信仰都根植于他们的专业身份。他们将责任、关怀和公正的原则与确保所有学生在离开教室时拥有最好的生活机会的决心结合在一起。这种道德目的,作为他们专业身份的核心,本质上是一种理智和情感上的承诺,关心学生、为学生的"进步"而努力。

专业身份建构中的情感与关怀

> 教师形成专业身份的方式受到他们自我感觉和对学生感觉的双重影响。这种专业身份有助于他们在与学生的关系中定位自己,并适当和有效地调整他们的实践、信念以及与学生一起的状态。
>
> 詹姆斯-威尔逊(James-Wilson 2001:29)

---

① 本节摘自戴(Day,1999),14—15页。

最好的教学是一项要求很高的工作,不仅需要教师的认知,还需要情感参与。有许多研究将教学视作有情感的工作[如舒茨(Schutz)和泽贝拉斯(Zembylas),2009;萨顿(Sutton),2004;范·维恩(van Veen)和斯里格斯(Sleegers),2006]。一些研究人员[尼亚斯(Nias),1989,1996;尼亚斯等,1992;哈格里夫斯,1994;萨姆欣(Sumsion),2002]也指出,教师身份不仅是由技术性的方面构成的(即课堂管理、学科知识和学生测试结果),同时,正如范登伯格(van den Berg,2002)所解释的那样,"……可以概念化为教师的个人经验和他们每天所处的社会、文化和制度环境之间相互作用的结果"(范登伯格,2002:579,引自戴,2002:683)。泽贝拉斯(2005a)表明,身份不仅是非固定或非稳定的,而且与个人生活有关,同时它也是在工作关系的背景下协商的。它是:

> 一种经验的多义性产物,实践的产物,它构成了自我对多重意义作出的反应,而这些意义不需要汇聚成稳定统一的身份。
>
> 荷斯坦(Holstein)和古布里安(Gubrium),2000

> 这种围绕自我构造的不断构建、破坏和修复的边界充满了情感[马戈利(Margolis),1998]……这些情感通过"社会习俗、社区审查、法律规范、家庭义务和宗教禁令"进行社会组织和管理[罗斯(Rose),1990:1]。因此,权力和阻力是理解情感在自我形成专业身份中的重点。
>
> 泽贝拉斯(Zembylas),2005:24

他从福柯的观点出发,提供了一个有用的框架来理解这一点:
1. 专业身份不是固定不变的,它可能会根据情况而变化。
2. 专业身份的形成既包括情感自我,也包括理性自我,需要个体对两者进行管理。

教师身份的职业影响、个人影响、认知影响和情感影响之间存在共生关系(戴,2004;凯尔希特曼斯,2009),因为有证据表明,教学需要大量的个人投资。

教师感知的稳定或不稳定,积极或消极的个人和集体的职业身份认同感与他们的专业性有关,并可能会影响他们的教学行为及他们对紧张情绪和不可避免的弱点的管理,这些都是他们日常生活中不可避免的部分。例如,如果他们除了教学内容和教学知识外,还有强烈的道德目的和方向、较高的自我效能感、强烈的能动性、动机、工作满足感和幸福感,那么,他们对尽其所能教育学生就可能有更高的承诺。当这些作用减弱时,教学作为就可能变得不那么有效。

政策影响

国家文化、政策、个别学校体系和文化、同事和学校以外重要的人,这些都对教师自己作为专业人士的自信程度、他们在多大程度上将自己视为积极调解的能动者、而不是只服从外部变革要求的受害者,发挥着重要的促进作用。

> 虽然教师对于如何界定自己的专业身份有自己的看法,并能够行使自己的能动性,但这些看法很可能会受到各种教育机构强加给他们的角色及与他们有相同信念和做法的其他教师所肯定的角色的影响。
>
> 麦克杜格尔(McDougall),2010:682

伴随不断对教师执行他人课程计划和教学、学习和评估方法的效率的监测,绩效议程带来五个后果,可能会降低而不是提高教师的长期适应意愿和能力。可能结果如下:

1. 威胁教师的效能感、能动性和幸福感;
2. 耗尽他们的韧性储备(情绪能量);
3. 减少教师关心和照顾个别学生的时间;
4. 降低教师的积极性、道德使命感和工作成就感;
5. 挑战教师的实质身份认同。

瑞欧(Reio,2005)研究了政府授权的变革对教师个人和集体职业认同的影响,特别将其与教师情感联系起来,研究了这种情感对教师脆弱感的影响,以及随后在课堂上进行冒险创新的倾向和意愿,可以说这是高质量教学的一个重要组成部分。他的研究是少数几个能够清楚地辨别"面对变化时情绪在身份形成过程中的作用"的研究之一(瑞欧,2005:992)。图 2.1 展示了他最初关于改革对教师身份、情感体验、课堂冒险和教学质量的影响的概念模型。它注意到:(1)专业和互动的"过滤器"的作用可能调和教师接受和实施改革的方式;(2)它们是否影响教师的情感幸福;(3)这可能导致稳定或不稳定、积极或消极的认同感的结果;(4)教师的认同感本身如何影响他们的能动性、承诺和适应力;(5)这可能影响他们在教学中承担风险的方式;(6)"关心"和"关怀"对教学和学习质量的影响。最后,模型指出了过程中需要提供学习和发展机会的关键点。

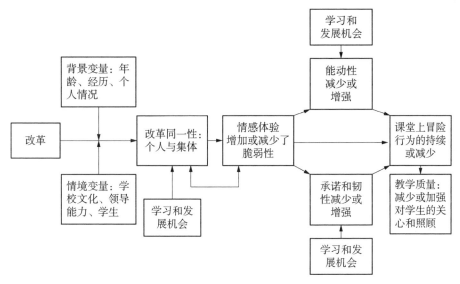

图 2.1　改革与教师身份、情感体验、课堂冒险与教学质量之间关系的概念模型

(资料来源:改编自瑞欧,2005:992)

正如成功的教师是那些关心学生的教师一样,所以成功的领导者是照顾和关心员工的领导者,例如,通过建立允许对话和探究的空间,通过倾听和充分回应他们的学生和教师,建立允许不同的想法和发散性思维的空间,培养他们体验到被重视和尊重感的学校文化[科恩(Kohn),1996]。从这个角度来看,关爱也成为一种基本的组织价值,它有助于确定学校的优先事项并指导学校的决策。

如果没有这一点,在实践中,教师最初的"关心他人"的能力很可能会随着时间的推移而逐渐丧失。

这可能会影响他们的情感承诺,因为他们的情感工作变成了情感劳动,在这种劳动中,他们保持关心和关心的外在表象,而在相对隐私的教室里,放弃情感上的"联系能力"[帕尔默(Palmer),1998:13],因此,减少了他们在关心学生方面的投入强度。

霍克希尔德(Hochschild,1983)研究了服务行业员工(如航空公司接待员),这些企业的雇佣条件要求员工对"客户"只表现出积极的情绪。在这些情况下,员工无法控制他们外在表达的情绪,因为这些情绪现在被他们的雇主控制了。她发现,员工在工作中的情绪失调程度越高(员工向他人展示的情绪和他们所经历的情绪之间的不一致),他们感到的人格解体、压力和倦怠程度就越高。她将这种现象称为"情绪劳动"。因此,对教师来说,如果他们优化每个学生的学习机会,保持和维持他们积极的职业认同感、幸福感、承诺和韧性很重要(第一,意识到当情绪开始变成情绪劳动和工作;第二,能够管理工作中的固有情绪,并得到支持),教学中的情感不能说需要,就像霍克希尔德(1983)的研究中所说的,"人类情感的商业化"。与霍克希尔德(1983)的研究中那些可能被视为与个人有一系列短期临时服务关系的参与者不同,教师可能与他们在课堂上互动的个体之间有更长期的多种社会、情感和智力关系。

正如我们将在第3章中所讨论的,教师对工作的投入程度,不出所料地,被发现"预示着更大的动力……提高生产力……以及更高的员工保留率"[柯克帕特里克(Kirkpatrick)和摩尔-约翰森(Moore-Johnson),2014:233]。根据定义,教师参与教学需要真正的关爱关系。在这种关系中,教师能够每天持续利用情感能量储备[哈格里夫斯和富兰,1992;福鲁(Furu),2007;皮哈尔托(Pyhalto)等,2011],因为他们试图"理解他人,同情他们的处境,把他们的感受作为自己的一部分"[英格兰和法卡斯(England和Farkas),1986:91]。他们的价值观、素质和行为的所有方面都将受到学生更多、更持久和更深入的审查,因此,如果学生认为表面上的关心并不是真正的关心,这可能对课堂上师生关系的性质产生不利影响。

效能感、能动性和幸福感

有研究认为,教师的效能感、能动性、幸福感和职业认同之间存在着密切的关系:

> "身份""能动性"和"结构"的概念是成人教育和学习的核心……理解不同背景和时代的能动性需要关注:(1)过去的影响和经验;(2)与现在的接触;(3)面向未来的动态相互作用。
>
> 艾尔皮塔(Eteläpelto)等,2013:57—58

这提供了一个令人信服的论据,承认专业认同感、效能感、能动性和结构之间的动态关系。为了找到建立和保持关爱、积极和稳定的专业认同感所必需的情感及认知能力,有时甚至是身体能量,教师需要能够调动他们的道德目标的力量,这与他们个人和集体的效能和能动性的力量有关。

个人和集体效能感

> 强烈的自我效能感是教师产生积极专业认同的关键。效能被定义为"一个人如何能够很好地组织和执行行动过程的判断,以应对未来的情况,其中包含许多模糊的、不可预测的,压力等因素"。
>
> 班杜拉(Bandura),1982:122

要从挫折和逆境中恢复过来,教师需要自我效能感和信念的力量,而反之,教师在困难面前持续的努力和坚持,有可能增强其效能感,产生更强烈的积极职业认同感。班杜拉通过区分"个人自我效能感"[对一个人完成任务的能力的自我评估(如自信)]和"结果期望"(每个人对结果的期望),进一步发展了这一概念[明茨斯(Mintzes)等,2013:1202]。他确定了四个对个人自我效能有积极或消极影响的因素:掌握经验(如课程知识和教学方法,如通过课程学习、合作行动研究);替代经验(如外部知识来源、观察其他教师);以及个人的身体和情绪状态

（如工作满意度/成就感、幸福感、个人健康、压力水平）。他发现个人效能是一种能力或潜在能力，而不是一种固定的状态。因此，它受到社会的影响。这很重要，因为：

> 当面对障碍、挫折和失败时，那些怀疑自己能力的人会放松努力，放弃，或者接受平庸的解决方案。那些对自己的能力有强烈信心的人会加倍努力来应对挑战。
>
> 班杜拉，2000：120

除此之外，组织文化的第五个因素（如教师之间的关系、信任、教与学的条件）也应该被加入。班杜拉指出了集体效能的重要性，声称：

> 团体、组织甚至国家的力量在于人们的集体效能感，即他们可以通过集体努力解决问题、改善生活……有效的社会变革行动需要融合各种自我利益，以支持共同的目标……具有集体效能感的人将调动他们的努力和资源，以应对他们寻求变革面对的的外部障碍。但是，那些相信其无效的人将停止尝试，即使通过努力可以实现改变。
>
> 班杜拉，1982：143—144

在这方面，我们不仅可以看到学校领导人在创造、建设和维持校园文化方面的重要作用，还可以看到他们在培养个人专业资本这一可能相互矛盾的任务中所面临的复杂性和挑战，同时需要在商定的共识范围内追求共同的学校愿景、战略和目标，并达到外部提出的业绩标准。提倡专业学习社群及其他形式的校内及校际学习（详情请参阅第6章）的人士，很少承认个人、人际及集体效能在应付这些挑战方面所扮演的重要角色，以及它们在建立及维持积极稳定的认同感方面的重要性，以及管理这些挑战的需要。

能动性

效能与"能动性"密切相关，即教师的持久信念，即他们可以通过追求自己重视的目标,对学生的学习和成绩产生"影响",而不是被环境所支配。

> 在工作场所,人们需要专业能动性来构建他们的职业身份和发展他们的工作实践。我们将专业能动性理解为专业主体和/或团体对其工作和/或专业身份施加影响、作出选择和选择立场时采取的特别行动。
>
> 艾尔皮塔等,2013:57—58

最好的老师通常被描述为那些发挥"能动性"的老师。吉登斯(Giddens,1984)的结构理论将个人能动性[对教师而言,通过在课堂决策中行使自由裁量的判断来维护其专业责任和能力,哈格里夫斯和富兰(2012)将其概念化为"决策资本"]与强烈的信念联系在一起,认为社会和组织结构及文化可以受到个人和集体行动的影响,而不是简单地使其容忍。这种观点认为,某种制度试图通过个人和集体的效能和能动性,力求优先考虑"表现力强的"和可衡量的学生成果。教师不是这种制度的"受害者",而是能够在这种制度中调动他们的教育信仰、价值观、目的和实践,以维护更广泛的道德目的,例如,关注学生的个人和社会教育[比耶斯塔和特德(Biesta 和 Tedder),2007]。

> 这样看来,教师能动性是一个复杂动态系统的一部分;它塑造着社会和学校文化的结构和文化特征,同时也被这些所塑造[达特诺、哈伯德和梅恩(Datnow, Hubbard 和 Mehen),2002]。在这种情况下,政策授权被调整、采纳或忽略。
>
> 拉斯基(Lasky),2005:900

个人问题、工作环境、外部政策和学生群体都需要教师的精力。他们的个人和集体效能感(自尊、自我形象)和能动性(价值观、信念、工作动机、任务感知和未来展望)可能会持续存在挑战,有时甚至是极端的。他们能够在多大程度上维持这种状况,将取决于他们是否能够在课堂生活的社会和情感挑战及不断变化的学校和政策环境中建立和维持一种积极、稳定的幸福感和健康感。

幸福和健康

迪尤和库珀(Dewe 和 Cooper,2012:31)指出,"工作生活应该提供:(1)自我价值感……(2)更加强调意义和目的……关注能激发和挑战的工作……(3)接受好的工作就是好的健康"。在一项探究教师健康和幸福感与学生成绩之间关系的研究综述中,巴约雷克(Bajorek)等人假设,"一个生病、压力大、工作满意度低的教师,其表现不太可能达到健康、压力小、工作满意度高的教师的水平"(巴约雷克等,2014:11)。他们得出的结论是,由这些教师教的学生很可能会比其他人取得更少的成就。巴约雷克和他的同事引用了一些研究来支持这些结论。例如,在意大利,卡普拉拉等(Caprara,2006)发现教师的自我效能感水平和工作满意度与学生的总体学业成绩相关。杜伯里和布里纳(Dewberry 和 Briner,2007)的研究发现,8%的SATs(学生成绩测试)结果的差异可以"归因于教师的幸福感"(巴约雷克等,2014:11)。在荷兰,斯普利特等(Split 等,2011)发现教师幸福感间接地对学生的情绪适应和学业成绩产生显著影响。因此,虽然个别研究并没有声称找到教师身份、健康、幸福和学生学习成绩之间的直接因果关系,但它们揭示了统计上的显著关联。

这些研究强烈指出了教师幸福感的重要性,这表明学校的教学和学习条件及所有专业学习发展都应该间接或直接地满足教师的幸福感和承诺需求。卢瑟斯等(Luthans 等,2006)建议发展"组织策略,专注于:(1)风险(识别压力并积极介入);(2)资产(建立和改善组织资源);(3)过程(开发其适应有效性)"[迪尤和库珀(Dewe 和 Cooper),2012:128]。上述研究和一项关于承诺和学生成绩之间关系的研究(戴等,2007)都为提供态度性的专业学习发展提供了一个有说服力的论点,这种机会能使教师的积极、稳定的专业认同感得到解决、审查和培养。

领导的影响力

学校领导作为学校文化的创造者和管理者,对教师的专业认同具有显著的正向或负向影响。教师的职业认同感也会受到负面影响,例如,学校文化中普遍存在的对失败的恐惧、过度的、批判性的审视、低信任度及学校领导、政府机构甚至媒体的负面评价。他们的自我和集体效能也会受到组织规范的负面影响,例如,规范他们对权力使用的情绪反应的表达,以限制他们的能动性和自主权。

当我们的感情被琐碎化、被忽视、被系统地批评,或者因我们表达资源的贫乏而被极端地限制时,这种情况可能导致一种非常严重的摒弃——以一种深入到一个人自己的生命、对于其生命本身的意义的摒弃。

坎贝尔(Campbell),1997:188,引自赞比拉斯,2003:122

在英国,戴等(Day等,2007)发现,教师在学生进步和成就方面的感知和测量效果受到他们如何管理个人、工作场所和政策环境之间的互动的影响(关于这些的详细讨论见第3章)。

不难看出,个人的自我效能能力、能动性和专业认同之间存在直接联系,教师的专业认同与教师的承诺水平、特定学校文化中的弹性和有效性能力之间存在间接联系,学校内部或外部的改革忽视、动摇或削弱核心信念和价值观,威胁现有做法,学校领导人不用心的领导和管理,都可能破坏教师的自我效能感和能动性,动摇和降低教师的稳定职业认同感。

三个身份场景

有若干框架可用来理解专业身份的性质和组成部分,例如,专业技能,积极的师生关系及课堂教学技能[贝贾德(Beijaard),2000]。最近,一个复合的概念"自我对话"的影响——个人历史,行为模式和未来的担忧——不断加强[阿克曼和梅杰(Akkerman和Meijer),2011]。其他研究表明,教师以不同的方式寻求并发现自己的稳定感,而这种稳定感来自外在的、支离破碎的身份认同。然而,所有人都有一个共同点,那就是有效的教学需要教师保持一种积极、稳定的身份认同感,而这样做既是一种情感和认知过程,也可能要求他们参与管理几种相互竞争和潜在破坏性影响之间的紧张关系。

以下是三种情况的说明,这些情况由教师群体在其职业生涯的不同阶段和在不同的学校环境中确定,这需要他们的注意力,以维持作为教师的积极和相对稳定的自我意识,以及他们在课堂上有效的意愿和能力[戴等,2007;戴和金顿

(Kington),2008]。在英格兰关于教师工作、生活和效率差异的全国性研究中,对 300 名教师进行了为期三年的采访分析,确定了三种挑战其职业身份稳定性的情景。教师认为,当一种或多种影响力(如个人危机、政策改变、学生改变、学校改变)占主导地位时,他们对现有专业身份的信心,以及他们的自我效能感、能动性和幸福感就会受到威胁。然后,需要额外的努力和情感能量来管理:(1)三种影响中的每一种及它们之间的相互作用;(2)危及其现有职业认同感稳定的重大事件;(3)各种影响因素内部和相互之间的矛盾、紧张和冲突。

场景 1

图 2.2 展示了一个相对稳定的身份场景,三种影响保持平衡。因此,虽然在这些范围内部和之间可能不时会有轻微的波动,但个人或学校不需要采取任何行动,除非稳定性是消极的。例如,如果职业自满导致持续的效率低下。这种情况下的教师被认为是:(1)有可能继续教书;(2)有离开教师职业的风险,因为他

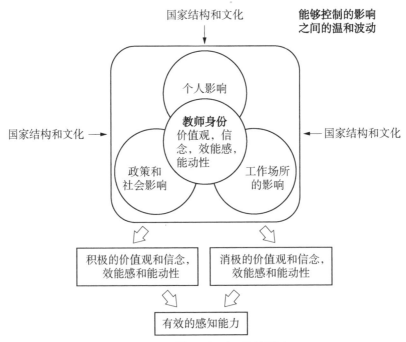

图 2.2 场景 1:相对平衡的影响

们所经历的稳定性是负面的。在这种情况下,许多(尽管不是全部)教师的主要特征是他们强烈的价值观和信念(道德目的)及他们高水平的能动性、效能、动机和承诺:

> 现在我有更多的时间花在工作上,我觉得我比以往任何时候都更有责任感和动力。以前,我必须在工作和照顾孩子之间分配时间。
>
> 布伦达(Brenda)
>
> 我很喜欢和孩子们一起工作,就像我刚开始教书的时候一样,我无法想象做其他的职业。
>
> 马丁(Martin)

经历第一种场境的教师对自己的幸福感、工作生活管理和工作效率也更为乐观,正如安娜的故事所说明的:

安娜:积极(幸福感和工作生活紧张感)

安娜是一名教13至14岁学生的数学老师,在一所11至16岁学生的城市混合式综合学校任教,这所学校有750名学生,来自条件相对较好的社区。她已经教书四年了,最初被吸引是因为她认为这是一个"有价值的职业"(教师访谈)。教育标准局评定该校为"优秀学校,良好的教学及一流的领导和管理使学生取得了很好的进步"。安娜的丈夫最近成了一名合格的教师。她认为这使他能够完全理解她在工作中的经历——"当我度过了艰难的一天时,这真的很有帮助"(教师访谈)。这对她的幸福感和工作与生活的平衡产生了重大影响,因为他们一起养成了一种习惯,把工作和家庭时间分开。安娜说,他们在某些晚上和周末都没有工作,这有助于她改善和调整学校和个人生活。

与大多数(86%)的教师一样,安娜表现出强烈的效能感、能动性、承诺感和情感幸福感,她的职业认同感稳定而积极。

场景 2

这种情况(图 2.3)包括教师,他们受到三种影响中的一种对身份的支配,耗尽了维持管理一种或两种其他影响所需的能量储备。在这种情况下,根据教师的动机承诺、自我效能感、能动性、同事支持和领导能力的水平,短期内可以控制波动。场景 2 中的许多教师,如卡梅尔的故事所展示的,就像场景 1 中的教师一样,倾向于高度积极主动。

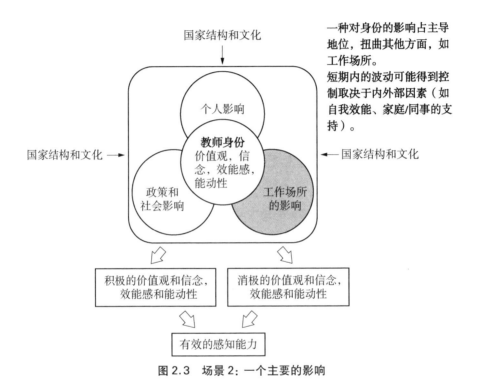

图 2.3 场景 2:一个主要的影响

卡梅尔:主导(工作场所的影响)

卡梅尔今年 51 岁,已经教书 29 年了。她是一所有 250 名学生的农村小学的数学和评估协调员,她最初被教学工作吸引是因为有机会与孩子们一起,并帮助"改变他们的生活"。卡梅尔对前任校长给她的压力感到不满,因此,她的动机开始下降。"他没有给予支持,他对员工说话的方式'糟透了'。"然而,学校最近刚换了一个新的校长,据卡梅尔说,这个校长对她的工作产生了积极的影响。她报告说,由于工作环境的这一变化,工作人员开始更加协作地工作,工作人员之间的关系变得更加支持,恢复了她高水平的动力。

然而,这个群体中的教师比场景1中的教师更多(52%:21%)对他们的效能感、能动性、幸福感和工作—生活紧张关系的管理表达了消极的看法(戴等,2007)。

场景3

在这个场景中(图2.4),三种影响身份的因素中有两种占主导地位。查理是一位教师,他在职业上受到了积极的影响,但在工作场所却受到了消极的影响。

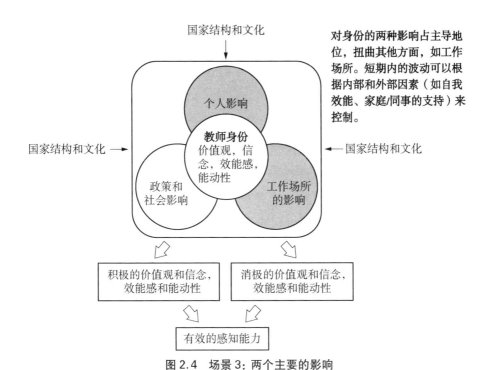

图2.4 场景3:两个主要的影响

> **查理：负面影响（主要是个人和工作场所的影响）**
>
> 查理是一位31岁的校长，有8年的教学经验，曾教中学和成人教育。尽管很享受担任校长（专业）的新挑战，但查理还是很沮丧，因为他的领导/管理角色分散了他的教学精力。他说这是他职业生涯的最低谷："这是我第一次担任校长，我发现这是真的很困难。"
>
> 此外，学校的学生人数正在下降，一些教职员工对查理在学校实施的改革表示不满。这两个问题都对他的个人生活产生了负面影响，因此他在课余时间很少有时间陪伴妻子和孩子。

像查理一样，这个群体中70%的教师考虑到管理多重影响的需要，更有可能对他们的幸福和工作生活管理持消极态度。

> 我不得不休息一段时间，因为工作太多了：教学、工作量、评分和我的管理角色。
>
> 玛丽（Mary）

> 工作确实妨碍了我的家庭生活，因为我不得不在周末和一周中的几个晚上工作。我没有精力做其他事情。
>
> 米歇尔（Michelle）

在场景3中保持积极的职业认同感如果没有支持，可能会导致疲劳、疲惫、愤世嫉俗，最终导致倦怠。

> 疲劳的特征是缺乏情绪能量，在工作中感到紧张和疲惫……而玩世不恭的态度则反映在对工作的不尊重或冷漠，对学生、父母或同事的不满或尖刻态度，以及对组织的低承诺。
>
> 索伊尼（Soini）等，2016：384

在职业生涯中,有时候管理这些影响因素需要的关注相对较少,如场景1中所示。任何特定影响或影响因素的组合都会受到教师道德目的的内在力量的调节,从而导致动机、自我效能、能动性、承诺、韧性、幸福感、工作满意度和效能的增加或减少。然而,在不同情景下,这些影响的增长或减少程度也可能与以下因素有关:(1)是否必须在短期、中期或长期内管理工作场所中占主导地位的影响(例如,在教室、教师休息室或家里的不和谐关系);(2)个人履历(职业实力);(3)教师的情绪韧性(对各种压力的脆弱性,以及身体健康);(4)个人和专业支持(例如,领导、同事、朋友);(5)效能感、能动性和幸福感。①

结语

本章讨论了一系列研究结果,这些研究结果表明,教学是有情感的工作,道德目的、效能感和能动性是教师积极的职业认同的关键组成部分,对教师的生活、幸福感和有效性至关重要。是否能建立和维持稳定的积极身份认同,将取决于教师在多大程度上愿意和能够管理个人职业生涯、文化、政策改革、个人和机构的价值和实践所产生的积极和消极影响之间的交互作用。

从这些研究中我们可以看出,教师的专业自我的架构不可能在整个职业生涯中保持一致的稳定。在不同的时间,在不同的个人、工作场所和政策环境中,他们可能对自己是谁、对他们的期望是什么及如何被视为专业人士感到不确定。在这些时期,他们的意愿和能力可能会受到不利的影响。

最后,通过对教师职业身份的性质和面临的挑战进行分析,不能得出结论认为,他们都是只寻求遵守制度的"受害者"。相反,许多教师能够很好地应对和处理他人可能面临的削弱性挑战,这取决于他们的个人性格、个人环境和工作场所的支持。教师在学校文化中具有强烈的道德使命感、效能感、能动性和积极、稳定的身份认同感,这些文化在智力和情感上支持、拓展和挑战他们。建立专业资本及自我和集体效能,教师能够运用能动性和情感能量来满足所有学生的学习需求。这些教师会对成功持乐观态度,并将继续相信——有时尽管有短期的相

---

① 本节改编自戴和金顿(Day 和 Kington, 2008:12-17),使用得到出版者的许可。

反证据——他们能够改变学生的学习动机、参与学习及进步和成就。到目前为止,连续的政府政策和提高标准的改革战略都未能解决身份认同,如承诺在教师的意愿和能力方面发挥的关键作用。有证据表明,解决专业性、专业认同、承诺、兼具情感性和知识性的教学及个人专业变革进程等关键问题的改革更有可能达到标准——提高招聘和留任的效率和效力,而目前的努力虽然出于好意,但从经验数据来看似乎未能满足教师及其学生的长期学习和成就需要。因此,我们面临的挑战不仅是如何实现这一目标,还在于如何在变革时期和职业生涯中保持这一目标。

第3章 教师工作和生活的多样性：承诺是保障质量的关键[①]

很少会有人认同如果教师要达成以下目标不需要进行专业学习与发展（Professional Learning and Development，PLD）：

1. 拓宽和深化他们的知识和技能储备。

2. 发展能力来处理角色预期中不可避免的变化；课堂课程和教学方法、学生的学习需求和工作条件，这些充斥着他们的职业生涯，并且也许是最重要的内容。

3. 鼓舞、重建并维持他们的积极性、责任感、强烈的感觉、坚定的职业认同、韧性和伦理道德目标，使他们愿意并且有能力尽其所能地教学。

同样，很少会有人不认同大部分PLD机会应该在学校得到落实，所以他们应该满足国家和地方政策、教室、学校、部门和其他所有的教师持续专业性（态度的）发展需要的直接（功能性）的需求。

到目前为止，一切看上去都很好。但也许也不那么好，因为正如我们在第1章中看到的那样，现实情况开始在实践中扰乱这种共识的达成。例如，虽然大家都同意当组织和个体教师共同承担起PLD的责任时，一个更强大和更持久的影响更有可能实现。但许多人会认为，并不是所有的学校都是学习者的"学习社区"或得到很好的引导；并不是所有的教师都具有高水平的职业动机、承诺、韧性和道德目标；在一些学校，许多教师所经历的PLD只是狭隘地关注于提高学生的考试成绩；其对教师的动机、承诺和幸福感的影响进行系统评估的还不多见［古道尔（Goodall）等，2005］。而且，尽管多年来进行了大量的投入，但关于PLD

---

① 本章改编自戴（1999:59—68）。

如何应对教师们的职业生涯承诺的多样性所带来的学习和发展需求,目前还没有足够的研究成果。

我认为,承诺意味着教师们强烈而持久的愿望,无论在什么情况下,都要对学生的学习动机、学业进步及个人和社会福祉产生积极的影响。我相信,这从长远来看,也能够为社会的"福祉"做出贡献。有奉献精神的教师被称为有"来自教书的召唤"[汉森(Hansen),1995]。他们表现出强烈的道德使命感、效能感、成就感、关心感、乐观和希望感,而不是怀疑、愤世嫉俗和悲观的感受。他们的决心是坚韧的,总是尽其所能地教书。研究表明,老师对学生的承诺与学生在学业测试中的表现高度相关,并且在教师职业生涯的每个阶段,承诺可以改变个体和环境带来的影响(第2章详细讨论了这些如何影响教师的身份认同)。例如,与直觉相反,教师在职业生涯的后期,承诺水平可能更低,在这个群体中,中学教师比小学教师更有可能经历更低的承诺水平(戴等,2007)。

有关教师工作和生活的部分研究历史

虽然可以论证的是,价值观和信念、自我效能感和成就感是所有教师职业认同的重要组成部分,并与他们对专业主义的感受相关联,但它们在教师职业生涯的不同时期会得到强化或减弱。研究一致表明,教师的职业生涯阶段本质上是动态的,其工作和个人环境中的一系列影响因素之间的相互作用是复杂的、连续的过程,且不总是可预测的。在不同的学校背景下,在教师职业生涯的不同阶段,这些因素对教师的感知和实施效果产生了不同的影响。如果要建立、维持并在必要时更新教师的承诺和成效,就必须认识到这些影响及其对教师在特定职业生活阶段的影响,并提供非正式和正式的有针对性的支持。

许多年前,来自英国[鲍尔(Ball)和古德森(Goodson),1985;赛克斯(Sikes)等人,1985;尼亚斯(Nias),1989],美国[莱特福特(Lightfoot),1983],澳大利亚[英格瓦森(Ingvarson)和格林威(Greenway),1984;麦克莱恩(Maclean),1992],加拿大[巴特(Butt),1984]和瑞士[胡伯曼(Huberman),1989]的研究人员明确了一系列教师职业发展的关键阶段。例如,克雷默·海因(Kremer-Hayon)和费斯勒(Fessler)(1991)提出了9个职业生涯周期阶段:职前、入职、胜任、建构、热情与成长、职业受挫、稳定与停滞、职业结束和离职。对教师工作生活最权威和最有影响力的研究（虽然不是他们的有效性）是迈克尔·胡伯曼（Michael Huberman，1988，1995b）对瑞士中学的教师开展的研究。他发现他们经历了五个主要阶段：

1. 入职：最初的承诺（轻松或痛苦的开始）；
2. 稳定：找到承诺（巩固，解放，融入同伴群体）；
3. 新的挑战，新的担忧（尝试，责任，恐惧）；
4. 达到职业停滞期（感到职业生涯结束，停止追求晋升，享受或停滞不前）；
5. 最后阶段（增加对学生学习的关注，追求外部兴趣，觉醒，职业活动和兴趣的矛盾）。

开启职业生涯：一场双向的斗争

胡伯曼把最初几年的教学描述为一种双向的斗争：教师试图通过使他们的工作符合他们个人的理想来创造他们自己的社会现实，同时，又要受到学校强大的社会力量的影响。这一时期被认为是建立新教师对教学的定义和他们的专业行为的特殊划分的关键时期。他发现，他们的开始可能是容易的，也可能是痛苦的，这不仅取决于他们处理课堂组织和管理问题的能力、课程和教学内容知识，还取决于学校和教员文化的影响。

稳定、新挑战、新担忧

在经历"初级者"和"高级"初级者之后，大多数教师可能会建立一种教学掌握感。他们不再是新手，现在被认为是教工休息室里有经验的同事——他们在教学实践和学科方面的知识相对有安全感，并对自己作为特定学校社区成员的身份感到自在。随着他们对专业看法和专业身份认同感的发展与扩大，这种成熟的感觉很可能伴随着一些巩固、细化和教学科目的扩展，并且可能会参与到更广泛的校内和校外教育发展中。

达到职业停滞期：重新定位或继续发展

胡伯曼的研究显示，轨迹职业周期的中间阶段（7—18年）比其早期或晚期更有可能更加多样化(胡伯曼,1995:197—198),并且这种多样性与职业发展、学校文化以及教师应对如今已确立的周期性重复的方式有密切联系。学生和同事之间的循环提供了安全感,但矛盾的是,可能缺乏早年的多样性、挑战和发现。这是一个许多教师可能寻求新挑战的时期,他们要么在同一所学校承担新的责任,要么为了晋升而更换学校。然而,这也是学校之外的责任开始增加的时候,不管这些责任是否与年迈的父母、成长中的家庭或加深的关系有关。

在这一阶段,教师还可能经历中年危机,以及由于缺乏晋升或角色变化,或精力和热情下降而开始的越来越多的觉醒。也正是在这一阶段,一些教师可能会寻求机会来质疑他们工作的目的和背景,通过参加学校、地方教育机构或地区网络的进一步学习,或通过参加进一步的学位工作来回顾和更新他们的智力承诺。

最后一个阶段[①]

从理论上讲,职业生涯的最后 10—15 年是教学方面最具专业知识的阶段,尽管伴随着对个人健康和家庭的潜在关注。然而,它也可能是最"保守主义"的时期。根据胡伯曼的研究,在这一阶段,教师对如今学生的行为、承诺和价值观抱怨更多,并对变革的好处持怀疑态度。他们不太可能寻求进一步的晋升,要么平静地朝着一个"令人满意的"职业生涯终点前进,要么就不得不在一个陌生的地方心怀不满地生存下去。在这一阶段,教师可能会觉得自己在学校里被边缘化,并对那些他们认为要对教育和学校教育状况负责、对他们必须教的学生行为标准下降负责的人感到怨恨。他们可能会在教学的核心行为中努力工作,但这并不一定伴随着达到卓越所必需的热情、情感和智力投入水平。

重要的学习阶段

虽然这项研究和其他研究发现,教师经历了不同的发展阶段,但很明显他们根据不同的情况,在不同的时间用不同的方式应对。一些研究表明,这些差异是对可预测事件的反应[列文森(Levinson)等,1978],而其他研究则集中在工作生活(胡伯曼,1989)、认知发展[欧阳(Oja),1989]和生命周期因素(鲍尔和古德森,

---

① 关于这一阶段和其他阶段的详细审议,见胡伯曼(1995b)。

1985)。其他研究已经指出在教师的生活和职业历史和当前发展阶段的关键事件的重要性[德尼科洛(Denicolo)和蒲伯(Pope),1990;厄劳特(Eraut),1991;古德蒙兹多蒂尔(Gudmundsdottir),1990;利斯伍德(Leithwood),1990;赛克斯等,1985;欧阳,1989;鲍尔和古德森,1985;古德森,1992年;胡伯曼,1989;舒尔曼,1986]。英国的研究也表明,"……加速发展的周期……无论是受到内部还是外部因素的影响,都有可能发生在个人生活的任何时刻"[诺尔德(Nolder),1992]。诺尔德对中学教师进行了4年的实证研究,发现有一定的条件为发展"井喷"提供条件。这些被描述为"关键事件""困境""里程碑"或个人生活中的关键事件,教师围绕着这些关键事件作出决定。他们激发个体"选择特定种类的行为,引导特定方向"(赛克斯等,1985:57)。有人认为,教师职业传记中的这些关键阶段代表了决策制定过程的顶端,将个人的想法汇集起来,而不是对他们自己负责……为了那个决策(赛克斯等,1985:58)。个体可能在某些领域停留在一个水平上,而在另一些领域则更先进[瓦特(Watts),1981]。在加拿大,肯·利斯伍德将教师的心理和职业周期发展与专业知识的增长联系起来。他声称这可以直接受到校长的影响(见图3.1)。通过举例说明教师发展的各个方面是相互关

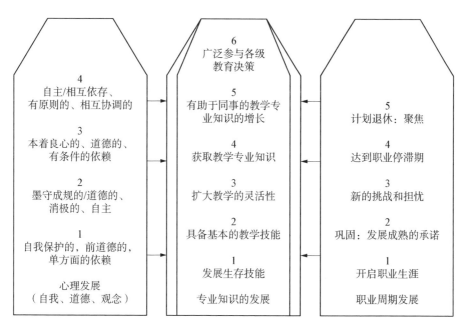

图3.1 教师发展的相关维度
(资料来源:利斯伍德,1990)

联的,他确定了一种达到专业水平和专业技能发展阶段的第 5 和第 6 阶段之间的直接关系,表明:

> 教师认为自己处于停滞状态的一个重要原因是,在许多学校和学校系统中,未能让教师有更大的空间去了解和联系多个教室——去看其他教师和他们的教室并与之合作。这样的挑战回应了老师对于承担更多责任的准备情况,让学校、系统得益于他们多年积累的经验。教师经历过这样的挑战,可能进入最后的职业周期阶段时仍处于扩张性的心境或至少是"积极关注者"。
>
> 利斯伍德,1990:81

这一多维模型虽然可用于教师职业发展规划,但并未考虑教师的效能感、能动性、稳定的积极职业认同、情绪和认知因素的影响及工作环境等因素的波动。

21 世纪教师工作、生活和有效性的变化

一项为期四年的国家研究项目调查了 300 名教师在职业生涯的不同阶段的工作、生活和效率的变化,该项目在英格兰的 100 所中小学(VITAE)[①]进行了调查,结果为早期研究提供了新的进展。300 名教师在其职业生涯的不同阶段,几乎都持续开展教学,因为他们想要与儿童和青少年一起工作,想要教好科目,做出改变;大多数(74%)教师仍然激发和保持他们的承诺和有效性——有时要克服重重困难。研究(戴杰思等,2007)发现,中小学的教师在其教学生涯的最后几年的承诺比前期和中期阶段更有可能下降。同时,比起中学教师,小学教师更有可能在其职业生涯中保持承诺。也许不足为奇的是,在学校,特别是在中学教书并且为弱势社区服务的教师,他们的承诺面临的风险最大,他们的个人健康问题相对较多。

---

① 参见"教师工作、生活和有效性的变化",戴等,2007。

职业生涯的阶段和经历

我们确定了职业生涯的六个阶段,与教学经验有关,而不是与年龄或责任有关,每个阶段都有不同的挑战和关注。

早期教师:不确定的身份和参与

进入教师职业生涯是新教师职业生涯中的一个重要阶段。最初几年为他们的教学信仰、期望和实践,以及整个职业生涯的专业身份奠定了基础[凯鲁比尼(Cherubini),2009]。正如洛尔蒂(Lortie,1975:59)所观察到的,"教学的一个显著特征是新教师承担全部责任时的突然性"。他们必须迅速学会如何管理每个学生的动机、期望、需求、进步和成就,并在努力成为学校社区的一员的同时掌握课程,而学校社区本身可能是情感上的动荡和由教师办公室的微观政治控制的。

> ……组织因素是教师决定留下或离开的主要因素。大多数教师进入这一职业时,一开始就致力于教学和学生,但发现学校结构和组织中的因素与他们的专业意识背道而驰。
>
> 塞尔托和恩格布赖特(Certo 和 Engelbright Fox),2002:69

1. 0—3 年——承诺:支持与挑战[①]

在这一阶段,教师的重点是发展课堂中的效能感。本阶段中,有的教师效能感在发展(60%),有的在降低(40%)。学生的不良行为通常被认为会产生负面影响,学校/部门学段领导的支持是成功过渡此阶段的关键因素。

2. 4—7 年——在课堂上的身份认同与效能

早期教师职业生涯的第二个阶段的关键特征是,他们对课堂教学能力的信心增强或减弱。繁重的工作负担也对一些教师产生了负面影响。在这一阶段,78%的教师承担了额外的责任,这使他们正在形成的专业身份和尽其所能开展

---

① 改编自戴和顾(2009)。

教学的能力更加复杂。在这一职业生涯阶段的教师被分为：（1）保持强烈的认同感、自我效能感和有效性（49%）；（2）保持认同、效能和有效性（31%）；（3）身份、效力和风险有效性（20%）。

现有的研究很少描述早期职业生涯和刚合格教师的微妙的、长期的、背景化的经验。例如，一组研究人员（朱戈维奇等，2012；波普和特纳，2009；汤姆逊和麦克英特尔，2013；汤姆逊和巴勒莫，2014；汤姆逊等，2012）调查了职前教师的教学质量和准备情况，这与他们的动机类型、职业目标、价值观、信念和承诺水平有关。然而，他们的工作并没有表明，当教师开始全职教学时，这些类型和取向是如何实施的，或者他们如何应对对其最初动机的挑战。还有一些研究聚焦于早期职业教师的经历，这些经历与许多国家的许多人所经历的"现实冲击"、挑战和斗争有关，从以学生为主的大学经验转向以教师为主的学校经验（如弗劳瑞斯和戴，2006；范蒂利麦克杜格尔，2009；法雷尔，2003；奥兰-巴拉克和马斯基特，2011；肖夫纳，2011）。然而，这些研究大多倾向于汇总而不是细微区别教师在最初几年的教学经验（英格索尔，2011）。如果我们想要更好地理解为什么有些教师保持忠诚和有效，为什么有些教师不行，为什么有些教师会留下来，为什么有些人会离开，那么有必要从更长远的角度来调查教师的职业生活（约翰逊和伯克兰蒂，2003）。

职业生涯中期教师：到达停滞期

此前，对教师生活和职业的研究发现了发展停滞的可能性：由于缺乏晋升而日益受挫，丧失自信，以及日益疏远的环境而使一些教师醒悟。摩尔-约翰逊（Moore-Johnson，2015：119）声称，有明显证据表明，教师在最初几年的工作中进步了……然而，研究表明，平均而言，教师的发展趋于平稳，他们在职业生涯相对较早的时候达到了一个"平稳期"。"然而，最近的研究对这一高原期的必然性提出了质疑"（拉德和索伦森，2014；卡夫和帕佩，2014）。这些研究表明，随着时间的推移，在支持性专业环境中工作的教师比那些在不那么支持性环境中工作的教师更能提高他们的有效性。在过去的10年里，职业环境评分为第七十五百分位的教师的工作效率有所提高，比排名为第二十五百分位的教师的工作效率提高了38%。研究也表明，教师如果经常改变角色，在一个支持性的文化中工作,并得到反馈且能够参与学校重要决策,那么他们对重要核心工作——课堂教学,是能够保持积极性和获取满足感的[胡伯曼,1993a,1993b;赫尔斯比和麦尔洛克(Helsby 和 McCulloch),1996]。VITAE 项目研究证实了这些更微妙的发现。

1. 8—15 年——管理角色和身份的变化:日益紧张的局势和转变

这一阶段可以看作是教师职业生涯各个阶段的分水岭。大多数教师都在工作和生活的紧张中挣扎,而这些往往与个人和家庭生活动态的变化有关。此外,这些教师中的大多数(79%)在工作中有额外的责任,必须更多地关注他们的管理角色。与此相关的繁重工作与他们对课堂教学的效能感背道而驰。因此,对许多人来说,这是一段思考是否要继续这份职业生涯的时间,也进一步思考是否愿意为尽其所能教好学生而承担高强度的工作。

2. 16—23 年——工作-生活压力:对动力和承诺的挑战

除了应付繁重的工作负担外,许多教师在这个职业生涯阶段还面临着课外的额外要求,这使得工作-生活管理成为一个关键问题。努力平衡工作和生活通常被认为是负面的。这一阶段的风险是一种职业停滞感,这种感觉与在学校缺乏支持和对学生行为的负面看法有关。在这一职业生活阶段,教师的三个子组经历了:(1)进一步的职业发展和良好的结果,从而增加了动机/承诺(52%);(2)持续的动机、承诺和有效性(34%);(3)沉重的工作量/竞争性紧张/职业停滞,导致动机、承诺、效率和参与度下降(14%)。

此前的研究表明,45 岁以上的教师发现,对课堂教学的持续投入存在问题,部分原因是时间、精力和健康,以及他们已经变得情绪疲惫或"幻想破灭"[劳登布什(Raudenbush)等,1992;范登伯格和休伯曼,1999]。然而,在 VITAE 中,来自领导的支持、员工的共同协作、与学生的融洽关系和 PLD 是该群体积极的效能感的关键贡献因素。在处于职业生涯中期阶段的教师中,76%的人维持他们的承诺,24%的人表现出超然/失去动力。然而,这些教师中大约有一半的人表示缺乏来自领导(50%)和同事(60%)的支持,并且正在应对造成工作和生活紧张的个人或工作场所事件。

职业生涯后期(资深)教师

随着教师年龄的增长,在教育态度、动机和行为可能与初入职场时的年轻人大不相同,在这一复杂而具有持久挑战性的工作中,保持精力的挑战也越来越大。此外,他们自己的专业规划可能已经改变,以应对他们的经历,许多不同的政策和社会改革,不同的学校领导和学生群体,以及老龄化进程和意想不到的个人情况。那么,在教师的整个职业生涯中,他们将面临着职业、工作场所和个人的压力和紧张,这些压力和紧张有时至少会挑战他们的价值观、信仰、做法,甚至对某些人来说,挑战他们留在工作岗位的意愿。对另一些人来说,这些压力和紧张可能已经挑战了教师的承诺和恢复力,而这对他们继续努力保持效率的意愿和能力是至关重要的。古德森等(2006)通过教师怀旧的视角研究改革的可持续性发现:

> 随着教师年龄的增长,他们对变化的反应不仅受到退化过程的影响(失去承诺、精力、热情等),而且还受到这一代人工作议程的影响——几十年前形成的具有历史意义的使命,教师在其整个职业生涯中一直背负着这些使命。
>
> 古德森等,2006:42

虽然这很可能是普遍情况,但它假定了一个不可能改变个体的世界,这些人的反应可能会受到其他更现代的影响。尽管有一些职业生涯后期的教师经历着精力下降,"痛苦"地体验当下(柏克坎普思,1991)并怀念过去,但教师在许多工作中继续展示出强烈的承诺——特别是在一个有同情心和支持性的工作场所,在适当的情况下,通过创造分享专业技术和知识的途径,提供建议、支持和强化,为重振道德目的和承诺提供机会。

1. 24—30 年——承诺、韧性和有效性的挑战

这组教师在维持学习动机方面面临着严峻的挑战。工作效能感的主要影响因素是学生不良行为、个人生活事件的冲击,被迫对源源不断的新举措百依百顺的无奈、对教师生涯(和生活)和在学校服务年限的估量、继续在课堂之外担任领导或管理角色与在课堂上充满能量以满足课堂教学的要求之间的紧张关系。在面对负面的外部政策和举措时保持积极性,以及减少学生行为是教师在这一阶段的核心困难。他们要么保持了强烈的动机和承诺感(54%),要么坚持但失去

动力(46%)。六成的小学教师仍有强烈的学习动机,超过半数的中学教师失去学习动机。

2. 31年以上——保持/减少动力,应对变化,寻求退休

在这一阶段,64%的教师保持着高度的积极性和责任感。积极的师生关系和学生的进步是其基础。然而,36%的人感到"疲劳和被困"。政府政策、健康问题和学生行为往往被这些教师视为最消极的因素。

晚年教师特别令人感兴趣,部分原因是在许多国家,他们构成最大的教师群体。在VITAE中,确定的主要负面影响包括国家政策、过分官僚的以结果为导向的制度、破坏性的学生行为、健康状况不佳、繁重的工作量及由此造成的长时间工作。研究发现,对于这些处于职业生涯最后阶段的教师来说,学校的支持在他们继续致力于提高课堂知识和职业认同方面发挥了重要作用,而职业认同对他们的专业意识至关重要。表3.1显示,相对而言,仍然有许多年的教学经验的教师可能面临承诺和有效性下降的风险。

表3.1 教师职业生涯后期的专业承诺轨迹

	24—30年	31$^+$年
保持承诺	54%	64%
失去承诺	46%	36%

资料来源:戴和顾,2009:445。

然而,与胡伯曼的观察(1993a)相反,在教师职业生涯的最后阶段存在一个"明显的脱离阶段"(平静或痛苦),VITAE项目研究发现,占明显多数的教师在以后的阶段职业生涯保持强烈的使命感和秩序意识(他们相信可以改变学生的生活和成就)、持久致力于教学——一个有意义的职业,他们认为这份职业将塑造未来几代人的生活。学生进步和积极的师生关系是这些教师工作满意度和职业持续承诺感的核心。

对于大多数有24年以上经验的资深教师来说,他们从学生的成长中获得了巨大的价值和自我价值以加强和实现他们的教育初心,提高他们的士气,建立他们的心理、智力、社会和专业资源,为他们提供必要的情感力量,以管理他们可能经历的负面影响。

建立和维持职业生涯的承诺和质量的五个挑战

1. 初任教师:不稳定的成长

在许多国家,这一时期是教师流失严重的时期之一[如达林-哈蒙德(Darling-Hammond),2000;英格索尔(Ingersoll),2003]。尽管在离职(在职)教师教学有效性方面几乎没有相关研究数据,但相当多的研究证据表明,教师职业生涯早期激情消退的质量是由于特定组合的因素,其中最主要的是在学校工作的条件,外部政策工作负荷的影响,与学生和同事的关系,和领导的质量(戴等,2007,2011)。因此,重要的是要认识到,即在他们早期的经验中,发展可能是十分微妙的。在一项美国的研究中,研究人员调查了教师效能(在前五年)的发展,通过小学生在数学和阅读方面的成绩高于或低于预期来判断,发现:

1. 平均而言,教师在教学的第一年和第二年大大提高了他们的教学有效性。
2. 对于在职至少五年的教师来说,在教学的第三年之后,他们的教学经验增长通常会趋于平缓。
3. 通常情况下,第一年之后离开的教师比第二年或之后继续教学的教师效果差。
4. 平均而言,在第三年或第四年毕业后离开的教师在最后一年的教学效果要低于那些在第五年毕业后继续任教的教师。
5. 在第三年或第四年教学后离开的教师的表现通常在他们教的最后一年下降。

亨利(Henry)等,2011:271—272

亨利等(2011)的研究得出结论,早期教师具有"巨大的在职发展能力",而综合入职计划可能会提高早期教师的留任率,并可能有利于学生获得成就"(亨利等,2011:278)。

2. 职业生涯中期教师与工作参与度

> 敬业的员工精力充沛,对他们的工作感兴趣和热情(莱特和巴克,2010)……他们坚持不懈、积极主动地工作,当他们觉得工作会对组织有益时,他们往往会主动拓展自己的角色。
>
> 梅赛(Macey)等,2009,引用于柯克帕特里克和摩尔-约翰逊,2014:233

教师幸福感和工作满意度的依据,更有可能在他们的工作投入中被找到,被界定为"员工对他们的工作的感觉,影响他们如何选择分配他们的努力和精力"[柯克帕特里克和摩尔-约翰逊(Kirkpatrick 和 Moore-Johnson),2014:233]。柯克帕特里克和摩尔-约翰逊(2014)在美国的发现详细阐述了英国 VITAE 项目的发现。参与美国研究的教师谈到了三种参与模式:(1)修正型参与,由于课堂以外的责任增加(如家庭、额外的管理需求)而改变;(2)集中型参与,透过参与教师专业发展来改善教学;(3)多元化参与,这是由于他们增加了课堂以外的专业工作,如辅导新同事,课后社区活动。他们在研究中还发现,大多数教师几乎没有从学校领导或同事那里得到过积极的支持、指导或鼓励,那些教授在考试和成绩上"不太重要"科目的教师感觉自己被低估了。毫不奇怪,他们强调了学校环境对教师工作投入的积极影响,这支持了教师的持续 PLD[卡夫和帕佩(Kraft 和 Papay),2014;戴等,2011a;罗宾逊(Robinson)等,2009]。

以上规模相对较小的探索性研究发现,"第二阶段"教师(拥有 4—10 年的经验,在美国,其数量在过去 20 年大幅增加)仍然"相当容易流失",因此需要特别关注[凯恩(Kane)等,2008;柯克帕特里克和摩尔-约翰逊,2014:234],虽然他们可能比新教师更有效,但他们的有效性发展作为学生结果衡量也趋于平稳[凯恩等,2008:里夫金(Rivkin)等,2005;罗考夫(Rockoff),2004]。作者指出,与"新手"或"资深教师"相比,这一群体在结构化的 PLD 机会方面得到的关注相对较少。教师个人和小组收获更多还是更少学习和发展机会可能会取决于校长的理解。他们如何理解其教师各职业生涯阶段以及相互之间的影响。以及 PLD 在参与构建和维护教师的承诺和工作方面的贡献,并且借此促进学生的参与和成就。

3. 职业生涯后期教师：保持韧性①

根据《牛津英语词典》(2006)的说法，"veteran"一词源于拉丁词 veteranus，意为"老的"。老兵是"在某一特定领域有长期经验的人"(2006:853)。根据这一定义，资深教师是指长期从事教学工作的有经验的教师。对教师的研究主要集中在那些处于起步阶段的教师身上，因为这些教师的流失问题尤为突出[英格索尔(Ingersoll)，2003]。相比之下，对于那些有大量的教学经验(即所谓的"老兵"教师)所面临的压力和挑战以及他们为什么和如何成功(或不成功)继续保持教学的初心和维持教学的有效性的关注相对较少。

正如马戈利斯(Margolis，2008)在一项关于教师职业生涯周期的研究中所报道的，有经验的教师不一定是资深教师。他的观察与对传统"阶段理论"的批评是一致的，该理论将教师的 PLD 概念化为通过一系列线性技能发展阶段——从一个"新手"到"高级初学者"、"胜任者"、"精通者"和"专家"[参见本纳(Benner)，1984；德雷福斯和德雷福斯，1986 年；戴，1999；戴和顾，2007]。

> 而毫无疑问，"从发展的角度看，——个人的学习需要会受到经历长短的影响"[伯拉姆(Bolam)和麦克马洪，2004：49]，研究发现，尽管通过实践学习可能让教师更熟练，但这不一定导致专业知识的形成，这种观点挑战了将经验和线性看作是教师学习的决定性特征，[布里茨曼(Britzman)，1991；柏雷特和斯卡达玛亚(Bereiter 和 Scardamalia)，1993]。
>
> 戴和顾，2007：426

因此，关于经验和专业知识的争论，虽然经验丰富的教师可能有多年的教学经验，在课堂和学校的日常事务中变得熟练，但他们不一定成为专家教师。

然而，与许多缺乏经验的同事相比，许多较年轻的教师可能在学校内担任重要的职位，获得更高的报酬，并在工作中经历了更多的政策和社会变化的影响。更重要的是，他们的韧性和效能可能会受到更持久的挑战。

一些作者声称，因此，他们可能对自己的工作不再抱有幻想[胡伯曼

---

① 本节改编自戴和顾，2009。

(Huberman),1993a]。然而,其他人认为,提供持续学习和合作机会的支持性学校领导和文化有助于他们保持承诺[罗森霍尔茨·辛普森(Rosenholtzand Simpson),1990]。组织心理学的文献表明,越来越多的人认识到年长员工对组织的价值,表明他们的表现和年轻的、缺乏经验的员工一样,而且他们表现出更积极的工作价值观[罗德斯(Rhodes),1983;沃尔(Warr),1994;格里菲斯(Griffiths),2007a和2007b]。因此,格里菲斯(2007b)断言,"许多关于年长员工(表现下降和工作能力下降)的常见误解和刻板印象是不准确的"[沃尔德-曼和阿沃利奥(Wald-man和Avolio),1986:124;本杰明和威尔逊,2005]。显然,利用经验是一个很好的投资策略。

> 从更积极的角度来看,领导可以关注年长员工的优势;他们可以利用他们的工作知识,鼓励他们担任指导和教练的角色,并鼓励横向和纵向的流动性。通过探索年长员工在职业生涯的后期想要什么,有可能使他们的工作满意度和表现最大化。
>
> 格里菲思,2007:55

忽视资深教师的具体承诺和适应能力需求,就不能意识到他们和他们的雇主对教育的长期投资。这群人——至少在理论上——应该处于他们的专业知识和教学智慧的顶峰。正是这个团队应该为他们缺乏经验的同事提供一个模型。他们应该成为所有人希望和乐观的灯塔,而不是让其他人在无人帮助的情况下战胜困难。

4. 教师的流失和质量的保持

加拿大[范提利(Fantilli)和麦克杜格尔,2009年],美国[英格索尔(Ingersoll),2004]、挪威[史密斯和尤维克(Ulvik),2014],芬兰(嘉尼·海基宁等,2012),英国(史密瑟斯和罗宾逊,2000)和荷兰(斯多克等,2003)研究人员发现在教师职业生涯的头四年里,教师的流失率一直居高不下,而决策者们也持续在国家和国际上表达了他们的担忧[经济合作与发展组织(OECD),2005]。对教师士气的调查表明,造成这一现象的原因是过重的工作量、惩罚性的政府政策、人际关系困难及学校领导能力差。"这种研究和政策关注的焦点一直是教师的流失",即外部可评估的失去承诺的结果,而不是如何留住教师。然而,保持教师的责任感、效能和韧性不仅仅是保留教师的问题,还是保持质量的问题。这对标准议程有着深远的影响,因为当前的教学现实是,大多数西方国家的教师人口正在老龄化(OECD,2004,2005)。因此,政府有必要开始招募和留住有能力和坚定的年轻教师,鉴于目前对教师工作和生活的大量研究,以及教师的工作和生活的变化以及教师的身份、承诺、韧性和教师效能之间有着重要关联,政府同样有必要采取行动促进处于职业生涯中期和后期的教师的意愿和能力,在教室和学校给他们最好的,即保住质量(戴等,2007;孙,顾,2007)。例如,在大多数OECD国家,大多数中小学教师都在40岁以上;在美国,三分之二的教师队伍必须在未来十年更新(古特曼,2001)。在英格兰,40%的教师年龄在45—55岁,55岁以上的教师占劳动力总数的6%(谢夫列尔和多尔顿,2004)。所谓的"资深教师"在这个行业可能至少还要再工作10年。学校领导和决策者需要理解帮助或阻碍教师在职业中后期的成功管理他们的工作和生活的因素,只有这样,才能支持教师们保持教育水平以及履行道德责任和义务,从而保障未来后代的成长和质量。

5. 学校内部的支持

在青年教师高消耗的环境中,那些处于职业生涯中期的教师,大多数人由于经济或家庭的原因,不会认为自己可以改变自己的职业。教师在其职业生涯后期所经历的精力下降或丧失,这可能使他们丧失献身精神,从而使他们丧失有效教学的能力,因此提供适当的帮助是重要的。

对于青年教师来说,学校的支持在身份认同中扮演着重要的角色。同时对于中年教师来说,这种支持也是他们应对专业和个人职业生涯的关键转折阶段的紧张形势的关键。VITAE研究表明,教师们面临着这样的抉择:是继续做一名忠诚的全职课堂教师,还是爬上管理层的阶梯,还是降低自己的忠诚程度,还是离开教学岗位。在过去二三十年里,许多教师接受了几代人的教育政策和社会价值观的变化,他们可能会面对变革的挑战。在这一过程中,他们将需要特别的校内支持,因为改革往往意味着需要改变现有的(对已有的长期资深教师来说)态度、价值观和做法。无论改革的初衷多么好,多么有效,都可以或多或少地被视为对他们在整个职业生涯中培养和磨炼的价值观、地位、经验和专业知识的挑战,甚至是否定。在不同的学校和经历不同工作条件的教师也可能有不同的需求。

这可能特别适用于那些在具有挑战性的社会经济环境下在学校里工作的人。通过与学校领导进行正式或非正式的持续对话,最好地满足这些教师群体对"承诺和效能"的需求。这些领导与教师有密切的了解,开展高水平的互动,培养信任和尊重,并致力于终身学习。表3.2总结了教师在职业生涯早期、中期和后期的质量保持的关键问题。同时,根据研究,这些更有可能适用于这些阶段的教师,它们也可能影响任何一个职业生涯阶段,取决于个人生活、工作场所和政策背景。

表3.2 不同职业阶段影响教师的关键因素

职业生涯阶段	关键影响因素
早期	工作量、现实冲击、教师身份形成、韧性挑战、效能感、稳定/不稳定成长
中期	工作/生活紧张,停滞不前,工作投入,职业停滞,道德目标和承诺怀疑
后期	韧性挑战、健康/能量问题,应对变化,道德目标的丧失,自主感

对于那些希望改变教师解释、构建和开展工作方式的人来说,影响是显而易见的:个人对这种改变的"承诺"是必不可少的。改变专业精神的运作定义,培养稳定、积极的个人和集体职业认同感,需要在促进对话、共享价值观、知情信任、尊重和成就的环境和文化中与教师密切合作。没有这些,从长远来看,改革不太可能取得成功。这种支持性的学校文化对教师在所有职业生涯阶段的效能感至关重要。

结语

> 优秀的教师具有联结的能力。他们能够在自己、学科和学生之间编织出一张复杂的网络,这样,他们的学生就能学会为自己编织一个世界。好的老师建立的联系不是在他们的方法上,而是在他们的内心
>
> 帕尔默,2007:11。

越来越多的证据表明,教师在所有职业生活、各个阶段的高水平投入——通过对其工作的高水平的情感和智力投入来表达——可能会使学生更加投入[海勒等(Heller),2003;哈洛宁等(Hakonen),2006];提高教师的效能感、幸福感和工作成就感;并使学生取得相对较高水平的成绩(戴等,2011a)。因此,工作投入的变化,就像承诺的变化一样,可能会对教师在其职业生涯的各个阶段在课堂上提供的教学和学习质量及他们对学校的更广泛的承诺和忠诚产生重要的积极或消极后果。政策变化、绩效期望、学生对学校学习的态度、工作场所文化、职业停滞和不良个人事件都是影响教师专业意识、职业认同、承诺和效能的重要因素。个人和集体的影响不应被低估。此外,在没有适当支持的情况下,面对工作场所内外及其职业和个人生活的各种负面影响,许多教师可能难以维持自己的士气、道德目标、承诺和韧性。

校内支持的重点是调解外部政策举措的影响,并协助教师成功地适应这些,这在维持他们的动机和承诺,并使他们能够做到最好和良好的教学方面发挥着重要作用(戴和顾,2007)。VITAE 的研究发现,从教师自身的认知和学生的进步和成就衡量来看,教师的效率有高有低。该项目的结论是:

1. 随着时间的推移,教师不一定会变得更有效率。尽管大多数教师仍然有效,但在职业生涯后期的教师更有可能变得不那么有效。

2. 教师积极、稳定的职业认同感与教师的幸福感、职业效能感、能动性和成就感相关,是影响教师职业效能的关键因素。

3. 教师在职业生涯后期的承诺和韧性比其他人更持久地受到挑战。

4. 与其他学校相比,服务于更多弱势社区的学校的教师的承诺和韧性受到的挑战更持久。

5. 有责任心和韧性的教师所教的学生取得的成就可能会超过那些没有责任心和韧性的教师所教的学生。

6. 保持和加强教师的承诺和韧性是提高教师质量和留住教师的关键问题。

概念化的 PLD 作为线性连续体,尽管是颇有吸引力和可信的,但都过于简单化和不切实际,因为他们不是从"作为人的教师"(职业方面的专业性)的角度,而是从系统定义的管理(组织方面的专业性)的角度来看"作为员工的教师"。坚持这一点可能会过度简化或偏重规定,以满足系统的功能性需求,而忽视了教师的纵向需求,这是危险的。决策者、提供者、系统和学校领导需要认识到,一些教师可能没有一个阶段性的、连续的生活经历序列……而学习的进步是一个充满了停滞、间断、倒退、爆发和结束的过程(胡伯曼,1995b:196)。专业学习发展的模型如果假定在特定的线性职业"阶段"有特殊的需求,无论这些阶段是指角色的责任还是服务年限,对教师学习和发展需求的贡献都可能是有限的,他们不仅需要考虑他们的职业发展具有标志性阶段,还要考虑到知识、经验、职业、角色或职业生涯,以及教师工作所在的历史和当前的组织环境和文化。最重要的是,所有的 PLD 都必须关注支持和更新教师个人和集体的动机和承诺,以及我们在第 2 章所看到的,他们在具有挑战性的知识和情感的工作领域中形成和维持积极、稳定的专业身份的能力。

国家改革政策似乎还没有考虑到在提高教师质量和效能方面的外部改革的成功与支持和更新教师的专业认同和承诺之间的联系。它们对改革执行情况的管理似乎也没有考虑到改革与其工作场所环境质量之间的关系。除了值得注意的少数例外情况外,对教师参与变革的意愿和能力的考虑也仍然缺失。此外,正如对教师工作和生活的研究不断证明的那样,在职业生涯中保持他们的有效性不仅需要承诺,还需要教师每天都有韧性。

第 4 章　教师韧性[①]

在三十多年的时间里,要做到每天都全身心地教学,就需要教师有坚定的毅力和坚毅的承诺,以增进学生的学习、幸福、进步和成就。维持这样的承诺,需要保持"稳定平衡的能力"[博南诺(Bonanno),2004:20]、积极稳定的职业感、专业的身份和韧性,以及"一种以主动展现积极情感"为特征的"心态"[杜威和库珀(Dewe 和 Cooper),2012:124,引自图加德和弗雷德里克森,2004:320]。从历史上看,心理学文献将韧性理解为对压力源或风险因素的成功适应[戈尔茨坦和布鲁克斯(Goldstein 和 Brooks),2006;帕特森(Patterson),2002;赖特和马斯滕(Wright 和 Masten),2006]。韧性作为"成功的适应"通常意味着恢复在需求(压力源和压力)和能力(资源和应对行为)之间的平衡(帕特森,2002)。虽然这些韧性的概念在心理学的学科帮助阐释具有抗挫性的人们的个人特征(在不利环境下复原的能力),但他们没有解决工作的外部和内部环境的性质、同事及信仰的力量、价值观、抱负及道德/伦理目的如何可以增强或抑制个体教师的韧性相对强度(戴和顾,2011)。因此,"作为一种特质的韧性"文献受到了挑战,因为它呈现了一个非常有限的视角。积极心理学研究已经发展了韧性的概念,不是作为一个固定的属性定位于个体的历史,而是作为动态的受环境波动的影响,并与"幸福"和"繁荣"的概念相关的概念[弗雷德里克森(Fredrickson),2001;凯斯和海德特(Keyes 和 Haidt),2003],社会文化研究进一步承认社会条件影响韧性[卢塔尔(Luthar)等,2000;奥斯瓦尔德(Osward)等,2003]。

具有做到最好并很好地恢复需求和能力之间的平衡特征的抗逆力,教师不仅要应对挑战,而且要积极主动应对挑战,从而克服挑战,继续前进。因此,韧性

[①] 本章部分改编自戴和顾,2011:15—31,引自舒茨和扎莫拉斯(Schutz 和 Zembylas),2011。

可以更好地理解为"一种超越仅供生存的资源,能够促进蓬勃发展,欣欣向荣,改善性能,有提高工作满意度以及承诺的潜力,能够促进在逆境中反思和成长力的特征"[卢桑斯(Luthans)等,2007:123,引用杜威和库珀,2012:127—8]。

这意味着教师的韧性——在一套明确理解和明确阐述的教育体系中成功管理不确定性的意愿、能力和领悟,特别是学校环境,这是一种动态的能力而不是静态或固定的特征。教师的韧性的波动可能会有与挑战的本质、身份、个人资源(即功效、机构、职业的动机和意义),人际关系的动力与学生、父母、同事和学校领导、个人及职业生活环境,和他们的意愿、管理这些因素的能力相关(戴和顾,2014)。因此,虽然韧性传统上被定义为"过程、能力或在即使具有挑战性或威胁的情况下成功的适应结果"(马斯滕等,1990:426)。在学校,韧性应用于教师的工作,这个定义已经被改编成为"保持平衡的能力以及在教师日常工作中的承诺感和秩序感(戴和顾,2013:26)。在具有挑战性的环境中保持平衡和持续的奉献感很可能涉及教师的智力和情感。

总之,最近在教育领域有关韧性的研究表明了如下结论:

1. 教师韧性不是一个静态的或固定的特征,而是动态且会受到诸多因素的影响而产生变化,这些因素包括内部和外部的影响、个人资产、与学生的关系,父母、同事、学校领导,以及个人或职业生活环境(戴和顾,2014)。

2. 韧性不是天生的,它是个人和职业的经历之间日常相互作用的产物,通过职业性格和价值观、组织文化和个人因素来实践,它是通过个人在一系列非预期和未预料的情况下管理这些的能力来表达的。

3. 韧性不仅存在于个体内部,也存在于他们的"联系能力"中[乔丹(Jordan),2012:73]。这承认了学校中相互支持的关系的重要性,也暗示了校长在构建社会资本以"增强集体效能和专业控制力、影响力和责任的共同信念"方面的关键作用(戴和顾,2014:11)。

4. 就可测量的学生成就而言,教师的韧性与他们的自我评价和相关的效果之间存在关联[戴和顾,2014;布鲁内蒂(Brunetti),2006;卡斯特罗(Castro)等,2010]。

5. 韧性是一种潜在的能力。

日常抗逆力

不言而喻,教学是情感工作(见第 2 章更详细的讨论),因此了解影响教师情感韧性已越来越重要,因为政府扩大和加强了他们的角色、责任和义务,希望借助政策来提升学生成绩,这就要求教师改变他们的做法。家长的期望也发生了变化,学生对他们认为好的教学也变得更加挑剔,同时随着科技和社交媒体的发展,传统的教学形式受到了挑战(戴和顾,2014;埃伯松等,2015;本卷第 1 章)。在整个职业生涯中,由于不同的时间和原因,教师也可能会因为预料到的和始料未及的个人、工作场所或政策变化而经历更严峻的挑战。

由于课堂教学和学习并不总是可预测的过程,良好的教学本质上是一种"日常"挑战,因此,可能在或多或少的程度上取决于情境、取决于教师的韧性(戴和顾,2014)。使用"日常韧性"一词是基于两个关键的研究发现——关于教师的生存和幸福需要和教学的本质。就前者而言,行为医学的研究已经证明了积极情绪和健康之间的关系(戴维森和麦克尤恩,2012),并已经证实"情绪是大脑功能和精神生活的中心"(戴维森和贝格利,2012:ix)。就后者而言,教学显示一种脆弱性不仅是在个别教师教学中个体的情绪状态或经验可能引发强烈的感情,而且是也是一个关键的结构特点(凯尔克特曼,2009)。因为教师不能完全控制他们的工作条件,或者不能预测他们的教学和学生成果之间的直接因果关系(详情可见第 1 章)。

保持韧性:情绪韧性型教师

研究发现,有四个主要的因素可能会影响教师的韧性:个人因素(与他们校外生活有关),工作场所(与在校生活有关),专业性(与他们的价值观和信仰有关,以及这些价值观和信仰与外部政策议程的相互作用)和情感。这些都不是静态的,其中一个变化可能会影响教师管理其他方面的能力。在这两者之间,在任何给定的时间,教师都可能经历不同强度的波动(参见第 2 章关于教师可能经历的情景的详细讨论)。帕特森和凯莱赫(2005:6)声称:"……在任何给定的时间,你的韧性的界限是由生活积累的经验决定的……韧性是随着时间的推移变化。当你从逆境中成长时,你会通过强化个人价值、效力和能量来扩展你的应变能力。"然而,近期英国(戴和顾,2010)和澳大利亚(曼斯菲尔德等,2012)的实证证实,韧性是一个易受波动的多维学科现象。

图4.1将教师的韧性特征划分为四个相互交织的维度:专业相关、情感、动机和社会。戴和洪(Hong,2016)及本章后面报道的其他人的工作也揭示了第五个维度,即个人维度在影响教师韧性方面的重要作用。

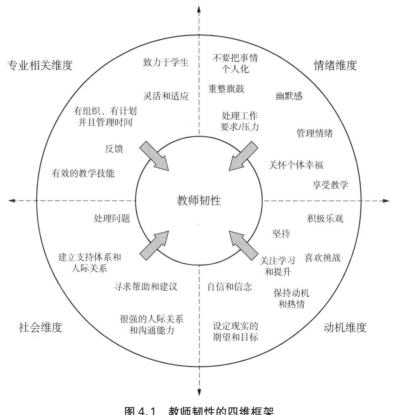

图4.1 教师韧性的四维框架
(资料来源:曼斯菲尔德等,2012:362)

师生关系的情感和智力质量是一种促进教师的积极(或消极)效能感、能动性、幸福感、工作成就感,进而影响教师的职业认同和持续承诺的关键因素。因此,能够调动必要的情绪能量来管理其在工作的专业、情绪、动机和社会维度之间的相互作用,是教师在管理不同的内外挑战的紧张关系时成长和维持其韧性的关键所在,以使他们的学生得到最好的教学。

从下降的自我效能感到不断增长的信念

关于对教师职业的研究中,里彭(Rippon,2005)观察到教师对"拓宽视野"的强烈愿望:

> 每一个新角色都标志着一个过渡点,当教师对自己当前的角色变得有信心,需要面对新的挑战,或在当前的岗位上接受挑战,都将使他们超出自己职责范围的直接责任,或者完全找到新的岗位。所有这些都是为了利他、内在或外在动机而在职业发展中积极投入的形式。
>
> 里彭,2005:284

以下对教师职业生涯早期、中期和后期的描述说明了韧性的重要性,它与教师持续承诺的关系,以及在职业生涯和人生旅途中所经历的各种挑战应对所需的不同程度的韧性相关。

哈里:一位职业生涯初期的教师[①]

哈里今年27岁,是一所城市里的小学教师,教授9—10岁的学生。他在那里工作了五年,最初接受这份工作是因为他想要为处于糟糕的社会经济环境中的学校做贡献。起初,他很喜欢教书,也很乐得和孩子们一起工作所获得的回报。然而,他经常到晚上7点才离开学校,并且在家里做更多的工作。他越来越意识到自己没有其他职业的朋友那么多空闲时间。星期六他居家做家务——购物、清洗等,然后星期天去工作。他开始不确定自己是否准备继续在工作上投入如此多的时间和精力:

[①] 本节改编自顾和戴,2007:1302—1316。

> 我不知道我是否还能花很多年的时间来做我现在做的事情。当我年轻的时候,我很好。但是随着年龄的增长,我不知道,因为其他的责任占据了我的生活。我真的只是想要一点生活。

进一步挑战他的持续承诺和韧性的是缺乏来自家长及学校领导人的支持,这些领导并不能总是承认或赞赏哈利在他的工作中所做出的努力:"当我到达这个学校时,我希望被告知我已经完成某些好或坏的工作,但是我没有被赞扬或因为做错事而被训斥,所以我不知道我在哪里。"

哈里的韧性是通过积极地和其他员工互动得以维持。这些,再加上一位新副校长的影响和职业发展重振他的积极投入及韧性,并是使他继续留在学校的重要因素。

安德莉亚:一位职业生涯中期的老师

安德莉亚已经教授九年英语,最近四年是在一所11—16岁的大型乡村社区学院。她带着强烈的使命感进入教师行业,尽管她觉得随着岁月的流逝,她已经失去了一些初任教师时所具有的"乐观的想法"。她早年的生活以努力适应目前的学校生活为特征,她因工作与生活缺乏平衡及对国家"行为规范"议程的深深的怨恨而挣扎,这些都开始削弱她的决心和韧性。因此,尽管她喜欢学校的工作环境,而且和同事们相得很好,但她还是考虑过离开教师岗位。当她回到家,她仍然有更多的工作要做,即使在周末,也要花半天做学校的工作。她开始觉得自己"对教什么和怎么教的把控越来越少",这让她的积极性下降了。这种压力意味着她"建立人际关系的时间更少了"。她花了很多时间"批改、阅读、填写成绩,在压力下又快又好地教东西",这导致了一种"不堪重负"和"超载"的感觉,并导致她"工作时脾气更坏"。她越来越怀疑自己是否能长期从事教学工作,因为她发现,这让她的感情越来越枯竭,精神越来越疲惫。

萨拉：一位职业生涯后期的教师

萨拉,47 岁,来自一个教师家庭,她一直想成为一名教师。她已经从教 26 年,是一所小型农村小学的校长,她仍然喜欢和孩子们一起工作。她承受着由不利的个人事件和沉重的工作负担所带来的"无情的压力",尽管如此,作为一名教师和领导者,她成功地保持了高水平的动力、承诺和效能感。

在工作日,萨拉经常在办公室工作到很晚,这样她就可以和家人一起度过大部分的周末。

> 我认为教师这个职业,如果你不小心的话,它可能会完全毁掉你的家庭生活——我认为人们最难做的事情就是找到平衡,实际上我也是在最近的五六年里才找到了平衡……

她高度的自我效能感和工作能力,加上员工和理事的专业和个人支持,是她持续投入和具有抗逆力的主要因素。最近发生了一些意想不到的私人事情,对她的工作产生了不利的影响。她的丈夫患有严重的抑郁症,再加上英国教育标准局即将在学校进行检查,这些给她带来了巨大的压力。去上班对她来说是一种解脱和补救,但她坚称自己从未感到失控,因为她相信自己有能力应对个人和职业生活中的紧张关系。

这三位教师的专业和个人经历反映于他们在特定的个人、工作场所和政策背景下的自我调整和专业成长历程中。所有人都面临着职业和个人的压力、紧张,以及对他们的价值观、信仰和实践的挑战。他们表现出的是在工作和生活环境中建立良好影响和积极机会并克服挑战的坚韧。在每一个案例中,这些教师的"效力的内在动机"(汉森,1995:6)、效能感和利用自己能力的素养使他们在不同程度上管理消极的工作、生活事件和工作环境。他们能够利用自己的能力来维持他们的道德目的感和承诺,并通过管理工作场所的环境来做到最好。

保持一种使命感

汉森(1995)认为,与那些强调公众认可和更大回报的职业不同,事业这一字眼"把我们'向内'带进了教学实践本身的核心",也就是"许多教师做什么,以及他们为什么做"(汉森,1995:8)。安德莉亚和萨拉从小就有强烈的教书意愿,并且一直很享受在她们现在的学校和孩子们一起工作的乐趣。哈里有意加入他的学校,是为了给来自社会经济贫困家庭的学生带来改变。他们对最初的教书育人事业的召唤的回应形成了他们职业身份的一个重要组成部分,并与"一种阻止人们将工作视为有限目标的常规工作的内在激励"相互作用(埃米特,1958:254—255)。这种互动帮助他们维持了对这个职业的承诺。

这三位教师的"道德价值观"(尼亚斯,1999:225)或多或少对他们起到了内在的心理和情感支持作用,鼓励他们"在职业上和专业上投入"(尼亚斯,1999:225),并帮助他们找到实现"个人自主和个人意义"的情感能量(汉森,1995:6)。教师的职业与一种强烈的职业目标、目的、坚持、职业抱负、成就和动机相关联,这是贝纳德(1995)在韧性中观察到的基本素质。这样的职业为教师的个人资源注入了"决心、勇气和灵活性,这些品质反过来又被这样一种倾向所鼓舞:即教师不仅仅是把教学看作一份工作,而且还能提供一些重要的东西"(汉森,1995:12)。然而,从这三位教师的例子中可以清楚地看到,他们的天职或"使命感"光靠它本身并不足以让他们继续以最好的水平教学。在课堂上积极地平衡教与学的关系,教师把大部分的时间花在他们的工作与生活,也用来调解(沃茨奇等,1993)在学校更多的负面社会条件(如糟糕的领导、不支持的学校文化、缺乏足够的教学和学习资源)和政策环境(如课程的变化、形式的评估、新职业标准、服务条件)。此外,来自同事、家庭和朋友的支持以及支持的校园文化,也对他们不同的韧性和对坚持从事这一职业做出了贡献。

培养一种效能感

学校里的支持对哈里和安德莉亚的自我效能感有很大的影响。对哈里来说,当他在教室和学校里确立自己的专业身份时,坚韧是必要的。内部晋升大大提高了他的积极性和效率。哈里不再考虑离开教育领域。相反,他对自己的工作有了更清晰的认识,并渴望证明自己。安德莉亚的自我效能感在她准备过渡到一个不同学校的新角色时增强了。

与哈里和安德莉亚形成鲜明对比的是,有着26年教学经验的萨拉,她坚信自己解决问题的能力。她具有非常高的自我效能感,无论在工作或个人生活中的不利影响如何,她都能保持坚强和积极。她特别为自己调和她的学校与政府的目标驱动的举措的能力感到自豪,并且为孩子们追求最好的教育。

管理工作环境

关于韧性的研究强调,在建立韧性的过程中,积极和消极的外部环境因素都"创造了韧性现象"(戈登等,1999:2)。在教师流动、流失和学校间流动的研究中,史密瑟斯和罗宾逊(2005:i)观察到了如下这一点:

> 教师更有可能留在目标感明确的学校,在那里,教师受到重视和支持,在那里,教师有适合自己的任务。然而,良好领导能力的影响可能会被一些基本上不受学校控制的因素抵消,比如地点、生活成本、学校人员基本情况和教师的个人计划。

然而,这三位教师的描述提供了强有力的证据,证明了工作场所文化对教师承诺和韧性的调节和中介作用之间存在复杂的交互作用。例如,哈里和安德莉亚的经历表明,如果领导层没有发生积极的变化,他们就会失去教师这个职业。

在社会经济基础弱的社区,教师在学校面临的韧性挑战[①]

越来越多的研究证据表明,在学校,虽然成功的教师有通用的品质、策略和技巧,然而这些教师与在社会情感方面的弱势性社群其他人相比,同样面临着更大范围的更持久和密集的认知和情感的挑战。例如,这些学校的许多学生,连同他们的父母或看护者更可能有失败的经历及被学校教育疏远,很可能有相当数量的学生将生活在高度不稳定的情绪环境中。有证据表明,在这些学校的教

---

① 本节取材自戴和洪(2016)。

师不仅需要拥有这些一般的品质、策略和技巧去达到一个更高的水平,而且他们也可能需要在这些学校和社区不同的特定的社会和情感环境素质和技能(查普曼和哈里斯,2004;戴和约翰森,2008)。简而言之,它们可能需要更强的韧性。因此,对于那些将公平、关爱和社会正义作为其教育承诺核心的教师来说,关注可能有助于改善这一状况的条件尤为重要,因为这些学生在个人、社会和学术生活中表现不佳的风险更大。

下面摘录了一段关于在一所高度弱势的城市社区学校的教师所面临的挑战的研究内容(戴和洪,2016),以便描绘所有教师所面临的紧张形势,同时也解释参与者服务于社会经济弱势社区学校的可持续性的韧性。这所学校位于英格兰中部一个城市里的一个大型公共住宅区,这所学校有资格享受免费校餐的学生比例(社会经济劣势的代表)是全国平均水平的两倍多,有特殊教育需求的学生比例高于全国平均水平。小学生出勤率也低于全国平均水平。我们特别注意到三类韧性挑战:(1)学生和家长的挑战;(2)工作—生活管理的挑战;(3)家庭和朋友的支持。

1. 学生和家长的挑战

所有的教师都敏锐地意识到学生面临的社会和情感上的挑战。双亲对学生学习和社会发展缺乏参与,以及家庭照顾者和支持结构空缺,这些往往会导致学生的态度和行为问题、缺乏动力和抱负及缺勤问题。朱莉是一位经验丰富的教师,她在这所学校任教多年 27 年,她认为:

> 我们在学校对学生的行为有很高的标准,有时你会觉得在家里对学生的行为没有多少期望,以至于成为一个挑战。
>
> 有时你会遇到一些家庭生活很糟糕的孩子,你要处理这些问题,你要帮助他们,这几乎是每天出现的。

史蒂文已经在这所学校教最小的孩子 7 年了,他强调了缺乏父母的支持对他工作的影响。

> 确保所有的孩子都得到照顾,也许在学校比在家里更好,确保父母对学

校有积极的感觉。我认为这是一个很大的挑战,因为父母不一定会听。孩子们非常吵闹,非常非常吵,而且一直都非常依赖你。

多萝西是一名步入教育行业的成熟人士,她将家长的根深蒂固态度与学生缺乏动力和抱负联系在一起。

> 因为他们不是郊区的孩子,也没有长远抱负,他们(学生)的学习行为有所不同。我们需要提高他们的标准,提高游戏水平并且给他们一些值得奋斗的东西,让他们看到你不必待在这里,外面的世界更大。因为他们的父母、祖父母都在这,他们不积极,只是维系现状,或者缓慢提升。

研究反复指出,与生活在贫困城市社区的学生共事的教师所面临的社会和情感挑战(伊万斯和英格利希,2002;伊万斯,2004;詹森,2009)。不同国家的研究人员报告说,学生的行为问题和缺乏动机与他们的家庭环境有关,特别是家庭不稳定和缺乏情感培养(阿克曼等,1999;利希特尔等,2002)。这种家庭不稳定常表现为功能失调的关系、缺乏信任,感到绝望和压力。例如,父母或成年看护者的不稳定就业可能导致流动性高,这可能导致不稳定的友谊及与教师建立信任关系的困难。据报道,贫困家庭的孩子从那些往往对孩子的需求反应不太积极的父母那里得到的批评是正面评价的两倍(里斯利和哈特,2006)。发展心理学家的研究发现,缺乏稳定和关爱的家庭关系会对儿童的社交能力和情绪调节产生长期的负面影响(斯拉夫,2005;塞奇克索科洛夫斯基等,2005)。这种情感培养的缺失可能会导致儿童持续的行为问题、长期的压力和无助感。当父母或看护者不提供必要的支持时,教师可能是他们生活中唯一可靠和有爱心的成年人。实际上,教师在这些情况下所面临的社会和情感挑战的规模和复杂性意味着,日常情绪韧性不是一种选择,而是一种必需。

2. 工作—生活管理的挑战

对所有教师来说,管理和维持工作与生活的平衡不是一件容易实现的事情,而是一项持续的努力。在这所学校,工作和生活管理对没有经验和有经验的教师都是一个持续的挑战。每位管理者根据情况处理这些问题的方式不同,但大多数人都经历过职业承诺的代价与结果。例如,一位老师发现她必须定期把学生的书带回家,所以她"不能和丈夫或孙辈出去"。即使是最有经验的朱莉老师,也仍然感到,作为一名优秀的专业教师,工作量给她的个人生活带来很大压力。

> 星期六,我花了一整天的时间写报告,因为这是一年中的这个时候应该做的,我别无选择。这对家人和朋友确实有影响,因为你知道你不能安排做这样或那样。

对另一位老师来说,理解并提醒自己个人生活的重要性有助于她管理工作。

> 我认为它只是需要非常坚强,并确保你得到平衡,否则如果你不能,那么你会受到影响,你的家人受苦,你的社交生活也会受到影响……当你第一次开始你这么热情地去做每一件事情并且去使每一个人愉悦,把工作做到极致。我想随着时间的推移,你会意识到我现在不需要这么做。我先做这个,然后再做那个,还是没问题的。我还能做我的工作。

在职业生涯的后期,史蒂文也意识到保护个人生活的重要性,但他发现这并不总是容易的。

> 工作,工作,工作。可能在晚上6点和7点两者之间平衡,当你很累时,你需要从工作中放松下来。这都是关于拥有高质量的时间。它是关于无论你做什么,都要保持有质量的时间,让人们知道这实际上是你的生活,你将拥有这段时间给你自己或你的家人,不管发生什么。

维持工作与生活平衡的持续努力,以及坚韧,这不仅适用于教师,也适用于学校领导。校长克里斯汀谈到了将工作和生活分开的困难,并警告说让对工作的承诺压倒他们自己是危险的。

> 我认为你必须非常小心,不要让它压倒你。你需要留出时间,即非工作

时间。没有人可以每周24小时工作。如果我知道我在回家前已经做了所有我能做的事情,我想我就感觉良好。但如果我心里知道,我不能再做下去了,那我就可以接受了。但这正是我失眠的地方。当我在想,我没能做到这一点,或者有家长威胁说明天要跟(当地)报纸谈这件事时……那就很难了。

管理校外时间分配,花时间工作、与家人和朋友在一起及进行其他个人活动,这些是学校教师最大的压力来源。校长观察到,沉重的工作负担及其对个人生活的负面影响使该校的教师感到"身心完全疲惫,因为你在教师这个角色上投入了那么多"。这对他们的幸福感、最佳教学能力及在学生的进步和成就方面的效能感都构成了挑战。工作和家庭之间的紧张关系被定义为"一种角色间冲突的形式,其中来自工作和家庭方面的角色压力在某些方面是互不相容的"[格林豪斯和布埃特尔(Greenhaus 和 Buetell),1985:77]。虽然对教师工作和生活管理的研究很少,但已有的研究一致表明了工作生活与个人生活冲突的消极结果,如职业倦怠、幸福感低、工作不满和提早离职[希拉蒙和里奇(Cinamon 和 Rich),2005;帕尔默等,2012;帕纳提克等,2011]。这种工作和生活冲突还会产生工作"溢出"效应,导致压力和疲惫,从而对家庭成员的互动质量和工作质量产生负面影响[博尔格(Bolger)等,1989;帕尔默等,2012]。因此,如果没有积极的自我管理和他人的支持,来自工作和个人生活的竞争需求会削弱教师的身体、心理和情绪的弹性能力。

3. 家人和朋友的支持

最近的研究对"个人的"和"专业的"这两者之间的区别提出了质疑。它引起了人们对各种正式和非正式提供的支持的差异的注意。例如,家庭和朋友发挥的关键作用,学校领导和同事在学校的任务欣赏[帕帕塔拉努和勒科尼(Papatraianou 和 Le Cornu),2014;曼斯菲尔德,2014]。克兰迪宁等(2015:13)曾说过:"我们通常并不认为教师的生活超越了教学,也就是说,教师只是一个人的一部分,是正在展开的更大生命的一部分。"在越来越多的研究者中,罗森菲尔德和里奇曼(Rosenfeld 和 Richman,1997)已经注意到来自重要他人的情感支持的重要性,切法和卡沃尼(Cefai 和 Cavioni,2014)强调了一个有爱心的专业社区所扮演的角色。除了学校层面的领导和同事的支持外,来自校外的个人支持(如家庭、朋友、社区成员)亦被教师视为维持其抗压能力的重要因素。以伊丽莎白为例,她解释了家庭支持的重要性,尤其是在她职业生涯的初期和职业压力大的时候。

> 我的家人对我非常理解和支持……当我第一次开始教学,他们明白,所有这些额外的压力在我身上,并且伴随着其他每一件事:事实上,我现在负责 30 个孩子,潜在的 30 对父母,这些家长不一定都会跟我说话以及谈论所有这些事情,这相当困难。有一段时间,我的家人很难理解,但后来我对他们敞开了心扉,我们谈了很多事情。

她强调保留家庭时间的重要性,以保持健康的活力和长期的相互支持。

> 我总是确保周末是家人在一起的时间,因为我认为我们需要时间远离所有的报告,拥有我们的时间,然后周一早上我们都精神焕发并准备重新开始,然后我们知道周末又是一次家庭时间。

多萝西提到如何花时间与朋友和有爱好帮助她释放压力。

> 我很幸运,因为我有一群真正理解我的朋友,他们让我在见到他们的时候,大声地咆哮。此外,我非常幸运地拥有一个可以分散我注意力的爱好。我有马,所以每天晚上我都要去骑马,你不能一边担心学校,一边给马去喂草。这是一个完全的转变,每当这时,我的思绪都离开了学校。

这些教师的反馈表明,支持性的专业关系和个人关系及个人素质,是如何以不同的方式持续地结合在一起,以支持和维持他们的韧性。

应对生存还是管理成功?

在较长时间内,管理自我和他人需要教师额外的精力,而这可能迟早会使教师失去发挥最佳教学效果所需要的精力,这取决于教师的韧性。在应对日常挑战时,应对可以被看作是使教师能够在不解决挑战的情况下生存更短或更长的时间,而管理可以被看作是使教师能够成功解决挑战。如果教师积极地管理挑战,那么紧张和失衡的经历可能成为他们学习和成长的源泉。然而,并不是所有的教师都能成功地、持续地处理这种紧张关系,也不是所有的校长都能确保制度、文化和人员到位,以确保教师从"应对"转变为"管理"。例如,早期职业教师的挣扎已经在文献中得到了很好的记录,也有人提出了建议,因为这些问题的失败常常导致教师决定离开学校(博尔曼和道林,2008;英格索尔,2001;约翰逊和比尔克兰,2003)。新手教师在应对和处理早期过渡阶段的各种紧张关系及内部和外部冲突的方式各不相同,有的可能会积极主动地应对挑战,而有的可能很难应对挑战。然而,正如第 2 章所示,并非只有初入职场的教师才会有困难。换句话说,应对意味着极简主义的生存象征,而管理则意味着在克服挑战过程中的一种承诺感、教学乐观主义和韧性。

结语

大多数教师每天都要面对学生,但绝不是全部学生都渴望学习。其中一些学生会有一些相当具有挑战性的学习需求;有些人不愿学习,同时并不是所有人都能在校外过上稳定、安全的生活。因此,为了每天都能做到最好,为了能够在不同的时间,在持续的智力和情绪方面的挑战环境下,利用个人和专业的资源,要求所有的教师都有一个持久的和可持续的每天情绪恢复能力,这对于维持他们的道德目标、承诺、积极的专业精神和专业身份及最终的效能是很重要的。它需要专业和个人资源的持续投资:内在动机(戴等,2011;庄和罗,2009);职业承诺和乐观(戴等,2009;顾和李,2013 年;汉森,1995);希望(戴,2004;麦卡恩和约翰内斯森,2004 年);高自我效能感[布鲁内提(Brunetti);2006,基钦(Kitching)等,2009];能动性(卡斯特罗等,2010)。然而,正如本章所得出的,虽然这些个人属性或价值是必要的,但它们是不够的。要想保持情绪韧性,还需要个人和集体的支持,以及同事、校长、朋友和家人的及时且敏感的干预,以建立和维持教师的情绪韧性。

最后,虽然学生的精神和情感挑战时保持韧性的程度可能是不同的,但是教师在管理持续的、日常的、可预测的和不可预测的行为应该被肯定。适应这种持续的挑战需要心理、社会和情感的支持和照顾(戴等,2007;巴利和比斯雷,2007),因为教师在努力为学生的学习和成就做出贡献时,保持一种友爱、自主、幸福和成就感(霍华德和约翰逊,2004;瑞安和德西,2002)。

坚定的教师将努力与他们所有的学生建立密切关系,这不仅需要一种积极、稳定的身份(第2章),而且乐意召唤情绪韧性用于管理更广泛的道德和伦理的目的和工具的结果导向的政策议程之间的紧张关系。由于个人、工作场所或政策经验的不利影响,这样的情感能量及抗逆力消耗得越多,他们就越不可能有必要的意愿或能力尽其所能去教。这就是为什么学校外的改革家和那些寻求从内部改善的人需要认识到考虑学生的幸福并考虑学校教师的专业素质、职业认同、承诺、身份认同、韧性和幸福需求之间的联系。

第 5 章 专业学习与发展：功能与态度相结合

当今和未来的教师需要在他们的工作中学习更多，与此同时——他们需要在工作中不断地测试、改进，并得到关于这些改进的反馈。他们需要接触其他同事以便向他们学习。但是关于学校的设计与规划却不能很好地将教学与学习结合起来。教学职业必须成为更好的学习职业。

富兰，2007：297

政府的政策、服务条件、家长和学生对学校和教师提出的要求不断变化，他们持续地挑战实践中的"成为专业人士"所蕴含的"常态化"（固定）观点。前几章已经指出，专业认同、承诺及强大持久的情感和智力能量（韧性）是教师形成积极、稳定的专业感和效能感的关键。这种能量就像教师工作中的燃料，使他们能够明智地在教学中使用如哈格里夫斯和富兰（2012）提出的术语"决策资本"（第 1 章对此进行了详细的讨论），也有助于提升他们的幸福感和工作满意度。这些概念不是"软"概念。相反，它们是教师做到最好地教学的意愿和能力的基石。教师维持道德目标、积极的职业认同、承诺和韧性会导致能量的减少和丧失，这很可能会降低教师的效率。考虑到教师的工作和生活都可能受到一系列的竞争性人际关系、专业和组织的挑战，然而，他们可能不仅受益于支持的领导者、学校文化、同事、朋友和家人，也获益于定期参与高质量的非正式和正式的专业学习与发展，在他们看来，这是及时的、相关的，有利于学生进步和实现成就（埃文斯，2008；坎贝尔，2003；柯克伍德和克里斯蒂，2006 年）。

在"可见的学习：800 多个与成就相关的元分析综合"的最后总结章节中，海蒂（Hattie，2009）提供了六个"路标"，突出教师工作的复杂性，并为教师营造持续的高质量的定制化学习和发展机遇提供了强有力的理由：

1. 教师是对学习影响最大的群体之一。

2. 教师需要有指导性、有影响力、有爱心,并积极参与教学和学习的热情。

3. 教师需要知道每一个学生在想什么和知道什么,根据这些知识构建有意义的经验,并精通这些知识和理解它们的内容,以提供有意义和适当的反馈,使每个学生在课程水平上循序渐进。

4. 教师需要了解他们的学习意图和成功标准,并知道所有学生达到了标准的多少,并据学生目前的知识,理解了"你去哪儿?""你打算怎么走?"以及"下一步去哪里?"以更好地为下一步教学作准备。

5. 教师需要从单一的思想走向多元的思想,并将这些思想联系起来,再加以延伸,使学习者对知识和思想进行建构和重构。重要的不是知识或思想,而是学习者对这些知识和思想的建构。

6. 学校领导者和教师需要创新学校、教师工作室和教室环境,在这里错误是受欢迎的学习机会,不正确的知识和理解是受欢迎的,参与者能够安全地学习、再学习以及探索知识和理解。

海蒂,2009:238—239

如果我们更仔细地审视这些重要提示,我们就会明白为什么理解教师工作和生活的复杂性是建立和维持高质量教学和学习的重要先决条件。要想取得良好、有效的教学效果,前五个"路标"的前提条件是教师不仅知识渊博、技巧娴熟,而且还要具备让每个学生在日常学习中投入必要的认知、情感能量和承诺。它们还表明,在发展过程中,直接"功能性"重点是提高学科内容知识,或采用新的评估、教学和学习策略以在考试和考试中取得成功,同时焦点也要集中在"态度性"上。换句话说,效率和遵守并不意味着有效。培养教师强烈的积极、稳定的专业身份、敬业精神、韧性、道德/伦理目的,以及使他们能尽其所能教得更好的愿意和能力同样重要。

一、功能性和态度性相结合

如果只关注分析和满足教师工作和学习的环境中的功能性需求,尽管这是有必要的,却有可能无法引起对埃文斯(Evans,2008)所称的"态度性"发展的关注。她认为:

> 作为一个影响变化的因素,它比功能性发展更有力,因为它在不同程度上反映了对变化的接受和承诺。一个理想的专业发展结构既包括态度性的发展,也包括功能性的发展,因为缺少任何一个都是不能令人满意的。
>
> 埃文斯,2008:33

埃文斯所认为的"态度"和"功能"之间的联系很重要。在国家改革的背景下如果我们希望专业学习与发展(简称 PLD)的机会能够让教师重新审视、更新和维持他们作为变革推动者的承诺,从而实现更广泛的教学伦理和道德目标,那么它就必须在其定位上超越功能。如果不这样,那么很可能管理专业性的需求和教师职业专业性的概念之间的矛盾(第 1 章对此有所讨论)将导致挫败感、无助感、倦怠和异化的增加,并有可能耗尽承诺、韧性和稳定感、积极的认同感,而这些都是教师效能感的支撑[博特里(Bottery)和赖特,2000;戴等,2007]。

萨克斯提供了对教师专业的当代方面的评论,同时涉及政策和个人的 PLD:

> 教师专业化是由外部环境塑造的……在加强问责和监管的时期,不同的专业主义话语流传起来,同时获得合法性,对专业主义的构想和实施产生影响……在这样一个流动的环境中,教师专业发展既要服务于政治目的也要服务其能力……
>
> 萨克斯,2016:414

她正确地强调了 PLD 机会所发挥的重要作用,它既能强调政府的合法性,虽然主要是短期的工具性议程,也可以通过补充学习,主要学习集中在以考试为中心的时代教师更好地教学所需要的基本价值观、性格、品质。

在图 5.1 中,她为个别教师提供了一个有用的规划框架,更重要的是,也为那些负责领导和管理学校 PLD 的教师提供了规划框架。

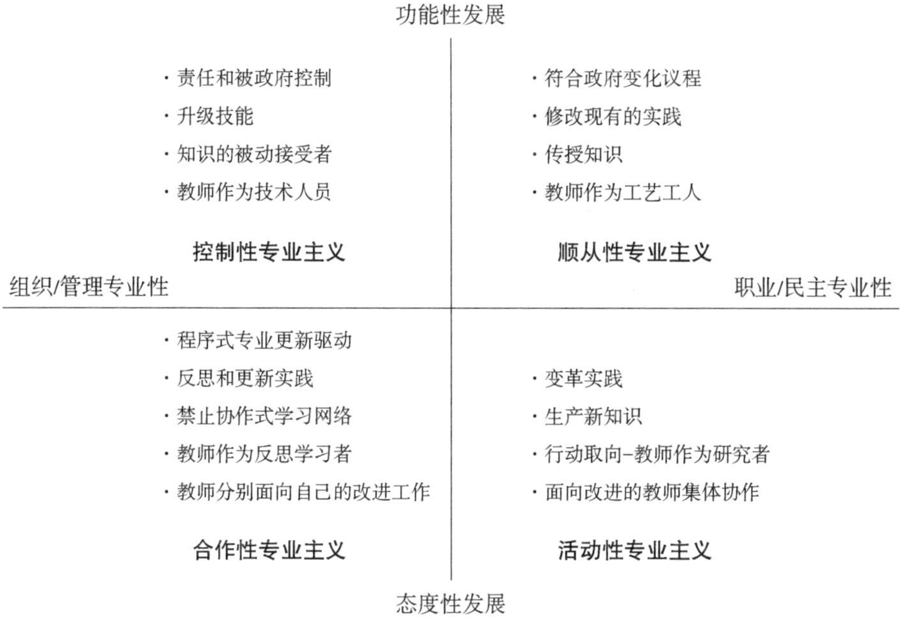

功能性发展

·责任和被政府控制 ·升级技能 ·知识的被动接受者 ·教师作为技术人员 **控制性专业主义**	·符合政府变化议程 ·修改现有的实践 ·传授知识 ·教师作为工艺工人 **顺从性专业主义**
组织/管理专业性	职业/民主专业性
·程序式专业更新驱动 ·反思和更新实践 ·禁止协作式学习网络 ·教师作为反思学习者 ·教师分别面向自己的改进工作 **合作性专业主义**	·变革实践 ·生产新知识 ·行动取向-教师作为研究者 ·面向改进的教师集体协作 **活动性专业主义**

态度性发展

图 5.1 PLD 规划框架
(资料来源:萨克斯,2016:421)

我们已经在这本书中看到,世界各国政府持续强调教师的功能性方面工作。学校主导的 PLD 活动也经常反映了这一点,这并不奇怪,因为校长敏锐地意识到家长和政客将主要在此基础上判断他们的学校。因此,至少部分的教师的"专业性"定义取决于他们在多大程度上遵守这一议程。然而,这并不一定如此,萨克斯的框架为 PLD 的规划提供了其他选择。它使学校领导和教师明确什么价值观是基础,并告知教师可以获得非正式和正式的 PLD 机会的范围,同时作为一种手段来判断他们做出的选择所反映的重点是否体现了他们的价值观和观点:

1. 作为一种职业或组织获得教学。

2. 他们对态度性与功能性的承诺的广度与深度。

3. 他们的信任倾向。

4. 他们认识到在教师承诺与韧性在建立和维持一种教师个体和集体身份的积极、稳定感的重要性。

教师能够选择的 PLD 是不可能专门只位于这些象限之中的。然而,基于今天的教育现实和可预见的未来,如果没有对教师工作和生活的复杂性有更深入的理解,没有意识到体现在其他三个象限的专业原则的活动方式可能会加强他们的承诺和工作质量,以及对学生的进步和成就做出的贡献,它可能成为一个过度的取向,所谓的"功能性发展"会获胜。现在主要负责 PLD 的学校领导的问题是他们在多大程度上也会积极推动"态度性发展"。

在对 97 项教师 PLD 研究的综合研究中,海伦·蒂姆佩利(Helen Timperley)确定了 4 项基于证据的对教师和教学的理解(蒂姆佩利,2008)。我在下面对其进行了借鉴,并添加了另外两个——政策制定者和校长常常声称教师工作的本质和对学生学习的影响在增强,但是,正如我们本书前几章所看到的,这些并不总是被纳入到有关 PLD 项目和活动的设计、内容和过程中。

1. 尽管受社会经济地位、家庭和社区等因素的影响,但教师的教学内容和教学方式在很大程度上影响着学生的学习。

2. 教学是一项复杂的活动。教师对教学内容和教学过程的每时每刻的决定是由多种因素决定的,而不仅仅是那些在实践中寻求改变人的议程。这些因素包括教师对于什么是重要的教学、学生如何学习,以及如何管理学生行为和满足外部需求的知识和信念。

3. 重要的是要建立与教师学习方式相适应的条件。最近的一份研究综述指出,以下几点对于鼓励学习很重要:调动学习者对世界如何运作的先入之见;开发深度事实与概念知识,组织成检索和应用的框架;促进元认知和自我调节过程,帮助学习者定义目标,然后监督他们的进展。

4. 专业学习在很大程度上是由教师实践的环境所决定的。这通常是教室环境,反过来,它受到更广泛的学校文化以及学校所在的社区和社会的强烈影响。教师在实践语境中的日常经验塑造了教师的认知,教师的认知又塑造了教师的实践。

蒂姆佩利,2008:6

对PLD的这些理解现在可以加上下面两点：

5. 最好的教学既是一种智力活动,也是一种情感活动,它需要头脑和心灵、个人和专业的投入。

6. 教师的学习、发展和专业知识不一定会随着经验而增加。它们不是线性的。

然而,世界范围内的国际研究表明,世界各地的政府正在坚持强调教师工作的功能性方面,以提高他们的生产力(埃文斯,2008)。它含蓄地否认、最小化或忽视确保教师维持承诺,积极、稳定的职业身份,关怀和幸福以及韧性,而这些是教师意愿和能力发挥最大作用的核心(奥康纳,2008)。

许多教师在不稳定的政策环境中工作,这种环境挑战了他们的自主性,而自主性是他们专业精神的核心。他们可能很难在工作中寻求"连贯性、价值感和归属感"[伦比和英格利希(Lumby和English),2009:95],尤其当考虑到工作场所(即学生带来的挑战、与同事的关系)、领导能力的好坏和个人投入时。因为现在人们普遍认为,要做到最好的教育,就需要持续的——有时是实质性的——个人情感和智力投入(见第2章和第3章),那么PLD的机会应该同时满足这两种需求。要想成功,他们和他们的学校需要以任务(功能性)和个人(态度性)为中心。

二、学校作为以个人和任务为中心的社区

菲尔丁(Fielding,2012)在撰写有关教育和学校教育是人类繁荣的著作中,提供了一个有用的启发(见表5.1),一种描述学校对教育的不同取向的方法,作为反思学校PLD设计背后的学校文化的手段,它提供了一种结合功能性和态度性的概念,但超越了这一点,将前者置于后者的服务之下。

表 5.1 教育和学校教育促进人类繁荣

学校是一个没有人情味的组织	学校是情感的社区	学校是高效的学习组织	学校是一个以人为本的学习社区	学校是民主关系的主体
功能使个人边缘化	个人边缘化功能	个人是为了功能而使用的	功能为了个人而使用	政治表达/支持个人
机械的组织	情感社区	学习型组织	学习共同体	民主关系
效率的	恢复性的	效率的	人力满足/工具性成功	民主的生活和学习

资料来源：菲尔丁，2012：688。

在学校作为以个人和任务为中心的学习社区中，PLD可能注重个人的功能性和态度性需求，前者总是将后者置于规划、过程和评价的中心。例如，教师承诺的重要性。我们在第3章中看到，关于教师工作、生活和有效性的变化，英格兰的VITAE研究项目（戴，2007）发现，参与研究的300名中小学教师不仅报告说他们的承诺感与做好学生工作的能力之间存在着质的关联，而且在连续三年期间，教师的承诺水平与学生的进步和成就之间存在显著的关联。换句话说，教师的责任感越积极（所有教师被认为在知识和教学方面至少有能力），学生就越有可能从教学中获益。因此，注重建立、重新审视和更新教师的承诺、积极的职业认同感和情感韧性需要成为所有PLD规划的核心部分。

在这种以个人和任务为中心的学校里，政策制定者和校园外的其他人当然是话语的一个重要组成部分。然而，学校内人员的持续健康、幸福、责任感和积极性将是同等优先事项。这些将不仅通过正式的PLD机会得到支持，而且还通过学校文化，即"我们在这里做事的方式"（巴恩，2002），作为一种关系的表达，它既是学院文化的"粘合剂"也是"润滑剂"。

韦伯斯特-赖特（Webster-Wright，2009）观察到持续专业学习的经验仍然"知之甚少"（第704页），并质疑"学习"（非正式的，通常没有记录，很少被监控）和"发展"（通常被监控的，被规划的活动，通常会导致改变）之间的二分。然而，即使这个发现有用，也并不能完全为教师提供必要的支持，因为他们追求自己的核心业务，寻求提高和维护在教室中的标准的教学、学习和成就，其中每一种都有其特殊的挑战。要在职业生涯中成功做到这一点，并在不同的变革环境中做到这一点,就需要有支持性的职场文化。

竭尽全力地教学与幸福感有关:"积极的士气越高,表现就越好[塞利格曼(Seligman),2011:147]。"塞利格曼发现了与幸福相关的五个因素:(1)积极情绪(源于自我效能、乐观、工作满意度);(2)投入[专注于任务,契克森米哈赖(Csikszentmihalyi,1990)所说的"流"];(3)意义(相信一个人正在为一些比自己更重要的事情做贡献);(4)成就(改变学生的学习和成就);(5)积极的人际关系(与学生和同事)。对其重要性的了解需要告知员工可获得的非正式和正式PLD的重点和形式。从这个角度看:

> 我们不是从工具的角度看待学校,而是从生成的角度。我们不认为学校应该服务于外部决定的目标和目的……相反,学校应该以参与学校教育过程的个人的学习为中心目标。
>
> 米切尔和萨克尼,2000:xiii

三、为 PLD 规划

在越来越多的国家,教师以及越来越多的学校被要求制定相互协调的 PD 计划。然而,即使在今天的许多学校,仍是下列情况:

> 通常情况下只不过是教师们一年内个人活动的集合,没有一个关于面向整体战略或目标的特别活动的总体设计或具体重点。专业的发展是集体的利益,而不是个人利益。它的价值是根据它对个人提高学校和学校系统教学质量的能力作出的贡献来判断的。
>
> 爱尔摩(Elmore),2002:9—13

当爱尔摩指出 PLD 的目的是作为系统的"集体利益"时,他对 PLD 机会和计划缺乏连贯性的批评是正确的。然而,当他把这和个人的"利益"分开时,他没有承认个人动机、幸福、身份和承诺,以及教师做到最好的教学的意愿和能力之间的联系。

卡德诺(Cardno，2005)确定了四种"附加"PLD 模型：(1)自助式路径(the smorgasbord approach)——教师一系列的自由选择的在学校之外的半天或全天的活动；(2)全天式路径(the fill-the-day approach)——购买外部专家服务作为一天的校内活动的一部分；(3)一切皆为的路径(the do-it-all approach)——满足学校期待，让教师参与的活动与外部议程相关；(4)PD 的每周展示路径(the weekly shot of PD approach)——将 PD 时间构建到学校的常规会议日程。和其他人一样，她也发现这些措施不足以满足个别教师和学校的发展和改善需求。同样地，达林-哈蒙德(Darling-Hammond)和理查德森(Richardson)发现，那些不太可能支持 PD 的 PLD 正是如下因素：

1. 依赖于一次性工作坊模式。
2. 只关注在新技术和行为中培训教师。
3. 与教师特定的情境和课程无关。
4. 内容支离破碎。
5. 期望教师在孤立和不支持的环境中改变。
6. 不提供持续的多天或数周的教师学习机会。

达林-哈蒙德和理查德森，2009：46

达林-哈蒙德和理查德森(2009)对"一次性"活动的谴责可能有些过头了，在许多学校里这种活动仍然是许多学校许多教师的主要学习模式。例如，高质量的一次性讲习班和演讲可以对教师的思维和实践产生重大影响，而处于不同职业阶段的教师存在普遍的需求(如更新视野、管理压力、关注健康、为新角色做准备)，这些需求并不总是与特定的情境和课程有关。然而，他们的体系为不同种类 PLD 的相对有效性提供了有用的指标。

在以任务为中心和以人为中心的学校中，给教师提供注重功能性和态度性的 PLD 机会时，他们认为其更有可能发挥作用。这些机会是：

1. 与他们的智力、情感和实际教学需要及/或学校的需要有关。

2. 由了解和关心成人学习者以及其最佳学习方式的人来组织和领导。
3. 是学校和系内文化活力的组成部分。
4. 及时的。
5. 以方便的形式和时间提供。
6. 增强幸福感、自我效能感和能动性。
7. 有助于提高自己和学生的思维和实践能力。
8. 增强积极的职业认同感。
9. 评估他们的承诺。
10. 建立他们的承诺和韧性。

在这些学校里,在任何促进和规划教师学习与发展的过程中,都要考虑他们成功参与变革的准备、意愿和承诺。PLD机会在很大程度上与当前的外部政策环境和他们工作的学校内部环境中直接、短期(功能性)和长期(时间性)需求,以及对教师和学生的影响相关。这种规划需要包括对"态度"积极的、差异化的考虑,"因为教师和他们所教的学生一样,也会受到他们的个人生活、社会历史和工作环境、同龄人群体、教学偏好、身份、发展阶段和更广泛的社会政治文化的影响……"(戴和萨克斯,2004:3)。

爱尔摩强调了由教师和他们学校所定义的学习和发展需求之间的紧张关系,以及那些由满足外部的问责要求所确定的需求。

> 这里有两项基本原则之间的关系处于紧张状态:第一个认为专业发展应集中于全系统的改进,这将限制个人和学校的自由裁量权;另一种认为教育工作者应该在决定专业发展的重点上扮演重要角色,无论是对他们自己还是对他们的学校。这些原则很难调和,尤其是在一个强调可衡量学生表现的问责制的背景下。
>
> 爱尔摩,2002:8

鉴于越来越多的责任下放到学校本身的PLD工作人员,学校领导的PLD活动往往反映出这些紧张关系是不足为奇的,并表明教师的"专业性"是如何在实践中定义的。就 PLD 而言，这将通过对教的"功能"和"态度"学习的相对强调来表达，同时这很可能与校长对学校本身的目的的看法有关。

图 5.2 展示了不同的"为改进而学习"的需要，所有的教师都可能在不同的程度和不同阶段的教学生活中经历过这些。它可以作为个人"学习和发展"图景的基础，也可以作为学校、学院和院系领导的规划模板。

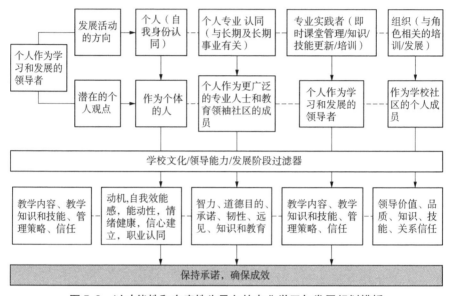

图 5.2　以功能性和态度性为导向的专业学习与发展规划模板

这个框架可能对那些关心"态度"和"功能"平衡的 PLD 领导人有用。不仅使他们能够在更正式的认定手段（如年度业绩管理审查、课堂观察）的结果中制定规定，而且也能在教师作为个人、教师专业社区中的一员、分布式领导制度下的执行者、学校文化动态的积极贡献者背景中这样做。在某种意义上，这与学校改善之旅中所蕴含的抱负和理想是一致的。

四、评估 PLD 的影响

目前，学校领导、从业人员和政策制定者对专业发展的评价仍然是印象化、轶事化和侧重于简单的措施。人们很少根据预期的目标或结果评估其影响,仍然关注于完成事后评估表(a happy sheet)或在评估过程中讨论绩效。

厄利和波里特(Earley 和 Porritt),2014:112

古道尔(Goodall)等(2005)使用古斯基(Guskey,2000)的五级框架评估了 PD 在英国 1 000 所学校的影响:参与者反应、参与者学习、组织支持和改变、参与者对新知识和技能的使用及学生学习成果。研究发现:

1. 教师对 PLD 课程的体验多种多样。
2. 参与 PLD 的机会很大程度上依赖于学校的支持。
3. 最有效的 PLD 被认为是同时满足个人和组织的需要。
4. PLD 领导(通常是高级员工)对评估方法的知识和经验有限。
5. 最常被评估的因素是参与者反应,最不受影响的是学生学习结果。

厄利和波里特认为,如果"影响"标准是规划的一个组成部分,那么 PLD 将更有可能成为"对儿童学习产生不同影响的一个强有力的工具"(厄利和波里特,2014:113)。他们还引用了古斯基的评估模型(古斯基,2000,2002),该模型确定了五个可能产生评估影响的"级别",同时将 PLD 的规划与其评估联系起来,对五个问题提出了建议:

1. 你想对学生产生什么样的影响?你如何知道你已经产生了这种影响?
2. 如果那是你想要完成的,那么你需要什么实践来实现吗?
3. 组织需要做什么来支持这一点,例如,人们需要什么时间/资源?
4. 人们需要具备什么样的知识,需要发展什么样的技能?
5. 人们需要什么活动(如培训)来获得这些技能或知识?

厄利和波里特,2014:114

古道尔和她的同事们(2005)的项目开发了一套全面的材料,作为学校审计其现有准备状态的"路线图"。学校被分为"新兴""已建立"或"提升"三个类别。在此,我重新列举了有关影响评价的图表(表5.2)。

表5.2 评价专业学习和发展的影响

评估	• 未对评估持续专业教育(continuing professional development,以下简称CPD)的影响进行评价 • 评价视为质量控制	• 对CPD影响的评估依赖于几种方法(观察、审查工作等) • 被视为质量控制的评估	• 通过广泛的方法评估持续专业发展的影响 • CPD的评估被视为质量控制、传播和涉及影响的信息
评估的等级	对事件进行即时评估参与者的反应是唯一的评价手段	使用即时和临时评价参与者的评价(反应,使用新的知识和技能) 一些事件通过追溯参与者反应(经过一段设定的时间)来评估 没有任何的评估与未来规划的联系(由于反馈不良,可能"不使用"某提供方或课程)	采用立刻的、短期的和长期的评估 各级评估都被使用 所有事件都通过参与者的反应进行评估(经过一段时间) 评估的影响很明显地为CPD的未来规划提供了依据 评估CPD的影响支持规划其他范畴:学校改善计划(SIP)等
规划	对未纳入持续专业发展计划的影响进行评估	在整个学校的CPD规划中纳入对影响的评估	评估CPD的所有计划的影响
报告	CPD评估报告仅限于参与者	CPD的评估报告有时会形成会议结构的一部分	"评估"报告被视为团队/部门/学校会议结构的一部分
	新兴的	建成的	增强的

资料来源:古道尔等,2005。

五、CPD 的影响

根据表5.2,学校可评估PLD项目的现状或相对成熟度及其影响。古道尔和她的同事提出了与每个类别相关的一些内容作为进一步发展手段的有用建议。

(一)"雏形期"的关键点

1. 考虑一个简单的CPD评估系统——它可能将评估表放到网上,以便存取、填写、储存,然后提取吗?
2. 考虑一个简单的中期影响评估系统。
3. 在一段特定的时间后,将评估表发送回参与者。
4. 与管理者、PM领导、净友在CPD事件后安排见面交谈。
5. 考虑对新知识和技巧进行某种形式的参与者评价:

(1) 明确技能审核前后的联系(学年的开始或结束)——可以创建一个简单的形式。

(2) 鼓励保存反思日志、学习日志、博客等。在员工之中设置榜样、线上博客。

(3) 在员工室中设立一块板子,允许员工添加笔记关于我今年学到了什么的头脑风暴。

(二)"建立期"的关键点

任何你认为在"雏形期"有用的建议。

1. 将你目前使用的评估手段绘制成一张地图:什么能被添加?
2. 考虑如何将你已经使用的评估手段扩展到长期阶段。
3. 考虑如何将评估结果反馈到发展计划中——这其中的机制是什么?
4. 考虑如何将用于评估全校CPD影响的机制扩展到包括个人和团队的其他CPD实例。
5. 考虑如何将现在的传播手段扩展到包括对影响和内容的评价,也许可以是将报告推迟到可以看到影响的时候?

(三)"提升期"的关键点

任何你认为对你的学校有利的"建立期"的建议。

正如古德尔表明:"考虑如何让学生参与CPD影响的评价:通过讨论、问卷调查、在线形式等。决定如何使用这些信息(是否只有相关的教师才能使用? 提供给年级组?):任何有问卷设计和分析经验的员工都可以参与这个项目。"

虽然这些模型是有吸引力的,但在实现"功能性"和"态度性"之间的平衡方面它们的效用是有限的。首先,它们似乎假设所有的 PLD 都必须直接针对提高教师对学生的影响,而没有明显地考虑到教师的意愿、承诺和这样做的能力,以及建立直接的"因果""手段-目的"关系的困难(第 1 章对此有所谈论)。其次,它们似乎假设了一种影响和另一种影响之间的线性关系。第三,它们似乎暗示教师自己没有参与计划自己的学习。

六、反思中学习:教师作为探究者

正如斯坦豪斯(Stenhouse)所说,我仍然相信如下内容:

> 要想通过研究和发展链条来长期改善教育,就必须在教育体系中创造不同的期望……只有当学校将自己视为研究与发展的机构,而不是科研机构的客户,才会产生不同的期望……仅仅研究教师的工作是不够的;他们需要为自己研究它。
>
> 斯坦豪斯,1975:143、222—223,引自格伦迪,1994:35—36

教师探究并不是什么新鲜事。相反,许多教师会在课堂上反思他们的工作,无论是在行动本身之中,还是在后来分析其效果和计划未来的时候。虽然并不是所有的教师一定是终身学习者,并对持续改进保持热情,但可以认为,如果教师能够应对日常教学和学生的学习需求,以及对外部有效性的要求做出回应,那么就必须进行最简单的反思。舍恩(Schon, 1983)创造了"行动中的反思"和"对行动的反思"这两个术语。他当时担心,关于教学和学习的大部分知识都是由大学研究者在课堂之外产生的,其中很多人几乎没有学校教学的经验,这没有承认教师作为知识拥有者和知识创造者的角色。"行动中的反思",强调了教师在教学过程中为了应对意想不到的问题或反映,需要有自己的思维能力。

埃劳特(Eraut, 1995)批评了这一点,他注意到这种深度的测试会受到教师在繁忙的课堂生活总计时间的限制,以及教师在何种程度上能够形成新的思维和行动,而不是在现有经验中通过反复思考或重新配置来作出决定。然而,"对行动的反思"发生在即时性的课堂实践之外,因此允许一个更审慎的反思过程——不过有限的记忆和印象会耗尽能量,除非是系统调查过程的一部分数据。

反思的过程和结果都不是完全理性的。反思能力会受到工作场所限制(如工作负荷过重、资源有限)、个人限制(如发展阶段、知识或技能水平)和情绪健康(如自信、尊重、对负面批评的回应)的影响。科尔(Cole,1997)通过对学校现状的分析来调查反思实践的障碍,她指出"教师工作的条件会产生不利于反思实践和专业成长的情感和心理状态"(第7页)。关于工作条件,她指的是"学校和学校系统、职业、政府和广大公众强加的外部结构"。至于心理状态,她指的是那些干扰"最佳生产力和实践"的观念(第13页)。

同时在进行练习的时候,审视自己的实践中所能学到的东西也是有限的。在行动中的反思通常是不系统的,它取决于当时教师所能获得的单一视角的有限制性的现实情境。即使是教师为了评估和计划目的而分享和分析实践,去对行动进行反思,他们对行动的反思通常也是基于对实践的讨论,而不是实践本身。

(一) 反思的本质和目的

区分作为专业技术人员的教师和作为反思实践者的教师并不总是有益的。好的教师在技术上是有能力的,并且会思考更广泛的目标、过程、内容和结果等问题。只有当技术能力不再涉及反思时,教学质量才可能受到影响。这样的"技术人员"可以将课堂上的问题确定为"给定的",并计划策略来解决问题,而不需要质疑自己的目标、价值观、道德目的和职责,或更广泛的假设:例如,学校的设置,课程的形状或学生的态度和行为。因此,仅仅提倡将"对行动的反思"作为一种学习手段,并不能说明参与这一过程的深度、范围、目的或挑战。除非采用更具批判性反思的"作为立场的探究"(柯克兰-史密斯和莱特尔,2009),否则分析和理解很可能局限于不明确的价值观和假设。对教师施加压力,要求他们在课程中相对有限的(功能性)领域达到由外部决定的成就标准,这可能会降低通过"探究"培养教师在态度方面的潜力。

> 如果教师想要超越其角色的功能概念,那么他们必须对自己的工作保持一个广阔的视野,而不仅仅是反省自己的行为:

教师不能把他们的注意力仅仅局限在课堂上,而把学校的更大的环境和目的留给别人来决定。他们必须对他们所承诺的目标以及使这些目标得以实现的社会环境承担积极的责任。如果他们不想仅仅成为他人、国家、军方、媒体、专家和官僚的代理人,他们就需要通过对其使命的目的、后果和社会背景进行批判性和持续性的评估,来确定自己的使命。

舍弗勒,1968:11,引自蔡克纳和利斯顿,1996:19

那些负责政策的人很可能会把教师探究看作是一种提高效率的技术手段,例如,课程交付或课堂控制,而不是一种通过知识实现解放的手段。因此,它可能在"技术理性"(功能)而不是"批判性反思"(功能和态度)层面得到支持。

在对苏格兰教师教育的回顾中,曼特(Menter)等(2010)确定了教师专业主义的四种"有影响力的范式",它们在很大程度上告诉学校领导和教师如何识别关键的功能和态度维度,以促进个体和协作的PLD扩展而不是限制专业资本的增长。我在下面呈现了这一点,并对这四种范式中的每一种提出建议,说明这些范式可能如何与"功能性"和"态度性"PLD的目的和实践相关联。

限制性专业主义 ↕

1. 有效的教师:与一种基于标准的教学方法有关,强调学生的可衡量的成就,以便让他们为工作做好准备。这被批评是限制了教学的专业性(功能性目的的学习)。

2. 反思型教师:与教师作为积极参与者有关,通过与同事和学生进行协作和咨询实现自己的学习和提高(具有功能和态度目的的探究学习)。

3. 探究型教师:与"反思型教师"范式密切相关,但明确强调通过与同事、其他学校和大学合作的系统探究来促进教学和学习的改进(学习是一种具有功能和纵向目的的社会事业)。

扩展性专业主义

4. 变革型教师:与课堂内外的晋升、公平和社会变革相关(通过具有功能和态度目的的行动研究进行学习)

曼特等,2010:21

这些范例强烈地表明，有效的 PLD 模式是那些强调教师所有权、参与和能动，以及一系列反思实践的模式，这些反思实践对于询问和改进教师的工作至关重要。该综述将这些范式与"受限的"和"扩展的"专业化联系起来（霍伊尔，1975），这些术语多年前用于区分不同的教师，有些教师对于工作的观点建立在自身经验的初级学习之上，而最终有所限制；有些教师的观点不仅来自自身经验，同时来自与同事合作、观察别人的教学、参与理论与实践之间结合的经验。

可以说，许多国家学校问责制度的变化（例如，年度学校改进计划、个人绩效评估以及课堂教学和学习的更多透明度）已经导致这些术语在 21 世纪不太适用。然而，许多国家的学校和教师还没有完全接受由曼特和他的同事所提出的 PLD 的系统概念。这里将简要讨论代表这些范例的两个极端情况示例。行动研究代表了曼特和他的同事所说的"变革型教师"，用他们的术语来说是一个"扩展专业人员"。"以证据为基础的"实践的例子代表了"有效的教师"，矛盾的是，他们的议程显然侧重于功能和"受限制的专业人士"。这两个极端之间的关系将在第 6 章中详细讨论。

（二）行动研究

行动研究是一种反思性教师探究的形式，在这种形式中，倡导者通过明确的理解将改变置于其目的的中心。它被定义为"对一个社会情境的研究，参与者作为研究者参与其中，以提高其中行为的质量"[索梅克（Somekh），1988：164]。这不仅仅是理解实践，如通过"自我学习"或对实践的有限反思来提高它，而不考虑教与学发生的社会背景和权力结构。批评理论家将其称为"关于行动的反思"[蔡克纳（Zeichner），1993]，以确保更广泛的环境和政策对教学环境的影响得到考虑，并在必要时受到挑战，在这些环境中，他们被视为不符合学生的最大利益。它的特点是系统的探究，主要是定性的、协作的、自我反思的和批判性的。成功的行动研究依赖教师将反思作为一种发展手段的欲望，愿意改变现有的信仰和实践，以改善教学和学习，还依赖于学校为教师工作提供的持续支持。

参与合作行动研究的人需要一种与大多数其他研究工作截然不同的"心态"。总之，它需要：

1. 参与者之间的公平关系;

2. 诤友的帮助,他们有能力参与但并不总是舒适地合作;

3. 理解变化过程的合理性和非合理性;

4. 愿意反思,从单循环学习到双循环学习;

5. 相信真实的环境最好由那些亲身经历的实践者来研究,但外部的观点可能通过挑战和支持丰富这一观点;

6. 接受那些受计划变化影响的主要反应,决定似乎有可能导致改进的行动方针,并评价在实践中试验的战略结果;

7. 一个支持性的组织文化。

恩格斯特洛姆(Engestrom, 2006)的扩展学习模式提供了一系列行动,这与"实践者研究"中的行动没有什么不同。它要求参与者在他人的帮助下分析课堂实践通过循环疑问(现有的信仰和实践)以系统性地改变,通过质性接收反馈并根据反馈采取行动,以及最终反思整个过程并强化新的实践以确认有效的 PD 的系统性反思结果,这表明持续的、协作的 PD 导致:(1)教师课堂策略储备的增加;(2)提高他们继续学习的决心;(3)学生学习水平的提高。该模型还可以很好地应用于描述 PLC 特性的过程研究。这些在第 6 章进行了讨论,并被恩格斯特洛姆(1987)描述为"共享的变革机构"(恩格斯特洛姆和圣尼诺,2010:7)。

七、基于证据的教学

在当前以结果为导向的课程时代,"基于证据的教学"已主要与量化措施相联系,以加速学生学习的进展,实现与在外部测试和考试中取得成功有关的预先确定和可衡量的结果。例如,在大多数(如果不是全部的话)学校的教室里,教师们都在寻找学生学到了什么,并收集、整理、记录和报告形成性的学生进步评估。这些报告不仅用于学校的质量监制和保证,而且也作为学生、家长和校外督学可获得的证据。这些测试的共同之处在于,它们是在实际环境中进行的,随着时间的推移,教师能够将"硬"数据与自己的专业判断结合起来。这些和其他寻求建立短期因果关系的循证实践是与实验或准实验设计密切相关。

"循证"实践的概念很有诱惑力,特别是这样一些学校,他们的学生在读写与计算上比较薄弱,在全国测试中表现"较落后"。也有越来越多的人开展"随机对照实验"(RCTs),其中一组或一个班级的学生以特定的教学形式策略来提供特定的"干预",例如,在商定的时间内接受特定的教学策略以加速提高成绩,而有类似特征的另一组(对照组)继续正常学习。有一种假定,随着时间的推移,控制组的行为不会发生变化。莱蒙(Lemon)等(2014)对教育中的五个RCT实验结果进行了分析。虽然从短期来看,这些测试在读写能力等方面有所提高,但从长期来看,控制组的测试结果与实验"处理"组的测试结果相似,因此相对的好处就降低了。在现实中,对于个别学生来说学习环境的变化似乎不可预测(因为学习不是连续的、增量或线性)。

但是,这不是拒绝使用准实验研究和教师开展循证研究的理由,更不是说这个就没有使用的价值。在学习某些种类的干预如何可能导致某些更有效的教学,或使用更有影响的学习过程方面可能会有争论。但是,我们应该注意到它的局限性。

八、教师探究的六大挑战

许多年前(戴,1999年),我发现了教师在开展探究方面的许多挑战。对于那些工作生活变得更复杂和要求更低的教师来说,这些原则今天仍然适用。

(一) 挑战1:把握变化的可能性

尽管这些反思实践的形式很重要,但为了理解他人而理解自己,能够像质疑他人观点一样质疑自己观点中的偏见,并不一定会带来改善。例如,了解课堂、学生学习、自己的教学及其影响是一回事,而参与可能难以持续的变革过程则是另一回事。为了通过反思来发展和维持他们的批判性思维,教师需要进行元认知及对数据的系统收集、描述、合成、解释和评价的过程。数据的质量和真实性将取决于他们与自己和他人进行反思性分析性对话的能力以及他们做这些的能力。作为反思性探究者的教师需要认识到,探究很可能会引发变革的问题,而这将涉及对现有核心价值观和实践之间的不一致性的对抗。如果教师要从事批判性的教学形式，他们将不仅需要关注描述他们所做的，并让自己和他人了解描述的意义，他们还需要面对他们的做法提出这样的问题：

1. 为什么我要做这些事？
2. 我做的事是否反映了我的教育理想？
3. 我怎么能表达我的教育理想，并同时考虑到政策的合法需求、学校和学生的需要？
4. 我想要做的教学和我真正做的是否有差异？
5. 学生如何接受这些的？
6. 如何找到更多相关内容？
7. 我为什么变成现在这个样子？
8. 我想以这种方式继续这样做吗？
9. 我想重建我的理想和实践，这样我可能会以不同的方式做事情吗？

简而言之，他们需要准备好应对变化的可能性。反思过程本身可能不会导致思考和实践的对抗，也不会考虑到广泛的制度和社会背景，这些都是教师独自做出改变决定所必需的前提。相对的，（除了倡导行动研究之外）参与既理性又非理性的反思过程对教师来说意味着什么很少受到关注。很明显，我们自己的某些部分可能更愿意保持私密。单独个体比较容易隐藏，但是作为团体的一部分就困难多了——除非有一个关于"边界"的默契，因此，需要一种共谋的合作。

（二）挑战 2：管理变化中的自我

调查很可能涉及对现有核心价值观和习惯做法内部和之间不一致的对抗。阿吉里斯（Argyris）和舍恩（1974）称之为"行动理论"。其中包括我们"信奉的理论"（当我们教书时，我们打算做什么和认为我们在做什么）和"应用中的理论"（我们做什么）。他们建议，为了提高效率，我们需要检查每个国家内部和国家之间的差异，以便"缩小差距"。这些变化涉及认知，但它不只是一个认知过程，它涉及情感。杰西尔德（Jersild，1995）在探索焦虑、恐惧、孤独、无助、无意义和敌意对理解自我的影响方面的开创性工作也与此相关。他认为，这些情绪在学校和教室的教师生活中很普遍,因此必须作为教师职业教育的一部分。简而言之,反思是改变的必要条件,但还不是充分条件。

(三) 挑战3: 探索连续体

第三个挑战是教师需要采取更广阔的思维与观点,探究他们整个生涯中的实践以及产生这些实践的影响情境。反思性实践者和非反思性实践者并不是两个根本不可调和的群体。相反,他们是在一个连续体的不同点上的教师探究者。连续统一体跨越了非系统的、直观的探究,到通过系统研究进行的探究,被斯滕豪斯(Stenhouse)定义为"公开的系统探究"(斯滕豪斯,1975),尤其通过行动研究表现出来。教师可能在其职业生涯的不同阶段、在不同的学校环境、出于不同的目的,将以不同的模式工作(详细讨论见戴等,2007)。埃巴特(Ebbutt, 1985)对一系列基于教师工作生活的现实观察的内部研究相关活动的发展进行分类,并继续为从事探究的人提供一个重要的参考框架。他认为,教师是实践连续体中的探究者:(1)"通常的教学模式"(Usual Teaching Mode),以孤立学习为主,有意识的、系统的反思是零星的;(2)"教师自我监控"(Teacher Self-Monitoring),课堂实践的数据通过非正式的方式定期收集,有时还会得到一位诤友的帮助,反思会被整合到实践中;(3)更严格的"教师-研究者"(Teacher-Researcher)探究模式,在这种模式中,多种来源(如学生、自我、观察者、文件)的数据被收集、三角验证、分析并为个人和学校层面的变革决策提供信息。

(四) 挑战4: 思考的时间

人们一直认为,大脑有三种不同的工作速度:

1. 快速思考——这种"无意识"的工作状态在课堂上最常见,教师必须经常对大量的要求立即做出反应。它包括行动中的反思。

2. 深思熟虑——这包括"找出问题,权衡利弊,构建论据,解决问题"(克拉克斯顿,1997:2)。这与在行动中反思类似。

3. 沉思思考——这"往往没有那么明确,而是更有趣……在这种模式下,我们在反复思考或反复考虑事情……脑子里正在发生的事情可能是很零碎的"。

克拉克斯顿,1997:2

许多年后,卡尼曼(2011)在一本著名的书《思考,快与慢》(*Thinking, Fast and Slow*)中详细阐述了大脑在做出明智或不明智决定时的工作方式。他的作品虽然不是针对教育工作者的,但可以与教师的工作相联系。在他们每天忙碌的课堂中,经常需要当场做出决定。在这种情况下,很少有深思熟虑的空间。然而要做出明智的决定,要建立"决策资本",它作为"专业资本"的重要组成部分,(哈格里夫斯和富兰,2012)需要的不仅仅是教师的直觉和经验。卡尼曼为"内隐"知识的现有研究做出了重要贡献(波拉尼,1967),以及在将其应用于决策过程中的行动反思(舍恩,1983)。他确定了系统1和系统2的思想:

> 系统1对应快速思考,系统2对应缓慢思考。卡尼曼以许多能引起共鸣的方式描述了第1系统:它是直观的、自动的、无意识的、毫不费力的,它通过关联和相似迅速地回答问题,它是非统计的、易受骗的、启发式的。相比之下系统2……是有意识的、缓慢的、受控的、刻意的、努力的、统计的、怀疑的……系统1是自动的、反应的,而不是优化的。因此,当我们做出判断或选择时,我们是在通过类系统1机制组装的不完整和精选的数据基础上进行的。基于我们头脑中既定想法这一点,这些决定可能是理想的,但如果基于我们可能从外部世界和记忆中获得的信息,这些决定可能不是最佳的。

施莱费尔,2012:17

随着"技术垄断"[波兹曼(Postman),1992]的兴起,沉思被视为一种奢侈,在工作生活的强化中,教师有可能迷失了思考系统2的思维方式。技术垄断基于如下观点:

> 他们认为,人类劳动和思考的首要目标(如果不是唯一目标的话)是效率;技术计算在各个方面都优于人类的判断;事实上,人类的判断是不可信的,因为它被松散、含糊和不必要的复杂性所困扰;这种主观性是清晰思维

的障碍；无法测量的东西要么不存在，要么没有价值；公民的事务最好由"专家"来指导和管理。

波兹曼，1992，引自 1997：2

因为在历史上，教师的工作一直被视为与学生的"交流时间"，他们很少有内在的机会或期望，如收集数据、与同事分享实践，或集体深入地"反思"他们的教学及其情境。哈格里夫斯(1994)确定了教学时间的三个维度：微观政治，即与地位相关的时间分配；现象学的，即关于在学校里如何使用时间；以及社会政治方面，即管理者声称的教师"自由裁量"时间。

当服务条件有效地将教学定义为交流时间时，时间总是很重要的，但这并不是普遍的情况。例如，在中国的学校，工作日的时间可以用来进行思考，也许是因为认识到理解复杂、不明确和模棱两可的情况是教学质量的关键因素，提供更多的思考时间是教师发展的一个重要组成部分。

(五) 挑战 5：持续参与

随着时间的推移，建立、培养和发展协作性的工作需要"持续的互动"(休伯曼，1993b)，这要求教师在学校中参与讨论哈格里夫斯为他们的学习确定的三种不同时间的使用情况。谈话是教师们解构、测试和重建他们的信仰和"信奉教育理论"的手段(阿基里斯和舍恩，1974)。大多数的"共同建设"，无论是通过轶事、想法、信息和材料的交换，还是分享问题、议题和观点，都需要教师超越交流走向批判。这方面的成功取决于个人的信任程度，以及机构的挑战和支持。在那些重视拓展性和批判性教师学习的学校，就考试而言，可能会有发展反思性实践者调查的机会(科克伦-史密斯和莱特尔，2009；莫克勒和萨克斯，2011)，行动研究小组(索梅克，2006；汤森，2013)和网络学习网站[斯托尔(Stoll)和西肖尔-路易斯(Seashore-Louis)，2007]。评判包括来自"诤友"的开诚布公和反馈，他们的正直是值得信任的，他们经过深思熟虑的反馈是值得尊重的。

(六) 挑战 6：诤友关系

不同类型的教师探究为教师提供更多机会，使他们能够在较长的时间内，或通过一个密集的、相对较短的时间跨度,对自我、实践和实践情境进行系统的调查。它们可以成为一种成功的机制,帮助教师将其PLD经验转化为实践,并探究其对学生成绩的影响(贝尔等,2010;廷珀利,2008;克里平等,2010)。然而,如果对实践的反思是为了以具有挑战性的方式探究当前的现实,那么就时间这一最宝贵的商品而言,还需要学校内外的现实和人文支持。因为在反思自己的工作时往往很难保持冷静,也许最重要的帮助将是一个"诤友"的承诺。

教师并不总是通过审视自己的教学经验才能学得最好。这样的学习虽然有用,但可能会不必要地限制专业知识的增长,因为它可能只是个人经验的重新配置和循环,没有外部关键的批判性友谊的支持,甚至通过与同事的合作活动学习可能是有限的。简而言之,审视现有的实践并不一定会带来改进。教师既需要同事的内部支持,也需要值得信赖的诤友的外部支持,以培养收集证据的技能,如关于学生的进步或他们自己在教室和办公室"自我展示"的方面(帕尔和蒂莫利,2010;贝尔等,2010年),并将此应用到他们的实践和思维方式中。

最近,温纳格伦(Wennergren,2016)对"诤友关系"给出了一个有用的定义,强调了其关键要素,并将其与教师在社会环境中学习和发展所面临的挑战联系起来。

> 诤友的一个特点是意想不到的结合,一方面,在信任、支持和肯定的基础上建立友谊;另一方面,基于分析,评估,评价和质量加以批判……挑战一个教学同事……意味着要关照关系与情感这样的情境……强专业性社区依赖教师能力杂糅的承诺与困惑,以及有关教学方面的一些有益分歧。
>
> 温纳格伦,2016:263

诤友关系是建立在自愿、平等、基于共同任务、共同关心、相互尊重和信任基础上的实际的伙伴关系。诤友的角色是在信任关系中提供支持和挑战。它不同于"导师"关系——一个人(导师)凭借他/她的经验、知识和技能占据优势地位。诤友被认为是具有知识、经验和技能的互补。

尽管如此,理想情况下,教师探究能使教师通过选择发展重点和方向具有PLD的所有权,但在学校中存在一种诱惑,即遵守政府的监管和测量要求(见

第 1 章)。使用探究作为一种工具,以提高效率和有效地实现外部定义的课程目的(凯米斯,2006)。在这种情况下,舍恩(1983),和其他一些人认为的教育批判和作为探究者的教师发展与行动研究作为一种转变的工具等早期设想都会丧失。

九、"有效"的 PLD

经合组织"按发展活动类型比较影响和参与情况"(2007—2008)提供了一套有说服力的证据,支持在一系列正式教师发展政策活动中将功能和态度相结合,其中来自成员国的教师报告了他们所参与的正式专业发展的中度或高度影响(OECD,2009:75)。图 5.3 说明了这一点。显而易见的是,在一个相对广泛的 PLD 机会范围内,被认为提供这些机会中影响最大的是个人和合作研究、资格认证、专业发展、网络辅导和同行观察、观察访问其他学校,以及教育会议和研讨会。

这里可以提出五项意见:

1. 所有的活动都可能包括功能性和态度性。
2. 它们包括社会学习。
3. 它们都涉及长期的反思和对职业专业主义的概念的反思,建立和加强积极的职业认同、效能和能动性。
4. 它们都需要对行动进行长时间的反思。
5. 他们都专注于提高思维和实践的可能性。

达林-哈蒙德和理查德森(2009)在对美国研究的综述中提出了一个有用的提示,即哪些有效的 PLD 有可能使教师受益。这些是:

1. 深化教师的知识内容和如何教给学生。
2. 帮助教师了解学生学习特定内容。
3. 为积极的一线学习提供机会。

4. 使教师获得新的知识,应用到实践中,与同事反思结果。

5. 是学校改革的一部分,与课程、评估、专业学习标准联系起来。

6. 合作和协作的。

7. 随着时间的推移更加密集和持续。

达林-哈蒙德和理查德森,2009:46

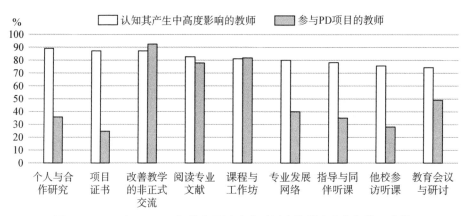

图 5.3　2007 年至 2008 年按发展活动类别划分的影响及参与情况比较

美国的一项研究发现,长期"投资"会产生非常好的效果。一年中员工在 CPD 上平均花费 49 个小时,让学生的成绩提高了 21%。接受 80 小时以上 PD 项目的教师比接受较少 PD 项目的教师更有可能将给定的教学策略付诸实践(达林-哈蒙德等,2007)。相比之下,有限的时间(如 5—14 小时)对学生学习没有显著影响。

国际上的研究认为,领导力是影响所有教师效能、承诺和有效性的关键因素(戴和利思伍德,2007),也是建立和支持教师效能的关键中介因素。这对他们的动机和承诺有重要的积极或重大的消极影响。在第三章(戴等,2007)关于教师在职业生涯不同阶段的承诺和有效性的研究中,我们确定了两大类教师:

1. 有持续承诺的教师(74%);

2. 投入度下降的教师(26%)。

表 5.3 给出了参与该研究的 300 名教师的综合影响因素。它说明了在教师职业生涯的不同阶段中,对相当一部分教师来说,学生的行为、缺乏支持性的领

导和工作量是导致承诺下降的主要原因,并显示了领导力的水平、与同伴的关系以及个人支持对那些能够持续奉献付出的人的重要性。

表5.3 持续承诺和减弱承诺的教师对影响他们的因素的评价

组a:维持承诺	组b:减弱承诺
教师最常提到的有助于他们持续投入的因素组合是: 领导力(76%) "很高兴得知我们有强大的领导团队,对学校有清晰的愿景。" 同事(63%) "我们有一个非常支持我们的团队。每个人都在一起工作,我们有共同的目标。" 个人支持(95%) "有一个支持我的家庭,当我在周日下午工作而他们想去公园时,他们不会感到沮丧,这对我很有帮助。" 这个小组的教师非常热情,他们对自己的工作充满信心,相信自己有能力对学生的学习和成就产生积极的影响。	26%的教师属于这一组。 那些正在考虑离开教师行业从事新职业的人,要么是在寻求课堂之外的晋升(例如担任咨询职位),要么是患有与此相关的健康问题。由于教学压力大,大家都在寻找不同的工作。 压力的组合被认为是他们三年来最常见的持续承诺的挑战因素,包括: 工作量(68%) "它从不停止,总是有更多的事情要做,它侵蚀着你的生活,直到你没有社交生活,除了工作没有时间做其他事情。" 学生行为(64%) "这些年来,学生们的表现越来越差。他们不尊重自己,也不尊重教师。" 学生的行为是当今学校里最大的问题之一。他们知道自己的权利,你也无能为力。 领导(58%) "除非领导支持员工,否则你只能靠自己了。他们需要引人注目,需要欣赏教师们所做的一切。"

资料来源:戴等,2007:125—126。

国际上的其他实证研究也表明,学校校长对学生的学习和成就具有强烈的积极(或消极)直接和间接影响(利思伍德等,2006;罗宾逊等,2009;戴和格尔,2014)。它的主要责任是学校和系统领导人创造必要条件,使教师(教育学生事业的核心)做到最好的教学,做出改变以实实在在地影响学生学习和成就,尤其是那些来自贫困社区的学生(詹姆斯等,2006)。

十、结语

即使有同事的支持,也不是所有的教师在任何时候都有同样的精力来进行持续的专业学习。由于各种原因,学习需求会有所不同,例如,教师管理的是一群特别具有挑战性的学生,这可能会耗费他们所有的情感、智力和精力;他们遇到了意想不到的个人挑战;在特定的时间里,他们独自学习或者在"一次性"工作坊中学习得更好。此外,由于学习需求很少是单一的(因为满足它们几乎总是意味着要把他们放在产生和影响他们个人、职业和工作环境中),因此任何学习经验,无论是功能性的还是态度性的都可能有累积性的因素,并对教师和/或他们的教学实践产生渐进式的而非变革式的影响。

如果教师不再相信他们能对学生生活产生影响并取得成功(自我效能感、承诺和道德目的的丧失),他们将不愿意教到最好,因此,他们的教学效能将下降。正如我们在前面的章节中看到的,这种对"做出改变"能力的信念的损失可能会受到预期和未预期的个人情况的影响,如疾病、政策变化引起的影响其自主感的工作条件,以及他们所在学校的日常文化,后者的积极或消极影响最大。

学校文化是成功规划、落实和发挥影响的关键,而校长和高层领导团队的角色则是关键。布布和厄利在英国领导的"员工发展成果研究"发现,"学校风气对员工发展至关重要,在那些风气浓厚的学校,领导者培养了——所有员工都感到——对自己的发展和学习的权利和责任感,这与学生的利益密切相关。这些学校的员工流动率很低,士气很高"(厄利,2010:474)。研究还发现"学校成绩和员工发展之间存在正相关"(厄利,2010:474)。虽然学校领导对学生学习和成就的影响仅次于教师,但这种影响很可能是间接的。因此,学校领导通过其强烈的道德使命感和社会正义感的影响,以及结合与研究适时的、具体的改善员工积极性、承诺和韧性及工作条件的策略,最有效地改善教学和学习。第7章详细讨论了学校领导在促进PLD机会方面所扮演的主要角色。

因此,学校如何在PLD规划和提供中结合"功能"和"态度"两个维度考虑,可能是教师致力于学习的一个重要因素。同样重要的是他们一起学习的方式。因此,第6章将更详细地探讨这些因素。

第6章　学习是学校领导的社会性事业

在过去的二十年里,实证研究已经证明,有效的专业学习……会长期持续下去,并且在支持学习的社区中处于最佳位置[达林-哈蒙德(Darling-Hammond),1997;加雷特等(Garet 等人),2001;斯托尔(Stoll),波拉姆(Bolarh),麦克马洪(McMahon),华莱士和托马斯(Wallace 和 Thomas),2006;温格(Wenger),1998;利伯曼和米勒(Lieberman 和 Miller),2001;奥克斯和罗杰斯(Oakes 和 Rogers),2007](专业发展)……是基于PLD这一概念的,具有持续的、积极的、社会性的和实践的特性。

韦伯斯特-赖特,2009:703

与他人的相互联系和密切的社会联系是重要的,因为正如布里克和施耐德(Bryk 和 Schneider)指出的那样,学校本质上是一个"社会企业"(2002:19)。穆尔-约翰逊(Moore-Johnson,2015:119)还发现,"教师的教学技能越强,他们把有前途的想法和技术融入到自己的教学中的机会就越多,学生也就越有可能体验到专家教学的好处……(和)………全校范围内的成功改进并增加了教师之间分担责任的规范,创造了学习的结构和机会,促进了他们之间的相互依赖——而不是独立"。

她还建议,学校中的新教师可以通过与他人的互动来支持他们的发展,通过这些过程(如PLD),"学校组织作为整体会变得比其各部分的总和更强大……(而且这)……可以说,这也能成功地提高学校的整体教学能力"(穆尔-约翰逊,2015:119)。

在文献梳理中发现,比列加斯-赖默斯(Villegas-Reimers,2003)提供了一个可行的分类模型(表6.1),区分那些"有某些组织或机构间伙伴关系才有效"和那些"可以在较小规模上实施"的类型(第69页)。

表6.1 专业发展的模式和类型

组织伙伴关系模型	小组或个人模型
PD学校(在职前和职后开展PLD) 其他大学→学校合作 其他机构间合作 学校的网络 教师网络 远程教育	指导方式：传统和临床指导 学生的表现评估 工作坊、研讨会、课程等 案例研究 自我指导发展 合作或联合发展 观察优秀实践 教师参与新角色 技能发展模型 反思模型 项目式模型 作品集 行动研究 运用教师叙事 分代或级联模型 教练/辅导

资料来源：比列加斯-赖默斯,2003:70。

这为学校负责规划和选择"适切的""有时间考量的"的PLD项目的相关人员提供了一个有用的和可用的参考范围。通常，对系统需求的诊断将会影响PLD的焦点。除此之外，更重要的是，教师们在自己忙碌的职业生活中，愿意认识到参与的潜在好处，而这将取决于他们自己对终身学习的内在承诺以及他们所在部门与学校在建立学习文化方面所起的作用。

在系统性评价方面，科丁利(Cordingley)等(2005)比较了协作性PLD(教师提供并接受来自所在学校或其他学校的支持)和个性化的PLD(不将协作作为一种学习策略)。以个人为导向的CPD研究表明，教师的实践和信念发生了一些变化，对学生的行为和态度产生了适度的影响，而不是对学习有影响，而是：

1. 所有关于协作性PLD的研究都发现了PLD与教师实践、态度或信念的积极变化之间的联系；
2. 几乎所有收集了关于学生影响的数据的合作研究都报告了学生学

习进步的证据,而且大多数也发现他们的行为、态度或两者都有积极的变化;

3. 大约一半的合作研究证明,教师课堂行为的改变伴随着他们对专业发展态度的积极改变。

GTC,2005,3

克拉克和霍林斯沃思(Clarke 和 Hollingsworth,2002:963)在图 6.1 中提供了一个有用的例子,说明了学校情境的强大影响:

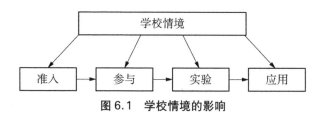

图 6.1 学校情境的影响

所有的教师都有能力改变学生的学习动机、学习行为、进步和成就,甚至可能改变学校的社会和组织结构。然而,这种能力的运用取决于他们自身的道德目标、人格、积极的职业认同、专业能力、韧性以及反思评价的意愿和能力。

在努力建立、发展、维持并在适当范围内不断迭代和更新的学校制度的过程中,教师给学生增加有价值的学习和有成就的生活,学校领导需要提供共享条件(空间、资源、时间)和策略(逐步参与部门和整个学校教师决策过程,建立专业资本),定期使教师在心理和情感上感受在"安全"的学校环境中互动,但这也挑战了他们对现有信念、价值观和实践的质疑:简而言之,就是在一个有信任的环境中。

无论是好是坏,校长通过管理学校资源、与教师和学生的关系、支持或抑制教师的社会互动和领导力、响应更广泛的政策背景、并将资源带入学校的方式来为教师共同体设定条件。

麦克劳克林和伯特(McLaughlin 和 Talbert),2001:98

为合作和探究创造机会的结构改革本身不足以充分实现PLD的潜在作用。除非PLD之间看起来并在实施过程体现出连带责任：在雇佣者（符合组织宗旨的利益）和被雇佣者（符合让自己达到最好）之间，这可能让受雇佣者难以继续学习和发展对自己以及所在组织的满意度。学校促进共享愿景、自我效能感、强大的人际关系、课堂实践的去私营化、数据丰富的课堂、个人、关系和组织信任的发展，如果继续学习，很可能教师的承诺、韧性和能动性意识会更强。表6.2显示了PLD的三个主要方向。它们并不总是相互排斥的，也不是详尽无遗的。

表6.2 PLD的三个主要方向

提高认识 去情境化 （de-contextual）	课堂效率/效能	情境式学习/学习作为一种社会实践/学校作为学习社区
*"一次性"工作坊*旨在提高教师的觉悟、新学科的发展、教与学的新知识——这些经常受到批评，但是在有限的时间空间内，可能会给一些教师带来改变。然而，这很大程度上依赖于PLD领导者的素质，无论是在校内还是校外。 *"一次性"工作坊*旨在增加教师技能——这些被广泛批评为PLD的"赤字"模型。	*系列会议/工作坊*的目的是开发、应用和评估新的教与学方法——这些都依赖于一系列的输入，每一个输入之后都是基于课堂的任务。 在这里，教师可以在一段时间内选择任务机会进行反思和对话。这些强调了教师的能动性，但需要教师投入更多的时间和精力。 *系列会议/工作坊*旨在实施学校和/或系统层面发起的变革政策，也依赖于一系列投入，每个投入之后都有课堂任务。这是基于一种"赤字模式"，在这种模式下，教师被认为是必须执行而非选择性地执行。 *学校停课日*旨在开展系统性的维护和/或开发。 *导师制*（对新员工和新聘员工）是为了提供定期及时的支持——这些满足两个基本需求：学校在引导员工融入文化（行为规范、期望、价值观和实践）方面的需求，以及个人在形成工作场所身份认同方面的需求。 然而，成功实现上述需求取决于导师的承诺和质量。	*合作发展*旨在提高课堂效率和成效，例如课例研究、同伴观察、这些通过共同分享教学计划及评估以去除课堂教与学的个人化。 *合作研究*是通过教师参与需求识别周期促进专业成长的合作研究：为系统地调查教室和全校的文化和实践而设计工具，以期通过实验进一步发展——这些通常与"行动研究"项目相联系，使教师成为变革的积极推动者，并需要额外的时间和精力。 它们可以在学校内部和跨学校和网络间进行，也可以涉及学校和大学的伙伴关系。 *网络学习经历*为了拓宽教师的知识和技能，通过与来自其特定学校环境之外的更广泛的同事一起工作的机会——这些是单一学校级别的协作研究和开发的更广泛类型。

续 表

提高认识 去情境化 (de-contextual)	课堂效率/效能	情境式学习/学习作为一种社会实践/学校作为学习社区
	教练式指导往往是支持个人的特殊需求，以提高教学的各个方面——这是基于被认为"不达标"的教师的补救模型。 *就像导师制一样，教练式指导的成功取决于承诺以及教练的素质。*	

每一种方向都来自对 PLD 的主要目的的不同看法，并且每一种都可能在影响教师的信念、承诺和实践方面或多或少地发挥作用。

证明有效的六个协同式 PLD 示例

1. 课例研究

课例研究起源于日本的职前教育项目，最初以小学教师为研究对象。它"基于这样一种原则，即课堂教学的改变/改进最好是通过教师自己来实现的，并授权他们通过合作研究实践来做出自己的决定"［威廉姆斯（Williams）等，2014：156］。

> 通过课堂现场观察、书面报告、视频和与同事分享经验，课例研究在广泛的主题上传播精心设计的课堂教学，并创建一个系统化的学习过程。课例研究可以帮助教育者注意到他们自己理解中的差距，并提供一个有效的、激励的环境来弥补这些差距。
>
> 路易斯（Louis），2002：11，31

这个过程通常包括这样一系列的循环：（1）提问和计划，教师们将共同计划要学习的课堂内容；（2）上课和观察：一名教师在被观察的情况下给全班学生讲课；（3）反思和修改，在这个过程中，小组成员将作为"诤友"开会讨论和分析课程内容;(4)评论未来的课堂教学计划,其中将有进一步的集体备课、上课和观课以及评论阶段。

课例研究的核心特点是"由一群教师观察课堂现场,收集教与学的数据,并进行协作分析"[李维斯等(Lewis)等,2006:3]。这些课例本身被称为"研究性课例",它们本身并不被视为目的而是"作为一群教师分享的更广阔的教育视野的窗口,其中一名教师同意讲授该课,而其他所有人则在上课时详细记录学习和教学"。这些数据会在课后的讨论会中分享,并被用来更广泛地反思课例和学习。(李维斯等,2006:3)

课例是为了改善当地学校的做法,而不是产生可以更广泛传播的普遍知识。而且,尽管对课例的观察是改进过程的核心,但其影响可能会延伸到其他方面,不仅仅在教室里。

例如,马托巴等(Matoba等,2007)调查了日本一所学校在三年内成功变革的过程。他们参与了一个学校—大学项目,该项目旨在"帮助教师改变他们对学校领导、他们的角色、学习领导力、教育学生的假设,并将"课堂学习"(课例学习)作为获取专业知识的共享专业文化"(2007:55—56)。

虽然课堂学习很有吸引力,因为它将学习的所有权、相关性和连贯性与教师自己联系起来。这是以参与者可能有相同的教育价值观和信仰为前提的,他们所在部门和学校的价值观和文化是支持他们的,就像那些课堂学习本身是基于关系信任。如果没有这样的信任,没有投入必要的时间来参与计划、调查、观察、反馈、讨论和未来规划的持续循环,它的目标不太可能实现。李维斯等(2006)开发了一个美国的"改进"版本,作为一种更直接关注"教学"质量改进的手段。

然而,这改变了原本更广泛的课例研究的焦点,教师的功能和态度需要,转向主要关注功能。

2. 一对一的PLD:导师制和教练式

i. 导师制

广义的理论上来看,导师式指导是在工作中的非评判性支持,是指(有经验的)一个人对另一个(缺乏经验的)人的支持,并使缺乏经验的人能够鉴别、理解和检查他们的角色(作为教师,作为领导者)以及他们所需要什么样的品质和能力才能成功完成工作。以学校为基础的师徒制度已广泛应用于职业生涯早期的教师、中层领导和新校长培养之中,而对于新进入一所学校的、有经验的教师则应用较少[霍布森等(Hobson等),2009]。职前学校—大学教育和培训伙伴关系模式通常也隐含地包括通过持续的培训和支持计划对校本导师进行"指导",其中一些计划可能得到认可。瓦西特和欣德曼(Wasik 和 Hindman,2011)强调,在团队工作中,构建循证的反思性报告的重要性,并发现导师制是影响CPD有效性的关键组成部分。

虽然这种形式的支持在一些学校已经存在多年,但最近,随着对提高教学、学习和各级领导水平的关注,在日益增长的国家绩效管理的背景下,它们已成为其质量保证体系的普遍组成部分。导师制培训手册、项目、研究、有关推广导师制指导的期刊和书籍都在不断增加。例如,在英格兰,政府制定了一个全面的全国性的导师制与教练式指导的框架(CUREE,2005)。

导师制的优缺点

通过对300多篇研究论文的综合分析,并涵盖了三个学科(教育、医学和商业),埃里希(Ehrich等,2004:523—524)确定了一些今天仍然适用的有关导师制的积极和消极结果。在所有研究中,对学员最积极的四个好处集中在关系的质量上:支持、同理心、鼓励、咨询和友谊(42.1%);提供教学策略、学科知识和资源的帮助(35.8%);讨论、分享同行的想法、问题和建议(32.1%);反馈,积极的强化和建设性的批评(7%)。(另见第5章"诤友情"。)对于导师而言,主要的好处包括合作、建立人际关系网、分享想法和知识(20.8%);反思(19.5%);PD(17.6%);个人满意度、奖励和成长(16.4%)。

另一方面,作者发现,被受指导者引用最多的负面情况是缺少导师指导时间(15.1%);缺乏专业知识和个性不匹配(12.6%);导师严厉批判,不容易接触,具有防御性和不信任(10.7%);见面听导师课和被听课都比较困难(9.4%)。对于导师来说,消极因素是缺乏时间(27.7%);专业知识(缺乏)和个性不匹配(17%);缺乏培训,缺乏对方案目标和期望的理解(15.1%);额外的工作负担和责任(15.1%)。

缺少可用的时间、指导者的专业知识不够、不良的角色示范和人际关系的不匹配等问题也被认为是成功的障碍,以及权力分配不平等的问题(在一段需要建立在信任基础上才能成功的关系中存在不信任的可能性),管理"建设性摩擦"

[佛蒙特和威鲁普(Vermunt 和 Verloop),1999]和情绪素养(理解和表达感受的能力)。因此,我们可以得出结论,就为 PLD 提供机会而言,仅仅拥有一个导师制结构是成功的必要条件,但不是充分条件。虽然对徒弟和导师都有潜在的好处,但为了在实践中实现这些好处,需要密切关注:

> 导师和学员提供时间开展互动。
> 导师培训侧重于发展内部人际素质和技能。
> 将导师的专业知识、价值观、信念和个人素质与学员的专业知识、价值观、信念和个人素质相匹配。
> 创建一个包容的、全校性的 PLD 文化。
> 承认指导和被指导既涉及情感,也涉及智力。

在这里对导师制作为 PLD 的一种形式将不再详述。需要强调的是核心要素——这些要素同样适用于通过"诤友情"非正式建立的更加平等的关系。这两者都是必要的,以建立独特的一对一学习机会,在学校和其他机构之间提供指导。并且确保在选择导师时,不仅要考虑他们的经验和教学质量(尽管这两者都是重要的标准),还要考虑他们在构建社会和学术方面沟通的高水平情感素养。

ii. 教练式指导

教练式指导有时可与导师制指导互换使用,但实质是非常不同的。教练式指导更侧重于技能开发,经常被用作师徒关系中的一种开发工具。它可以促进循证实践的高可靠度。从培训环境到真实的课堂环境,强调观察的重要性——包括教师从观察他人的实践中学习——加上有指导意义的培训和个性化的后续指导的结合。这个过程通常发生在相对较短的时间内,具有密集性。而一旦取得了进步,这种"指导"关系就不太可能继续下去。

3. 实践共同体

哈格里夫斯和富兰(2012)提出的"专业资本"概念的其中一个维度是"社会资本",尽管这可能也会增强"人力"资本(更详细的讨论见第 1 章)。正如科尔曼(1988)所指出的,"人力资本……通过社会资本为组织利益而转化,而社会资本是人与人之间关系结构中固有的,并存在于这些关系中(第 98 页)"。

图 6.2 是莱塞和斯托克(Lesser 和 Storck，2001)"商业导向"为代表在教育情境中的改版。这为实践共同体、社会资本和组织绩效之间的联系提供了一个有用的导图。就像他们最初的商业模式一样，它展示了随着时间的推移，协作不仅会刺激个人成长，而且有助于提高期望、增加集体信任感、个人和集体认同感和幸福感，并提高整个学校的教学和学习标准。正如温格和斯奈德(Snyder)所断言的：

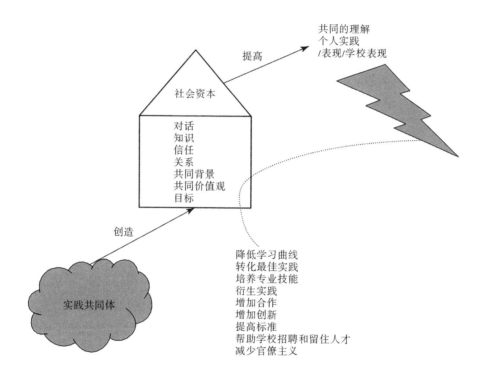

图 6.2　实践共同体、社会资本以及课堂与学校改善
(资料来源：摘自莱塞和斯托克，2001：833)

实践共同体的力量是自我延续的。当他们产生知识时，他们会自我强化和更新。这就是为什么实践共同体不仅会给你金蛋，还会给你下金蛋的鹅。农夫为了得到所有的金子而杀了那只鹅，结果两者都失去了；组织面临的挑战是欣赏"鹅"，并理解如何让它保持活力和生产力……虽然实践中的共同体基本上是非正式和自组织的，但他们可以从培养中获益(温格和斯奈德，2000：143)。

4. 专业学习共同体(PLC)：理想还是现实？

通过使用术语"专业学习共同体"，我们发现兴趣所在，不仅仅在离散的老师个体之中分享，而是在与建立学校范围内的文化，使得合作能够达到预期、具有包容，真诚，持续以及关注通过严格检测的实践以提高学生结果的特性……所内隐的假设是，教师在教室外一起做的事情和他们在教室内做的事情同样重要，同样会影响学校内部的重组、教师的专业发展及学生学习。

西肖尔-路易斯等(Seashore-Louis 等)，2003：3

霍德(Hord, 1997)将 PLCs 定义为"当学校的教师和管理者不断寻求和分享学习成果，然后根据所学知识采取行动时，PLCs 就会出现"。他们的行动目标是提高他们作为专业人员的工作效率，从而使学生受益"(霍德，1997：2)。因为大多数教师工作条件的真实情况是：他们大多数时间仍是孤立式的工作，而在观察同事以及彼此之间进行深入探讨的时候很少。毫无疑问，以会议和合作的方式学习是有好处的。然而，尽管斯托尔等(2006)声称，在全球化和"快速变化"的大背景下，学习"不能再留给个人"，"整个学校社区需要一起学习并负责改变"(斯托尔等，2006：222)，然而，这可能是一种过度简化，因为许多非正式的学习是由个人进行的，而且有太多的证据表明，无论是儿童还是成人，每个人都可以并且确实可以独自学习，也可以和他人一起学习。然而，为了改善教学、更好地理解学生学习的复杂性以及环境对其的影响，我们需要两者兼顾。此外，如果教师想要明智地使用他们的"决策资本"，那么他们自己就需要参与到"与他人一起设计自己的学习机会"的过程中来，而 PLC 使他们能够做到这一点。事实上，至少在理论上，它们为教师创造了参与本章和第 5 章中报告的全系列 PLD 活动的机会。在 PLC 中，大多数教师可能会感到满意，并受益于对相关活动的高度拥有权和参与度，这些活动既能增进他们对课堂的理解，而且，考虑到大多数情况下单独工作的准则，他们也会从与同事的合作中找到满足感与好处。

PLC 的特点

利伯曼和米勒将学习共同体定义为"持续的团体……他们定期聚会，目的是提高他们自己和学生的学习"(2008：2),近年来,人们对其所具备的积极方面给予了很多关注。尽管这些团体在形式和环境上可能不同,但他们"拥有一些基本的核心信念和价值观"(利伯曼和米勒,2011：16)。例如,在参与者之间培养坦诚的协作环境,"致力于个体成员的成长和发展,以及整个团队的成长和发展"(利伯曼和米勒,2011：16)。他们的实践清单描述了成功的学习共同体的特征,很有价值,这个清单来自他们丰富的经历：

> 必须定期会面,花时间去建立信任与开放的关系。
> 努力建立一个清晰的目标,并聚焦实践中集体困境。
> 创建流程和方法来支持彼此之间的诚实交谈和信息分享。
> 参与观察、解决问题、相互支持,给予同伴教学和学习的建议。
> 有意识地组织和关注促进成人和学生在学校学习的活动。
> 使用合作询问来激发有证据支持的对话。
> 开发一种行动理论。
> 制定一套核心策略来连接他们的学习和学生的学习。
>
> 利伯曼和米勒,2011：19

厄利和波里特(2009)在报告*持续专业发展的有效做法*的项目结果时,发现了决定成功与否的四个关键因素(第119页)：

- 参与者对 PD 活动的所有权。
- 参与各种 PD 发展机会。
- 进行反思和反馈的时间。
- 开展 PD 的合作方式。

引自厄利和波里特,2014：117

这是建立"学习共同体"基本原理的核心,而不是仅仅或主要依靠外部提供的 PD,这种 PD"经常被教师认为是分散的、不连贯的,并且与课堂实践的真正问题无关"[利伯曼和梅斯(Mace),2008：226—234]。斯托尔等(2006)确定并讨论了 PLC 的五个关键特征：

> 共享的价值观和愿景。
> 集体责任。
> 反思性专业探究（实践的去私人化）。
> 协作。
> 小组学习。

斯托尔等，2006：226－227

同时我们承认，这些的建立都需要时间。关系信任是其中至关重要的一部分，这也是成功领导力分布和协作的基础。在后续研究中，王（Wong，2010）也提供了一个有用的理想化模型（图 6.3），该模型总结了关键要素。

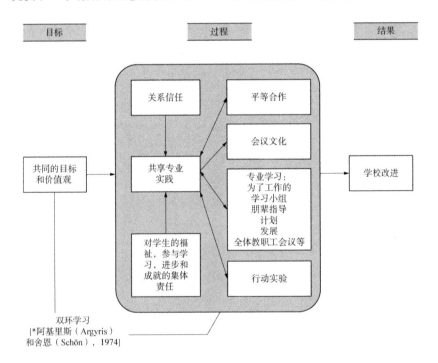

图 6.3 专业学习共同体的要素

＊在研究专业人士如何在行动中思考时，阿基里斯和舍恩（1974）区分了单循环学习和双循环学习。在前者中，实践者寻求解决眼前问题的方法，而不考虑潜在的原则、价值观和背景。后者则是一种更具反思性的模式，致力于解决这些问题。

建立 PLCs

虽然关于 PLCs 成员资格的可取性和对教师学习和福祉的积极影响的文献很多,但对于许多学校来说,仅仅在想法上予以认可,并没有使之成为现实。因为总会或多或少有一些教师不会全身心投入。因此,培养、建立和维持 PLC 将是具有特定价值观的学校领导和教师的愿望。它需要特定的价值观、实践和关系。而成为并继续成为 PLC 的条件是基于整个学校建立合作、信任反思意愿的原则和实践,在适当的情况下进而实现改变。Kruse 和路易斯(2007)确定了在建立和维持成功的 PLC 方面取得成功的五个因素:

长时间:"在舒适区之外帮助教师是一项长期的工程。"(第 115 页)

聚焦教与学:"不仅针对提高考试分数,同样增加教师对集体工作是如何影响学生的学习这一问题的思考能力。"(第 115 页)

需要自上向下的倡议:"……自上而下地创建 PLC 这一点处于重要地位。"(第 116 页)

韧性:领导者持续稳定的变革承诺、管理能力和克服障碍是成功的关键。

区域作为 PLC 倡议的发起者:在学校自我完善的英格兰学校体系中,地方当局(学区)扮演的角色不那么突出。然而,优质校联盟(TSAs)、连锁学校和多校信托(MATs)可能被认为对改善学校利益的 PLD 功能承担主要责任,因此,作为其中的一部分,为其员工的个人、社会和决策资本的发展提供机会。

PLCs 需要通过对话来学习相关的原则,"传统组织需要通过管理系统来控制人们的行为,而学习型组织则致力于提高思维质量、反思力、团队学习力以及发展共享愿景和共享理解的能力……"[圣吉(Senge),1990:287]。要做到这一点,需要具备独特的眼光、价值观、品质和能力的领导者,以及对自身和他人学习有坚定信念的教师。

能力构建

将培养和维持教师的人力和社会资本作为扩展其个人和集体动机与能力的一种手段,以此来影响学生的学习和成就。这并不总是一个顺利的过程,需要一定的时间来实现。希普(Hipp)和她的同事记录了两所渴望成为PLCs学校的发展进程(希普等,2008)。他们行动的基础是认为:

> 关于学校应该是什么样子的定义、描述和形象在理论文献方面在是丰富的……但缺少的是关于这些愿景如何变成现实,以及关于人们具体怎么做的细节的相关研究……这一过程具有复杂性;建立这些文化需要投入精力、时间和决心。
>
> 希普等,2008:174

他们提供了一个分析框架,通过这个框架,学校——尤其是私立学校——可能会发现该框架在确定、描述和判断学校自身的进步方面有实用(见表6.3)。

表6.3 PLC维度及描述

方面	说明
共享和支持型领导	管理者分享权力、权威和决策,同时促进和培养领导力
共同的价值观和理想	员工们共同的愿景是坚定不移地关注学生的学习,支持指导教学决策的行为规范
集体学习和应用分享个人实践	员工分享信息,合作计划,解决问题和提高学习机会
分享个人实践	同事间互相听课,反馈教学实践,协助学生学习,提高人力资本
支持条件:关系	同事间互相听课,反馈教学实践,协助学生学习,提高人力资本
支持条件:结构	……包括尊重、信任、批判性探究和改进的准则,在整个校园里积极和关爱的关系
外部因素	……包括家长、社区和中心办公室

资料来源:希普等,2008:175。

斯托尔和她的同事(斯托尔等,2006)研究发现:与学校文化有直接关联的一般性质——"共享的假设,信念、价值观和习惯,构成了学校塑造专业人士如何思考、感觉和行动的规范"——以及他们的相关机会和能力来构建一个PLC(希普等,2008:176)。与斯托尔和她的同事一样,他们也不认为一所学校的文化是静态的或一成不变的。

鉴于现有的研究对成功校长的重点关注,在这两所学校成功的关键指标如下,这也许并不令人惊讶。

- 强烈的道德目的,通过强调学生的学习和改进决策的驱动力以证明。
- 学校的共同愿景、目标和方向。
- 注意领导力,积极构建和支持教师社会资本,建立协作学习、团队建设,拓宽决策基础。
- 全纳文化和信任关系。
- 对于自身与学生的高期望。
- 课堂生活去个人化。
- 构建教学实践共同体,课堂教学和学习是定期、持续的观察和讨论的焦点。

发展阶段

斯托尔等(2006)认为进步教育改革和教师个体和组织能力之间的关系是一个"动机、能力、积极学习、组织环境与文化以及结构之间的复杂混合"(斯托尔等,2006:221),并向所有希望领导和参与PLC的人提出重要问题。例如,我们知道:

1. 可能所有的教师都能够在整个职业生涯中始终保持一贯的高水平的积极性。他们可能会经历波动,而这些波动可能与他们工作环境中人际关系和领导力水平、新政策要求的性质、社会期望的变化和个人情况的意外变化有关。例如,许多教师的精力会随着时间的推移而降低(戴等,2007)。
2. 大体上,组织文化、组织条件和支持性基础设施的本质取决于学校领导的呈现、素质和持续。
3. 质量这种水平可能在学校内部和学校之间都有所不同。
4. PLCs的成长需要时间。

表6.4到表6.7确定了群体认同规范形成和发展的三个阶段,穿越"断层线"和调节紧张关系,这是为个人成长所需的共同责任的必要组成部分,也是PLC的一个基本特征。

同时,这些表格不应被当作是一个规定的清单。事实上,随着时间的推移,这些维度的累积很可能在不同程度上影响PLC的发展。

表6.4 群体身份认同的形成与互动规范

开始期	发展期	成熟期
与子群体的认同 个人主义意识凌驾于群体规范的责任之上 暗流涌动的不文明行为	伪共同体 认可个别成员的独特贡献 公开讨论相互影响的规范 认同规范群体行为需求	对整个群体的认同 认同群体是多视角丰富而成 开发新的整体性规范 对行为的共同责任和调节

资料来源:格罗斯曼等,2001,引自利伯曼和米勒,2008:14。

表6.5 穿越断层线

开始期	发展期	成熟期
拒绝差异 冲突隐于后台	根据优势地位分配差异 场上冲突,让人惊吓	理解并创造性利用差异 冲突在群体生活中不可避免,并公开、诚实处理

资料来源:格罗斯曼等,2001,引自利伯曼和米勒,2008:14。

表6.6 导航紧张情境

开始期	发展期	成熟期
对专业共同体的目的缺乏一致意见	勉强的意愿让不同的人从事不同的活动	认识到教师的学习和学生的学习从根本上是相互交织的

资料来源:格罗斯曼等,2001,引自利伯曼和米勒,2008:14。

学校现实是活生生的、动态的有机体,受到领导、教师、学生和家长相互作用的内外影响和干预,是一个复杂的混合体。希普和她的同事引用了玛格丽特·惠特利(Margaret Wheatley,主张将复杂性理论作为理解组织的一种手段)的私人通信摘录:

> 没有什么客观的现实在等待着揭示它的秘密。没有食谱或公式,没有清单或建议来描述"现实"。只有通过与他人和活动的互动,我们才能创造出这些东西。没有什么能真正迁移。每件事对我们每个人来说都是新的、不同的、独一无二的。
>
> 惠特利,2001,转引自希普等,2008:192

表6.7 对个人成长的集体责任

开始期	发展期	成熟期
相信教师对学生智力成长的责任是个人的责任 对集体的贡献是个人意志的行为	认识到同事可以成为自己学习的资源 承认参与是可预期的	致力于同事的成长 接受个人权利和团体义务

资料来源:格罗斯曼等,2001,引自利伯曼和米勒,2008:14。

成功构建PLCs所面临的挑战

职场文化的影响

爱尔摩(Elmore,2002:26)认为无论专业发展活动的质量如何,如果教师回到教室的文化和条件完全相同,那么这些活动可能只会产生"中度到负面"的影响:"……要把专业发展作为改进教学的手段,学校和学校系统必须进行重组,以便对教师和学生的工作条件做出实质性的改变。"

实际上,如果没有这些相关的、更普遍的学校改善,那么PLC很可能会受到限制。利伯曼和米勒(2011:20)强调了学习型社区可能面临的五个重要变化挑战:

1. 行为规范(如接纳新观念和新做法)可能与部门、院系或学校整体的主流规范相冲突。

2. 学校内外的媒体都在为实践问题寻求"快速解决方案",但缺少理解和解决根源的实践尝试。

3. 需要时间进行持续的对话,揭秘实践的复杂性,就如何前进做出集体决定。

4. 需要时间通过坦诚交流建立相互信任,谈论参与者在信仰、价值观和实践方面的异同。

5. 面对校园生活的"日常压力"以及政策制定者对教师、教与学的"快速改变的要求",对学习共同体的持续承诺。

学校文化越是以教师个体和/或部门的高度孤立为特征(Lortie,1975),就越难以为建立 PLC 提供最佳条件的学校文化。也许这就是为什么对"成功的"PLC 相关实证研究仍然如此之少的原因[乔伊斯(Joyce),2004;麦克劳克林和塔尔伯特(McLaughlin 和 Talbert),2001,2006;博勒姆(Bolam 等),2005;马扎诺(Marzano 等),2005;斯托尔等,2006,斯托尔和西肖尔,2007;哈里斯和琼斯(Harries 和 Jones),2010]。所以,当员工之间的协作发展可能会产生更大的动机、自我效能感、合作精神、信任、能动性以及教师的承诺和效能的时候(戴等,2007),如果没有领导来主导合作文化的发展,上述这些就不太可能实现。

5. 学校对学校的支持:网络学习

正如利特尔和威格勒(Little 和 Veugelers,2005:278,290)所说:"……一个学校或团体利用外部(网络)参与资源的能力,似乎明显与内部领导和专业共同体相一致……网络似乎很难被表明,它们必须通过正式和非正式的过程来建立……"

虽然从理论上讲,参与学校间的网络可以使教师和其他人体验到更广泛的实践和思考实践的方式,但其成功往往取决于两个关键因素:(1)谁决定他们的工作重点;(2)来自自己学校的支持。例如,在 20 世纪 90 年代,荷兰政府鼓励大学和学校之间建立网络关系,作为重建中学教育战略的一部分。然而,正如威格勒(2005:286)在其报告中指出的那样,"参与'网络'的学校参与者没有归属感和赋权感……学院式和横向学习……他们没有感觉那是他们的网络"。他们只是被动的消费者。结果是大多数人在一段时间后就停止了参与。在 21 世纪的前十年,新成立的国立学校领袖学院(NCSL)发起了一个"网络学习社区"倡议,鼓励学校形成"探究"网络。这些活动的一半资金由学院(NCSL)提供,另一半由学校提供(同等实物类)。一些网络与大学建立了工作关系,但我们难以确定这样做是否是他们自己的选择。尽管大多数参与调查的英国学校表示,他们的老师在学习上取得了积极的进步,但四年后政府基金结束时,许多学校选择了彻底放弃。虽然这其中有一种强烈的所有权意识,但也掺杂着监测、官僚性质的报告和问责措施所引起的一些不满,而这些措施却是其获得资金的条件。正如前面章节中提到的,最近英国政府通过建立 TSAs,再次使用财政激励,鼓励建立"自我完善的学校系统"。一些学校(小学、中学或混合)在"教学学校"[由英国教育标准局(Ofsted)评为"优秀"]的领导下,从事规定范围的创业(有一定的收入)和改进,这些活动符合政府提高职前和在职教育的承诺,包括:新入职教师准备计划、领导力培训、学校间的支持、持续专业发展课程、专家和当地教育领袖领导的课程开发,以及相关研究与发展。在撰写本文时,要判断这种嵌入到学校团体系统结构中的网络学习社区能否作为一种改进和提高标准的模式而取得成功,还为时过早。当然,它的成功与否将取决于"教学学校"是否具有有意愿和能力具有企业家精神。同样,政府最初的财政激励是有时间限制的,商业模式本身的可持续性也没有得到证明。

6. 建立和维持学校-大学伙伴关系的挑战:第三空间

通常,大学教师通过合作关系带给学校的东西被一线教师认为是不可用的。一线教师们经常寻找他们可以在课堂上能够快速实际应用的技术或资源,而不是探索更深层的理论基础。与此相反,另一方面,大学教师们正寻求将理论和实践联系起来,而这在一线教师的课堂决策中可能并不明显……

山形-林奇(Yamagata-Lynch)等,2007:365

无论如何,学校与大学之间的合作关系并不新鲜。从历史上看,它们与初始或职前培训的关系有关,主要是根植于"实习"或教学实践中。一些富有想象力的实践体现在"PD学校"形式中,即大学与学校导师合作,促进学生的学习,并将这种学习"溢出"到在职工作中。在美国,利伯曼开创了以学校为中心的合作伙伴关系,并作为支持角色[利伯曼和伍德(Wood),2003;利伯曼和米勒(Miller),2004]再次与大学合作。同样在英国,剑桥大学的同事发起了提高全民教育质量

(IQEA)项目,在这个项目中,学校"购买"了一个改进项目,这个项目虽然具有高度参与性、以学校为中心并由学校领导,但本质上是一个由大学员工支持的持续项目。

> 以大学为基础的教师教育的旧范式,即学术知识被视为有关教学的权威知识来源,需要转变为学术、从业者和社区专业知识之间的非层级互动。
>
> 蔡克纳(Zeichner),2010:89

蔡克纳在写到职前教师培训的背景下大学和学校之间"脱节"的问题时,他承认了这一广泛存在于学术界的问题。在许多国家,政府鼓励自给自足和创业的政策使得大学变得越来越以商业为导向。随着评估学术出版物的价值标准的兴起,以及大学寻求在国内和全球排行榜上确立自己的地位,"获取拨款"已经成为一个经常性的挑战。除了增加"用户社区"的"影响力"和"参与性"的要求之外,"发表"的压力也在逐年增加——而事实是,学校与大学的合作伙伴关系中的学者参与很难在这种情况下带来持续性的学术成果。

虽然有例外,但这种将两者割裂的说法在很大程度上仍然是正确的。尽管许多国家的政策已经发生变化,承认学校和课堂产生的实践知识是高质量教师教育的基础。在一些国家,例如英国,实践性知识和"循证实践"嵌入了职前教师教育,其中很多都是在学校里开展。最近政府倡导学校的"自我完善系统",在这种系统中,学校内部和学校之间的合作已经成为常态,大学被牢固地置于边缘,成为"服务"代理人。在这些伙伴关系中,学者所掌握的知识的传统权威被削弱了。

蔡克纳使用了"第三空间"的概念(第92页),可能被一些人认为是荒野中的声音,在另一些人看来是一个合理的想法,现在被时间和环境所超越。这样的第三空间,被定义为"这是一个变革的空间,在这里可以扩展学习和学习的形式以及新知识的发展高度"[古铁雷斯(Gutierrez),2008:152]。研究证明,成功的伙伴关系可以通过多种方式建立,如会议发生的位置,正在进行的对话,无论是学术还是实践者占主导地位,最初的接触和共同决策,明确的角色和职责,适应性分化,建立信任和所有合作伙伴的承诺等。这些伙伴关系代表了对"相互关系"

的承诺,从传统的交易关系转变为新型关系,其中信任、知识共享、协作和相互依赖是通过合作实现成功的核心,还包括:

1. 结构:由大学为中心向学校为中心转变。
2. 关系:从单向到互惠转变。
3. 知识的共同建构:从仅依赖经验或理论的独立建构的学习到来自多种知识来源的共同建构、自我调节的学习。
4. 相互性:参与协作探究的递归循环聚焦在理解和解决他们发现的实践问题。
5. 为做出改变的决策提供及时的高质量支持:有效的学校伙伴关系关注通过肯定成员和利益相关者,以建设性的方式产生有益的改变(Calabrese 卡拉布雷斯,2006:173)。
6. 社会资本:学校与大学伙伴关系发展的关键。社会资本的属性是纽带、桥梁和联结。纽带代表成员之间关系的强度,这种关系是基于相似的信念以及与亲密关系相联系的非正式性的共同价值观。桥梁表示基于共同利益的小组成员之间的关系,可以发生在社区内部或跨社区之间。联结是在社区、个人和团体之间建立的协会,其目标是获得社会和经济发展所需的资源[希利(Healy),2003,引自卡拉布雷塞(Calabrese),2006:174]。
7. 信任建设:与社会资本密切相关。
8. 欣赏式探究:这一过程与在许多学校和教室的监控和评估文化形成了鲜明的对比,可以说它能带来更大的收获。它非常符合1到7所代表的价值观,因为它代表了一个寻求向教师和学校提出积极问题的合作过程,既肯定了现有的优势、成功和潜力,又确定了建立在这些基础上的行动的新可能性。所以关于教与学的对话被认为是值得赞赏的,"实践问题"变成了"拓展实践的挑战"。
9. 实践者探究/行动研究:这些运作模式已经与社会资本、信任和欣赏式探究密切相关。

直到最近,学校与大学的合作关系一直是由大学的工作人员领导的。然而,

随着许多国家制度的改变,这些关系的性质和范围也发生了变化。但是,仍然有几个潜在的问题需要解决:

1. 权力(谁决定焦点、过程和预期结果?如何确保平等);
2. 角色、责任、关系(谁负责什么,如何获得和分配的资源);
3. 时间(如何工作,何时开始,持续多久;时间是如何筹措的;由谁安排);
4. 互惠(如何建立信任和可信赖性);
5. 可信度(大学教职员如何表明他们的知识和技能能增加价值);
6. 从合作到协作(如何从名义上的协作过程转变为真正的协作);
7. 结果/回报(双方/所有各方如何能以增进自身道德目的和满足组织要求的方式获益);
8. 边界管理和边界作为语言、需要理解和学习不同学术和实践共同体中所隐含的思维习惯(在伙伴关系中的角色和责任之间);
9. 可持续性(各方如何计划结束伙伴关系);
10. 知识(学术知识和实践知识如何得到同等的尊重和使用)。

结语

国际上越来越多的证据表明,学校学习文化和教学实践有可能由于教师参与社会学习的不同结果而得到改善。例如,课例研究、导师制、教练式指导、实践共同体、PLC、网络和学校及大学伙伴关系。然而,必须承认的是,教师参与的目的、过程和预期结果与教师自身的价值观和倾向相匹配,并嵌套在学校文化中,教师的承诺水平将会受到提高或限制(斯托尔等,2006)。

教师会受到很多因素影响,他们过去合作工作的利益(或其他)的经验,当前的关系,校长的素质和性情,以及他们是否相信他们的工作将通过将群体利益置于或高于自身利益而获益。宁(Ning等,2015)对96所新加坡学校进行调查,分析了教师个人价值观和对团队合作以及合作倾向对其专业学习效率的影响——

可以说是 PLC 的关键组成部分。例如,他们发现,在"低权力距离"文化中工作的团队,"集体主义"直接或间接地与合作的质量和效果有关,等级权力距离关系不太明显(例如,在领导角色广泛分布、公开讨论和共享决策是常态的学校)。与人为构建合作不同的是,真实的团作合议是"团队协作的关键决定因素"(宁等,2015:350)。他们还发现,在"高度"集体主义文化中,知识共享可能比"低"集体主义文化中更普遍。

> 在低集体主义的文化中,知识共享可能更加困难,因为个人将知识视为权力的源泉,将知识囤积视为一种工具,可以为自己带来优势和成功。但在高度集体主义的文化中,如果知识分享被认为对群体有益,它就会更加普遍。
>
> 宁等,2015:340

虽然承认较高权力距离(接受等级)和集体主义盛行(群体幸福感比个人奖励更重要)的特定国家文化影响是重要的,但他们的研究结果与其他国家学校的 PLCs 发展有关联。在以下情况中,作为社会事业的学习与发展活动有可能取得并持续成功:

1. 每个老师都能感觉到时间的投资——通常额外要求的正式工作——条件是有益的,他们做什么,以及他们如何学习,是否直接或间接地与他们的个人和职业需求(如回顾愿景、能动性与自主权,情感承诺、工作满意度、福利),以及他们的学校和学生相关。
2. 有证据表明教师的功能和态度目的和需求得到了满足。
3. 教师的自主权得到了增长。例如,通过分布式领导和决策资本(哈格里夫斯和富兰,2012)。
4. 在学校社会学习中,学校到学校和学校-大学伙伴关系学习尤其宝贵。这样,学习就能反馈到每一所学校和每一间教室,所有教师都在那里度过了他们大部分的工作生涯,他们就能对学生的学习和成就产生最大的影响。

5. 学校领导在自己的学校里通过各种方式积极促进教师学习,建立合作和信任的文化。实现这些目标的一个重要手段是提供有利的工作条件,使压力最小化[利思伍德(Leithwood 等),1999 年]。例如,外部要求带来的变化在内部管理上有效开展,以支持教师自主权,培养他们的专业资本,建立信任,尽量减少对教师积极、稳定的专业认同感的破坏,并建立他们的承诺和韧性。

在本章讨论的有关学习是一项社会事业的相关研究中我们看到,有效的 PLD 要求:

(1) 提供空间和时间,让教师与同事一起反思他们现有的信念和实践——不是所有的学校都提供这些;

(2) 个人、关系和组织信任环境中的情感支持——并非所有学校都有对教师作为学习者的关爱;

(3) 终身学习的教师——并非所有教师都是;

(4) 学校领导能够创造一种文化,使教师持续致力于个人和集体学习,这种学习既注重功能性,又注重态度性,确保在教师的整个职业生涯中培养、发展和保持高水平的敬业精神和韧性——不是所有的领导者都这样做。

第 7 章 优秀领导的重要性

世界各国政府已将学校拥有优秀领导列为教育政策的优先确保事项,这并不令人惊讶。因为优秀领导"在改善课堂实践、学校政策以及学校与外界联系方面发挥着关键作用"(经济合作与发展组织,2008:19)。本章主要探讨成功校长的工作特点和工作实践,关注校长工作在教师世界和教师工作中的应用。本章以一系列实验研究为依据,探究作为学习领袖的成功校长如何通过自身的价值观、品质、策略和行动影响教师,培养教学能力,同时研究学校不同发展阶段中校长在以上各方面的表现。虽然这并不意味着校长的领导直接决定了教师表现和教学效果,但国际上的一系列研究[戴等,2000,2011;利斯伍德和哈林(Leithwood 和 Hallinger),2012;罗宾森(Robinson)等,2009;麦肯锡(McKinsey),2010]已经证明,校长有能力通过愿景、价值观、结构、文化和关系产生间接影响。此外,研究发现,校长是否支持是教师做出留任或离职决定的最重要因素[博伊德(Boyd),2010]。教师的忠诚度、韧性、留职率、教学质量和校长支持之间的关系与大量实证研究结果一致:

1. 校长对学生成就的影响仅次于教师(利斯伍德等,2006)。
2. 在有效领导的五个关键维度中,校长促进、参与专业学习与发展所产生的影响最大(罗宾逊等,2009)。

校长在创建与维持高期望、深关怀、大成就的"你可以"文化中扮演着重要的角色,这些基于实证研究的结论高度认可了校长发挥的作用。而"你可以"文化的关键就是为教职员工提供一系列专业学习和发展的机会,以此为手段,支持、扩展,或者在适当情况下在功能和态度层面上挑战员工。一个重视学习的学校,领导者本身也必然热衷于学习,通过几个例子可以证明这一点,比方说,领导者会促进和参与探究类活动,这些活动能帮助领导者调研现有的想法和实践、审视实践方式与行为方式,并在适当时挑战以上这些因素,以期得到提升,这正是第 5 章与第 6 章探讨的主题。

尽管人们一直认为,"学校质量的上限就是教师质量的上限"[索斯沃斯(Southworth)2011:73],但是,正如本书第一章所探讨的那样,学生们还会受到其他因素的影响。无论教师是否拥有尽力而为的坚定信念,他们中的大多数人都有能力管理好这些因素带来的影响,问题在于,他们无法一直全力抵抗消极影响,也无法一直充分利用积极因素。

从本质上说,如果教师们决定要不懈努力,为所有学生提供机会,帮助他们不断获得知识、量身定制教学方案、获得立竿见影的学习效果、运用自身技能,精心构建起情感响应及时的教学体系,以实现深度学习,获得成功,那么,教师需要的支持力量有两种来源。第一是教师内心的道德使命感、职业精神、职业认同、动力、信念和韧性。第二则是工作环境的质量。而校长正是管理工作环境的主要负责人。学校面对的需求日益复杂多样,这些需求有时会相互矛盾,它们来自社会与情感层面,以成果为导向的需求不仅增加了教师的压力,更对校长提出了高要求,校长必须取得更显著的成果,证明自己能让学生在更广泛的领域中取得具有附加价值的成就,尤其是在成绩可量化的领域和(在态度层面获得的成果)与幸福、社会和谐、平等、民主(不同国家的定义不同)息息相关的领域。这使得校内外对校长工作的标准都变得更加苛刻,因为他们与越来越多不同的、有时会产生冲突的利益团体一起工作。不同需求的结合,并不一定是新颖的,但在 21 世纪,这些需求必然更强烈地受到政策的推动与影响(戴,2014:638)。

成功的领导模式:简评利弊[①]

近来,探究校长成功原因的研究由四种概念模型主导,这四种模型分别是:"变革型""教学型""分布式"和"权变式"(戴等,2016)。这些模型的核心特点如下所述。

---

① 本节摘自戴等,2016。

1. 变革型

变革型领导力模型包括师生内在动力的增强,通过建立共同愿景、确定方向、组织重组、发展员工、支持教学,增强校内外联络来实现目标(利斯伍德,2010)。这些校长工作可描述为"追求共同目标,赋予人们权力,发展并维护合作文化,以及促进教师发展的过程"[哈格里夫斯和芬克(Fink),2006:99]。这个行为模型通常用于研究(商品交换中的)奖励和惩罚,是一种暗含"交易交换"概念的领导模式。

2. 教学型

教学型领导力模型特别关注课堂教学和学习的核心业务,是一种更有效的模型。一般认为,领导者指导的次数越多,"他们对学生成就的影响就越大"(罗宾逊,2010:12),另外,变革型注重改善领导和员工之间的关系质量,但"不能预测学生的成就如何"(罗宾逊等,2008:665)。这个模型受到批评的原因,是不能识别相似的教学方式而导致重复,教学是变革型模型的四个基本组成部分之一,这四个因素为确定方向、发展员工、组织重组、优化教学[利斯伍德和孙(Sun),2012]。

3. 分布式

该模型基于一个不可否认的事实:如果不将领导责任分配给其他人,领导者便无法促进学校发展。因此,成功领导会在这种统一体中提升学校水平,成为"领导者、追随者和所处环境各方面相互作用的产物"[斯皮兰和希利(Spillane和Healy),2010:256]。人们认为,分布式领导成功的关键在于,"提高组织成员的技能和知识水平,并且以应用这些技能和知识为导向,形成一致的文化氛围……让个人负责各自对集体成果的贡献"[埃尔莫尔(Elmore),2000:15]。不过,"分配"与"授权"是不同的。尽管这两种方法可能都符合务实的要求,但在权力共享的决策过程中,后者(授权)让个人得到的信任比前者更少,这意味着分布式具有更加民主化的领导特点。此外,越来越多的实证研究表明,在已知缺乏信任的情况下,成功的领导者不会将领导权分配出去(戴等,2011)。

4. 权变式

从本质上说,这个模型表明,成功领导者所做的决策仅仅是对环境不确定性、组织结构和绩效各方面之间的相互作用做出的反应[彭宁斯(Pennings),1975]。这就需要引入成功领导的"回应性""适应性"和"灵活性"等特点,该模型并没有考虑到领导价值观的间接影响和效果,例如,道德和/或伦理教育目的,人们已经证明这些因素是成功领导的基础。

5. 价值引领的融合领导力

不过,最近的实证研究发现,第五种模式——"价值引领的融合领导力"综合领导——最能体现成功校长的工作特点。这个模型揭示了"教学型"概念的狭隘性,教学型侧重于研究领导者对政策要求的响应,包括提高课堂教学标准、学习能力和学生成绩。在美国,马克斯和普林特(Marks 和 Printy,2003)发现"用过时的'教学型'领导概念来回应这些需求毫无意义,但是,有一点是必要的,那就是让教师参与到关于这些问题及其对教学影响的共同讨论中来"(马克斯和普林特,2003:392)。研究人员和近来大量的混合方法实证研究发现,成功的领导是那些从综合式领导方法中汲取经验的人。

> 当融合式领导力同时包括变革型和教学型时,该模式对学校绩效的影响就得到了证实,衡量要素是教学质量和学生成就。
>
> 马克斯和普林特,2003:370

在英格兰,一项全国范围的混合研究方法项目开展有关领导力对有效改善中小学学生成就的影响[戴等,2011;戴、顾和萨蒙斯(Gu 和 Sammons),2016]。这项研究获得了清晰的证据,进一步证明了这种价值引领的融合,领导模式能够促进学校的发展。"以价值引领的融合领导模式"结合了"变革型""教学型"和"分布式"的本质特点。本研究发现,更广泛意义上的教育价值观包括成功校长的言行及他们回应政府命令的方式,而政府的改革命令以教学成果为驱动力,同时与学校绩效相关,这说明,"成功"意味着校长的工作需在许多不同的层面上同时发挥作用,包括个人、人际和组织层面,因此,构建起以价值引领的融合领导模式需要时间。

成功的五个关键

1. 组织能力构建需要时间

发展学校能力是领导改善学校条件的核心工作内容,良好的条件能支持有效的教学[赖(Lai),2014:165—166]。

哈林格和埃克(Hallinger 和 Heck,2010)的一系列定量研究分析历时四年,以美国小学为研究对象,探究协作领导对提升学校能力和学生学习效果的影响,研究报告得出结论:

> 实证研究发现,成功的学校领导能够创造条件,促进有效教学,为专业学习和专业改变培养能力……研究关注战略性的全校行动……参与人员包括校长,管理者和其他人……(这些人员的参与是必要的)……,结构管理和组织化流程赋予了教职员工与学生权力,鼓励他们广泛参与决策,共同承担起提升学生成就的责任。

哈林格和埃克,2010:97

校长凭借其地位、权力,以及对个人和集体的影响力,在促进变革和进步的过程中持续发挥着基础性作用。另外,校长创建的领导系统与文化氛围,他们的价值观以及相关体现在决定是非成败的道路上起到了关键的作用。

校外环境不断影响着学校的改革,在此大背景下,埃尔莫尔将能力定义为"组织在应对外部压力时能提供的技能和知识财富"(埃尔莫尔,2008:43)。学校同时为成年人以及学生提供学习环境,鉴于此,米切尔和萨克尼(Mitchell 和 Sackney,2000)指明了人们的需求,"人们的关注,直接、持续、集中地落在培养能力上"(第12页),包括三个领域:个人(此领域的基础是:高效教师需具有关怀学生、忠于教学、积极创造的特点),人际(此领域的基础是:人际关系中的信任,尊重和集体目标包含在识别与解决问题的过程中),组织(此领域的基础是:最佳的学校组织与文化是灵活的,能够在既有、清晰的价值观框架中,适应来自外部的变化,并开放接受来自学校内部的新思想)弗罗斯特和达兰特(Frost 和 Durrant,2003)。后来增加了第四种能力,即课堂实践(基础是教师需要成为课堂学习的有效领导者)。可以说,培养个人能力、人际交往能力和组织能力,是所有校长和教师自身发展规划的核心。

2. 学校发展阶段

能力构建是一个复杂的过程,不仅需要时间,也取决于校长的能力,是否能总结出组织和个人的需求并找到解决方法。

例如,在英格兰的一项研究致力于探究成功校长与高效学校发展之间的关系,该研究指出,学校发展"普遍"存在四个阶段:

1. 基础阶段
2. 发展阶段
3. 丰富阶段
4. 更新阶段

戴等,2011

每一个阶段都是目的适切性和时间敏锐性的改进策略的结合,根据其目的和影响程度,在各阶段内或各阶段间侧重有所不同。图7.1为其中一所学校的发展历程,在此作为例子展示。

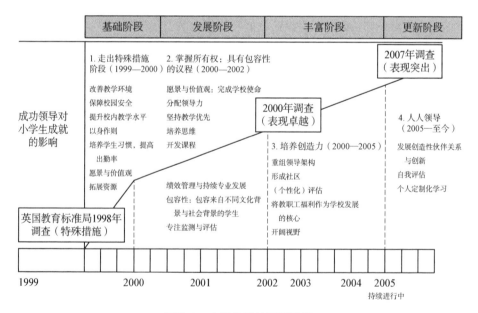

图 7.1　小学发展的不同阶段
(资料来源:戴等,2010:13)

相关研究成果表明,多个因素的复杂交互在学校发展的每一个阶段内与各阶段间发挥着重要作用,这些因素包括:信任关系,专业实践共享,个人与集体的效能感和能动性,专业学习,师生福利的共同责任承担,参与学习,进步和成就,协作探究和共同掌权。同样重要的一点是,不同学校在每个阶段上经历的时间是不同的,正是这些效果的综合和积累使学校能够进步。每个阶段应用的策略并不总是在该阶段内就结束,而是有可能持续影响到各个阶段(尽管相对来说,各个阶段付出的努力和精力是不同的);而卓有成效、事业成功的校长,只有在判定学校已准备就绪时,才会从一个阶段过渡到另一个阶段。一位教师的话证明了学校领导支持的重要性。

> 高层管理者的支持使我得以持续不断地努力。这是一种来自外界的认可和肯定——意味着你可以继续尝试,尤其是在特定的领域。这与以前不同,从前是在每个领域都进行尝试,现在则是在几个特定的领域进行更深入的实验……而且,校长就像一位导师。他展现出的卓越战略领导力帮助我们做出正确的决策。
>
> 蔡和唐(Choi 和 Tang),2009:774

这段话来自一位在中文学校工作的教师,这位教师正处于职业生涯中期,并佐证了"VITAE"项目(详细讨论见第 3 章)中教师的意见。世界上其他由高效、成功的领导者领导的学校也纷纷采用这种模式。

3. 培育集体价值观

校长在多个方面都有重要的影响,包括学校架构、文化和学校条件,教师忠诚度体现与程度、职业认同、韧性、情感能量及工作成就感、效率和幸福等方面。这些发展在一定程度上依赖于领导人的价值观,品质和行为,以及在言行和身份上的表现。正如我们在这本书的其他部分中所看到的,信任、建设性的关系很可能带来社会资本、人力资本和决策资本的增加。人际关系"可以产生积极影响,因为人际关系构成了一种有利于孩子学业成功的社会资本形式"[戈达德(Goddard),2003:59],这一发现同样适用于教师,他们与同事、学校和各部门领导关系密切。同时,富有成效的、关爱的、信任的关系对校内成年人的影响非常大,影响到教师的动力和忠诚度,其程度不亚于对学生的影响。同时追求教师与学生心理健康和职业(学业)成功的领导,能看到师生之间的这种相关性,会确保员工能得到学习和发展的机会,旨在帮助他们不断增强内在动力,提升职业满足感、心理幸福度和职业忠诚度,培养韧性与积极的职业人格(态度层面),关注课程和课堂教学的能力(功能层面)。当教师对自己和学校感到满意时,他们更有可能对课堂的学习气氛、学生兴趣和学习动机产生积极影响,并间接影响到学生成就[布拉斯(Blase),2001;罗宾逊等,2008;戴等,2011]。

赖(2014)在一项有关香港中学校长的工作的研究中提出了一种模型,关于校长领导在能力构建中的实践应用,该模型提供了一种有益的启发式反思思路,基于专业学习和发展的不同目的,内容和形式可以连接起来,以上这些,价值观不同的校长也都会应用在工作中,学校中的老师也会因此体验到不同的目的、内容和形式。具体细节见表7.1。

表7.1 校长领导在教师能力构建中的不同模式

教师能力 构建路径	教师能力 构建实践	教师学习 活动	情境条件
赤字法	偏好以个人模式促进教师发展,运用额外的专业素材支持教师的学习发展	参加额外的课程,以促进个人发展,借助当地大学的资源学习更多的知识	重视学校教师可获得资源有限的问题,努力适应既有体系中的改革要求
互动式成长法	重视教师学习的集体力量,以学校发展为导向从事实践活动	就课程与教学问题咨询校内外专业/社会人士	更改组织规范与架构(人、时间和空间)以提升效果
参与式成长法	赋予教师们权力,用以决策与开展活动,促进学校发展	就课程与教学问题咨询校内外专业/社会人士。参与决策,制定课程与教学计划、开展活动	更改组织规范与架构(权威、人、时间和空间)以提升效果

资料来源:赖,2014:170,该表格原载于《后隐私文化:在网络民主中获得社会力量》(p. 223—229),由跨学科出版社出版。

4. 分布式领导

成功的第四个关键步骤,是通过分配领导力实现共同决策。然而,为了效率,分配的范围取决于信任水平以及校长建立培养起的信赖程度。研究人员运用多种方法概念化了分布式领导的不同模型:加法型和整体型[戈隆(Gronn), 2008];独裁型和特别型[哈里斯(Haris),2008];"领导+"和平行表现型[斯皮兰,坎本和帕杰罗(Spillane, Camburn and Pajero),2009];计划校准和自发校准型(利斯江德等,2008);务实和机会主义型[麦克贝思(MacBeath),2008]。每一个模型都有显而易见的特点,可以从中看出:(1)得到领导力分配的组织成员范围的差异;(2)领导力在组织内得以分配的程度;(3)分配成员的相互依赖程度;(4)伴随领导责任而来的权力与权威度;(5)领导力分配的促进因素。

我们现在已经了解了不同形式的分布式领导,从领导力分布广到分布少的学校都包括在内。然而,我们对决策过程的所有权问题却所知甚少——很少有人知道,在学校发展的道路上,校长会在"何时"以"何种程度"分配领导力,又会产生怎样的效果。马斯考尔、利斯伍德、施特劳斯与沙克斯(Mascall, Leithwood, Strauss 和 Sacks,2008)发现,协调式的领导力分配形式(他们称之为"计划型一致")与教师变量("学术乐观")之间存在重要联系[伍尔福克·霍伊、霍伊和库尔茨(Woolfolk Hoy, Hoy 和 Kurz),2008]。计划型一致需要领导小组的成员一起计划他们的行动,定期回顾产生的影响并做出响应的修正。学术乐观是衡量教师信任、教师效能与组织成员行为的组成要素之一,每一项因素都与学生成就息息相关。然而,在撰写本文时,几乎没有教育研究人员建立了模型,用以研究领导力分配的时间形式、关系与组织信任发展之间的联系。

在 IMPACT 项目中(戴等,2011),领导责任的分配与知情信任的增长相关。这是一种进步,一开始只有几个值得信任的资深同事参与,后来,随着合作进程建立起的个人信任,让越来越多的人参与进来。时间推移,信任不断建立,领导角色和责任的分配不断增加,并成为各种情境中成功领导的关键。信任的建立既是有效合作增长的"粘合剂",也是合作过程的"润滑剂"。信任和领导力的分配,组织能力的增长,都是通过实际应用而发展起来的,应用的是一系列因素的组合和积累,包括关注情境、目的适切的领导战略、关系以及行动。正是通过这些,成功才得以发展与维持。(详细讨论见戴等,2011)领导力分配的程度取决于校长对以下方面的判断:

- 员工的专业程度

- 外部压力的形式。外部压力能够扩展领导力分布的范围,比如说,迫于压力,学校会努力改善不良的表现
  - 领导功能与待实现目标范围之间的关系
  - 校长的经验和自我效能感
  - 校长对构建协作组织文化的态度倾向
  - 个体与人际关系质量

在这些成功的学校中,领导力的分布:
- 花费了很长时间
- 与领导的坚定信念有关,领导相信员工的专业性
- 取决于现有的信任度和可信度
- 战略性、持续不断地在发展,为员工们提供机会,使员工通过咨询、参与、投入与能动性,加入到个人与集体的决策制定过程中
- 与增加工作成就、效率、效果和教学工作感有关,这种工作感将教学视作集体的努力,包括整个集体共有的目标,实现某种效果与道德
- 与信任有关

5. 领导力和组织信任

  除了道德上的必要性外,还有一个强有力的理由可以解释我们对信任的关注。信任是建立有效工作关系的基础,现有可信的研究证据表明,信任对员工的态度和行为、团队功能和组织绩效水平具有积极影响。

迪茨和吉莱斯皮(Dietz 和 Gillespie),2011:7

  对他人的信任不仅取决于个人或群体的价值观与属性,而且还受到他们在特定环境和时间中态度倾向、反应和互动的影响。因此,我们不能将信任简单地视作一种心理倾向或个人预先决定的特征或特质。虽然个人性格有助于建立和发展信任,但这些因素会与其他变量相互影响,从而为建立信任创造出良好的环

境,使信任成为"合作行动的必要成分"[西绍尔·路易斯(Seashol-Louis),2007：3]。因此,可以确认的是,领导者的品质或属性与个体互动和社会环境之间存在明显的相互作用,领导者正是在这样的相互作用之中,发挥自己的领导力,促进信任发展,包括个人、关系、组织和社会各个层面的信任。

为什么信任对学校发展尤为重要

莫利纳·莫拉莱斯等(Molina-Morales 等,2011：120)将信任定义为：

> 各方共有的信念交换,即没有一方会做出利用其他任何一方能力的投机行为,也不会违背价值观、原则和行为标准,这些都是交换的一部分内容,各方都已经将其内化在心。

毫无疑问,信任的存在可以在个人层面上减少人与人之间的隔阂,且有利于在部门、学校和学校团体之间寻求共同利益。人们认为,信任及其带来的效果——公平——是"社会交换理论"的重要组成部分。社会交换理论的定义为"个人的自愿行为,其动力来自人们期望得到的回报,通常情况下,人们也确实从他人处得到了回报"[贝劳(Blau),1964：91]。该理论可描述为"用以理解员工在工作场所对他人态度的最重要范例之一"[德康宁克(DeCorninck),2010：1349]。德康宁克(2010)提出了三个核心要素,他认为这是社会交换理论的基石：互动、分散和程序。这些要素都可以在学校的日常生活中看到。然而,在学校里,驱动教师的是道德与利他原则,这使他们做出的工作超过了原有的期望,这将给他们带来利益。学校工作能否获得成功可能会受到社会交换理论中交互、分配和程序等因素的影响,因为这些因素不仅通过师生关系、教学关系,教师间关系及教师与校长之间的关系影响到教师本身,也对学习态度、学术成就、学生的个人和社会发展产生影响,因为教学从本质上来说是一种利他行为,与功能和态度两个维度有关。

信任可以推进知识共享,促进教学发展(比如,通过互教互导、导师制、课例研究和评估等方式)。研究认为,信任是能力建设、团队协作和专业学习共同体发展(见第 5 章和第 6 章)成功的关键因素。由布瑞克和施耐德(Bryk 和 Schneider,2003)进行的开创性实验在专注研究小学发展的过程中,小学生学习效果提升的原因,研究发现,教师之间的"关系信任"是一项主要因素。琴南·莫兰(Tschannen-Moran,2004)对小学校长效能的研究也指出,教师、家长和校长之间的信任关系是改善学校在许多领域中绩效的关键。

信任和赋权

> 不能轻易将信任、教师赋权和影响力的扩大分开研究。教师在学校中不是被动的行动者,而是信任的共同建构者。作为活跃着的专业人士,教师如果感觉到自己在重要的决定中被忽视,就会以放弃信任为回应,继而破坏发展的过程。
>
> 西绍尔·路易斯,2007:18

塞尔登(Seldon,2009)认为,"信任存在的预设有利于个人和组织的繁荣,而不信任则无法发挥这样的作用",并且:

> "信任能建立更好的社区……信任帮助人们为了共同的目标在一起工作,这种信任建立在一种纽带上,纽带根植于地方层面——学校、俱乐部和专业组织——而且,建立起信任需要时间。"
>
> 塞尔登,2009:10

领导者对信任和对人的态度显著影响着关系信任的发展方式。领导者对员工的信任由道德驱动,其行为着眼于个人态度的发展及他们对工作和组织的动机和承诺。如果领导者的信任是由实用主义或财富驱动的,以在特定的时间尺度上完成任务为目标,而不考虑个人的成本或收益,那么他们向员工传递的关于权力和权威的信息可能会截然不同。

富兰(2003:64)总结了组织中信任的复杂性:

只有当参与者表现出参与这类工作的决心,并看到其他人也这样做时,以关系信任为基础的、真正的专业共同体才会出现。校长必须带头,通过与他人接触来扩展自己。有时,校长可能会需要对特殊的同事表示信任——至少在开始时是这样——即使这些人可能完全无法带来回报。但他们也必须做好准备,使用强制力,根据专业规范,对功能失调的学校社区进行改革。有趣的是,一旦确立了这些新规范,在以后的日子里,就可能很少需要再次用到这种权威。

信任的好处

琴南·莫兰在对小学校长的研究发现:

信任发挥组织运作的润滑剂的功能;如果没有它,学校很可能会经历冲突的过热摩擦,以及在实现其值得钦佩的目标的过程中缺乏进展。

琴南·莫兰,2004:xi

汉福德(Handford,2011)进一步指出,对领导者的信任:

1. 影响学生的考试成绩,引用于布瑞克和施耐德(2002:111)的发现,在五年的时间里,具有高信任度的小学的阅读(+8%)和数学(+20%)考试成绩提升的可能性比那些不具有高信任度的小学高出三倍。

2. 教师的斗志与学生成就密切相关,引用于霍伊等(1991:183)的发现,斗志被定义为"教师之间的信任感、信心、热情和友好",是"健康"学校的七个特征之一。

3. 人与人之间的信任有助于变革(汉德福德,2011:3)。在布瑞克和施耐德(2002)的基础上,罗宾逊(2007)也提出了"决定因素"之间的联系、建立关系型信任的条件、高信任度组织和学生成就之间的联系。(见图7.2。)

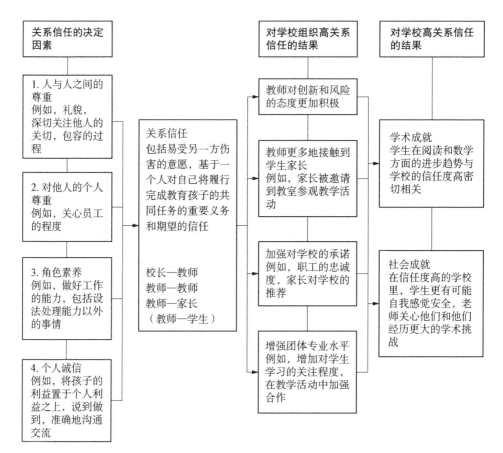

图 7.2 关系型信任如何在学校中发挥作用
（资料来源：罗宾逊,2007:20）

信任和可信度：一种互惠关系

当教师根据自己对另一个角色群体的易受攻击意愿进行信任识别时，他们在善意度、可靠性、能力、开放性和诚实性方面对其他角色群体的行为进行了解读。

霍伊和琴南·莫兰,1999,引自范·梅尔和范·胡特,2014:173

相互之间的信任是最有效的。换句话说，除非教师对校长充分信任，否则他们将不太可能完全投入不同的教学方式（这是一种风险，尤其是对于那些有经验的教师已经与学生建立他们认为"成功"的工作方式），对待他人的行为，家长和学生的新方式，甚至是从事专业的学习和鼓励思考工作的新发展途径，个人和组织的发展，例如，正如上文所述，通过高度的个人和集体效能以及教师的领导，因而可能会影响员工在多大程度上相信校长的领导（愿景、方向、倡议），从而带来进步和改善或进一步改善他们的工作条件，他们的职业精神和幸福感，以及学生的教育。换句话说，信任和可信度处于一种互惠关系之中。研究还表明，校长不仅需要能够确定信任谁，还需要确定信任的程度和时间。此外，如上文所述，"希望、韧性、乐观和效能"表达的积极和透明的领导品质与对校长领导的信任相关〔诺曼、阿沃利奥和路桑斯（Norman，Avolio和Luthans），2010：351〕。

积极的信任在这种情况得到发挥，"当我们的具有批判性思维的员工参与到信任不信任谁的决定中时……我们必须对其他个人和组织的可信度进行合理的计算"（塞尔登，2009：6）。这是"盲目信任的反面……信任必须靠自己去争取"（塞尔登，2009：26）。教师对校长的信任将建立在他们切实的知识和经验上，在多大程度他们经历的变革是一种进步，并建立在信任与可信的关系基础之上。对组织信任的成功发展和结果负责是大家共同的责任，就像组织的学习和发展一样。因此，校长的可信度是成功获得和维持教师信任的中介因素。信任和可信度之间的关系是相互的，二者在高素质教师队伍建设方面同等重要。

新兴的信任

学校是：

> 从根本上说，是一种每天都依赖于人际关系质量的社会公共机构。
> 戈达德、萨卢姆和贝尔比茨基（Goddard，Salloum和Berebitsky），2009：293

信任和可信度在学校的建立可快也可慢。它们与一些员工（他们与校长有相似的教育和关系价值理念）建立的速度很可能快于与其他人。他们会受到互动质量和遵守承诺的影响(例如,在最后期限内完成任务或提供反思的时间),并且可能会被特定的、有时不可预测的互动促进或破坏。例如,琴南·莫兰(2004)概述了增强信任的关键领导行为和具体行动。例如,"素养"在校长参与"解决问题、设定标准、缓冲教师压力、要求教学结果"(第34页)时得到体现。所有员工的成长可能是不均衡的,并且,在一定的时间内,他们在组织内感受到的强度是不一样的。成长或缺乏成长将受到个人性情、政策本质、学校文化、"集体的规范、价值观和信仰"[柯林斯和史密斯(Collins和Smith),2006:547],以及关系语境的影响。因此,对于校长和员工来说,信任和可信度都处于"初始的状态"。这种状态的出现部分是建立在双方信任他人的基础上,因为信任涉及公开和反馈,因此也涉及脆弱性。教师对信任的预设也将基于对其他领导者正面或负面的经历。因此,信任的建立既涉及认知,也涉及情感。

信任的水平

> 信任是合作和冒险的基础……导致员工额外的角色行为……信任缓和工作场所的表现,并影响积极的工作态度。
>
> 迪克斯和费兰(Dirks和Ferrin),2001

尽管现有研究表明校长信任与教师工作的高满意度、幸福和承诺之间的紧密关联,但是缺少对信任水平、信任在个体和集体的波动、为什么或者如何构建组织的信任以及这和学生成就之间的关系的研究。很少有研究深入分析校长如何、何时以及在何种程度上建立和加强信任。目前只有一项大规模的实证全国研究项目,该项目专注于随着时间的推移对成功校长的价值观、素质、策略和技能进行剖析(戴等,2011)。研究发现,对同事的信任水平与这些校长分配领导权的时间和程度之间存在关联(戴等,2011)。也许不足为奇的是,受调研的校长们表示,在他们任职初期,他们只向少数人分配领导权;只有在建立信任和可信度几年之后,他们才更广泛地分配领导权。这种信任不是"盲目的"、纯粹的"原则性的"或"意识形态的",而是随着时间的推移建立在密切的知识和在不同情境工作和观察个人的经验之上的。

组织信任的三个局限

低信任

> 教师之间的低信任度是建立新的专业性规范和开展协作的显著障碍。当教师不信任他们的同事时,无论是由于缺乏能力、不够宽厚仁慈、缺少可靠性或其他因素,他们都不可能冒险去共享教学计划、同侪观察或反思对话,将自己的专业实践置于危险之中从而让自己感到不自在。
>
> 琴南·莫兰,2014:61

信任和公平的水平可能会对教师个人和集体专业认同、效能、能动性和福祉,以及对教师尽力开展教学工作的意愿和能力产生重要的消极和积极影响。例如,学校中可能存在一种"低信任"的文化。这可能是领导力的产物,教师认为没有被提供足够的条件,即条件低于使他们能够开展最好的教学所需的标准;或教师与领导者的教育价值观发生冲突;或领导者做出承诺却不遵守承诺。结果导向议题的一个特征是对教师和整个学校的监督增加,这可能传达出对教师效率的职业资格和专业性的低信任度。例如,学校可能会在内部模仿 Ofsted(英国教育标准局)的检查流程,创建自己内部的监督文化。

> 破坏信任、失去灵活性和缺少合作的不是正式的控制本身(官僚的正规化和中央集权),而是组织中人们对他们工作中可能威胁到信任的特定官僚结构的看法和感受。
>
> 福赛斯和亚当斯(Forsyth 和 Adams),2014:86

校长可以不把检查过程作为监督评判的过程,而是作为改进的机会。因此,"监视"可能变成"实践分享",而"监督"可能变成"同伴支持"。校长的选择会反映出对教师专业态度和信任水平的不同。对于成功的校长来说,信任程度会有所不同,而这种不同可能取决于他们如何解决自身价值观、校外改革举措要求和教师知识之间的张力。

不信任

因为建立人与人之间的信任需要一定程度的脆弱性,所以当人们感到不信任时,信任很可能会迅速消失。在关于教师领导力、效率和信任的研究中,特别借鉴了布鲁斯特(Brewster)和雷尔斯巴克(Railsback,2003)及琴南·莫兰和霍伊(2000)的研究成果,安吉拉(Angelle)和她的同事们(2011)指出,违背信任的校长可能难以收重获信任。如果不立即加以改善,它可能会成为学校文化中功能失调的一部分。

> 一旦不信任成为组织的一部分,它就会永久存在。校长可能违背信任的方式包括如"公开批评、不公正的指责、因员工个人错误而责怪员工以及侮辱"(琴南·莫兰和霍伊,2000:576)。这是校长和教师关系的实质,师生关系也是如此。对学校信任的障碍还包括频繁的领导更替、人员下岗、沟通缺乏、自上而下的决策以及未能解雇效率低下的教师(布鲁斯特和雷尔斯巴克,2003)。
>
> 安吉拉等,2011:11

和睦相处的舒适感

莫利纳·莫拉莱斯等(2011)在商业组织继续开发和创新的有关能力情境的内容中指出,虽然信任的存在明显有利于组织发展,但它也可能有"阴暗面"。

> 某种程度的信任是有益的,因为它使隐性知识和冒险精神得以迁移,但在过量投资于信任的公司,信任太多,或投资于对公司几乎没有价值的信任关系,可能是珍贵资源的错误配置和/或承担不必要的风险,可能对公司创新绩效具有实质性的负面影响。
>
> 莫利纳·莫拉莱斯等,2011:118

他们认为,在同一群人或组织中,太长时间的过度信任可能会导致收益递减,因为"保持熟悉的模式……很可能导致一种倾向于将他们与外部世界隔离的认知'锁定'"(莫利纳·莫拉莱斯等,2011:119)。它们暗示着一种关系的混合体。虽然上述应用是在商业,他们的发现与哈格里夫斯(1995)描述的学校中"舒适的协作"的内容可能有相似之处,在这样的校园里,经过考验的关系已经变得让个人如此亲切,以至于以增长和创新为目标的举措(两者都涉及一定程度的风险)与维持现有和谐关系的感觉需要进行无益的互动,并且可能顺从于这种需要。

领导方法

> 信任需要平衡个人和集体的需要……个人表达的自由……与集体的要求之间的敏感平衡。
>
> 塞尔登,2009:26—27

没有一种领导方法可以在任何情况下促进信任的建立,但是相对成功的领导会使用适合不同情境的方法并运用价值引领。随着时间的推移,他们通过以下途径融入他人:

- **个人、关系、组织和社区四维度信任行动**:不断增加内外部领导力的影响,扩大利益相关者的参与,内部和外部领导影响力的增加分配和利益相关者参与的扩大。
- **建设、拓宽和深化可信度**:通过反复的值得信赖的互动、组织架构和策略展示共同的价值观和愿景。

IMPACT项目(戴等,2011)的校长在谈及逐渐取得的成功时通过以下方式证明了这一点:

1. 在与员工、学生、家长和更广泛的当地社区的关系中树立关爱榜样。
2. 通过CPD(持续专业发展)加强教师的专业性,使教师之间的合作成为可能并鼓励开展,以分享责任和专业操守。
3. 虽然关心并没有被用作优化学生表现的手段,然而,它的存在对学生出勤率、学习参与度、自我效能、能动性和承诺感的相关性增加确实有间接的影响。

美国中小学的研究(布里克和施耐德,2002;西绍尔·路易斯,2007)已经确定"社会凝聚力"是组织信任的一个重要指标,而组织信任则是学生成就的一个预测因素。参与IMPACT项目的校长、教职员工、学生和家长们也谈及了学校集体使命感和参与感,学校共同行为章程的执行,合作共创,基于数据的(而非数据主导的)决策。

> 信任建立在承诺期间,在此期间每个合作伙伴都有机会向对方表示是否愿意接受个人风险,而不是利用对方的弱点谋求个人利益……当参与者开始感到更舒适,可能有一个心照不宣的信任和影响的测试,以便能形成共同的期望结果……
>
> 琴南·莫兰,2004:42

建立信任是一个持续的过程,领导者必须不断评估他或她的"值得信赖的声誉"(西绍尔·路易斯,2007:18)。IMPACT项目的一位中学校长谈到了他在任职初期的独裁领导方式随着时间的推移而改变。

> 在我担任校长的第一个5年里,我更加独断,因为我需要把一些事情做完。我让人们了解情况,但不让同事参与。在接下来的5年里,我开始把领导权委托给学校中高层领导者。我是关键人物——我对自己和他人都有很高的期望。权力下放有时候意味着你会收获高标准,但我不得不看着人们犯错误——人们必须尝试新事物。我已经在学校里建立了一系列的体系。
>
> 中学校长

12年过去了,他现在已经建立了一个高度信任的环境:

如果一个员工需要休息一天,这不是问题。校长信任员工,他喜欢靠边站,让高管做他过去经常做的事情,他做出裁决,给出中立的反馈。任何员工都可以参与培训,他们只需要报名就可以了,校长相信这对学校有好处。

中学副校长

成功的校长认识到,建立成功的领导力需要时间,并依赖于建立与维持个人和集体的愿景、希望和乐观、高期望和持之以恒的正直的领导行为,以培养、加大和深化个人的、关系的和组织的三个维度的信任。初步或临时信任的程度和深度将取决于过去和现在的一些因素,包括组织当前的文化和过去历史的改善。

图 7.3 说明了每个信任增长点都需要进一步的行动来赢得信任和减少不信任。正是这种信任和可信度的相互作用创造了相互信任和校内信任文化的发展。

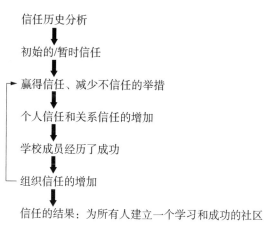

图 7.3 信任的递进分布
(资料来源:戴,2009:728)

因此,信任的逐步分配显然是一个积极的过程,必须加以引导和管理,并融入学校文化中。要想在这方面取得成功,需要的不仅仅是行动,这将要求领导者具备智慧、洞察力、战略敏锐和信任的品质。

组织能力建设：学校整体改善的一个示例

杰克逊(Jackson,2000)从一名中学校长的角度出发,讲述了他是如何在 8 年的时间里领导学校持续改善的。

> 我们试图解决复杂的组织学习和内部重组,这需要从根本上改变学校的新陈代谢,以鼓励进行持续改进所需的不同层次的学习。我认为这些层次是：教师通过探究实践来学习；通过共同奋斗,从实践中获取知识的方式合作学习；组织学习(关于我们需要如何重塑以变得更有适应性)；学习领导力……

杰克逊,2000:62

这里一个重要的词是"新陈代谢",在《牛津英语词典》里,该词与建筑学相关,定义为一种运动,"将城市(学校)视为一个单一的实体,强调需要一个综合的城市(学校)生活方式,与建筑调查公共和私有功能和适应城市(学校)的整体变化"；从生物化学领域而言,"为了维持生命而在生物体(学校)中发生的过程；一个细胞、组织、器官等维持能量生产的相互关联的序列"[OD(牛津英语词典),2006]。这两种定义都是恰当的,因为这两种定义都是基于这样一种观点：学校是一种鲜活的有机体,在这种有机体中,维持和发展都是平行发生的,生存和成长都需要不断地进行斗争。正如我们在本书的各个章节中看到的那样,学校等社会组织如果要具备适应能力(面对不确定性和变化的基本素质)并获得成长,就需要智力和情感上的能量。他们需要价值引领的融合领导。

对杰克逊所在学校的改进是由杰克逊自己领导的,但在与由大学人员领导的[霍普金斯和斯特恩(Hopkins 和 Stern),1996；安斯考(Ainscow)等,1994]提高全民教育质量项目(IQEA)的伙伴关系得到了支持。在这个项目中,学校成立了一个学校改进小组(干部),由来自不同部门、不同年龄、不同经验的教师(和教辅人员)组成。这种领导结构创造并提升了学校改进能力,并行开展,并吸纳部分学校高层管理者。(见图 7.4)

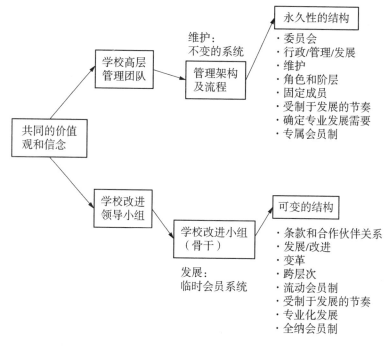

图 7.4 维护和发展的一个模型
（资料来源：杰克逊，2000：64）

杰克逊承认，虽然这是一个对改进过程复杂性的过度简化，但是它描述了意图（维持和发展），共识理念（在分配变革领导力方面），实践（促进协作探究）和愿景（在与外部合作伙伴大学密切合作致力于促成学校引领的改善，聚焦专业学习和发展）；以及随着时间推移的能力建设和不同实践共同体。杰克逊强调了学校领导在建立和推进这项工作中所扮演的重要角色：

> 在这里，领导者是激励者（让事情开始的人）；他们是故事讲述者（鼓励对话和促进理解）；他们是网络构建者和管理者；也是麻烦事的清道夫……与其习惯于等级森严的教育环境，他们更倾向于拥有更广泛的社会技能，以鼓励开放的心态，并在模棱两可的情况下维系关系。他们将会临场发挥、并对自然发生的情况不排斥……他们会深切地关心教师，关心学生，关心教育。他们个人的野心将会降低，可能会在职位上呆很长一段时间，相反，他们会对

改进毫不慈悲。在这种情况下，领导力为成人学习提供了一个框架，重点在于"帮助员工面对、理解和吸收学校发生的新情况"（路易斯等，1994）。

杰克逊，2000：71

人际关系对学校里的成年人和对教室里的学生同样重要。在美国的一项多层质性研究中，杨斯和金（Youngs' 和 King）的研究进一步强调了校长领导力的类型和质量、专业学习与发展、学校组织条件和教与学质量之间的联系。

> 有效的校长可以通过建立信任、创建促进教师学习的结构，及将教师与外部专业知识联系起来，或帮助教师在内部进行改革来维持高水平的领导力。

杨斯和金，2002：643

他们的工作进一步支持了杰克逊在英国所强调的追求雄心勃勃的、价值导向的、合作改进议程，以及拉伊的校长领导力类型，其中"互动增长"和推进教师能力建设的"参与式成长"方法也与领导力分配和教师赋权有关。这三项研究发现与许多其他研究结果为建立信任作为成功能力建设的必要因素提供了强有力的证据。

结论

> 关于领导力，还有一个至关重要的事实。我们知道它很久了，但是今天我们对它甚至更加珍视。在与领导者交流和研究他们的案例时，有一个非常明确的信息贯穿于每一个情况和行动中。这个信息是：领导力是一种关系……当我们致力于完成非凡的事情时，这种关系的质量是最重要的。

库塞斯和波斯纳（Kouzes 和 Posner），2007：24

在过去三十年中，历届政府对教育质量关注越来越多。人们不断强调竞争和个人主义，可以说，现在对它们的重视已经超过了重视合作和相互依赖。我们继续看到,对于教育质量的关注聚焦在学生可测量的成绩上。外部政策的焦点转移到期望对谁必须实现什么的这样问题的更精确定义上,只有那些符合他们预先定义标准的结果,似乎才是成功的[霍普曼(Hopmann)2007]。然而,有关成功校长的研究继续提供有力的证据,证明维持校长的道德和伦理价值及宗旨,特别是在促进公平和社会正义方面的内容,对学校的成功具有贡献。

信任和分布式领导与哈尔彭(Halpern,2009)提出的"尊重经济"密切相关:

> 尊重经济以及其嵌套的社会资本结构的价值远超实体经济在货币条款(比如社会关怀的价值)中的价值,或许更重要的是,比我们大多数人在日常生活的传统经济中关注的内容重要得多。
>
> 哈尔彭,2009:16

大卫·哈尔彭的观点是,社会资本——"个人和社区相互信任、相互帮助并与他人联系的程度"(哈尔彭,2009:10)——适用于与国家财富有关的事务。同时,他也指出了社会资本投资增加对个人和社会的其他好处。他认为,这对个人的身心健康有很大的好处,并且社会资本影响学生的教育成就。例如,社会资本的投资可以带来成功学校的高自我效能感、低员工(和学生)缺勤率和高员工留职率(戴等,2011:221—222)。

在过去的15年里,由20个国家组成的国际成功学校校长项目(ISSPP)对14个国家开展的国际研究一次又一次地表明,成功的校长是那些敢于挑战教与学边界,为学习者的内外在道德利益服务,而不是顺从于政府相对狭窄的目标控制的人(戴和利斯伍德,2007;戴等,2011)。这样的主体不是开展政策的"执行,而是进行政策的有效实施"[鲍尔(Ball)等,2011]。在此过程中,他们对政策进行解读,以便将其吸收到他们自己现有的成功实践中,并将其纳入一套广泛的教育价值观和实践中。

正如上文所定义,这样的政策有效实施要想成功,需要取决于学校领导者在多大程度上理解教师工作和生活的复杂性,并在多大程度上能将其理解转化为循证的信任合作文化,他们是否有改变课堂教学的意愿与能力,并能够通过他们的价值观、品质、策略和关系为教师提供支持,并不断培养,构成以及持续的支持。

第8章 洞悉复杂性，构建高品质

不言而喻，所有的学生都有权获得学习、成长和成就的最佳机会。然而，要充分实现这一权利，就需要在教师整个职业生涯中，在期望和要求不断变化的环境中，他们有意愿并有能力给予最好的教导。要做到这一点，就需要他们有一种积极的专业精神和职业认同感，为他们的动力提供燃料与支撑。这在他们管理情绪的不确定性和脆弱性方面发挥着重要作用，这种不确定性和脆弱性是他们工作的一个内在部分。前几章讨论了专业精神的本质、身份认同、投入、韧性、PLD 和领导力，以及它们对教师的世界和工作的影响。虽然它们每一个都很重要，但它们之间的联系则最好地说明：所有努力为学生提供最好的学习和成就机会的教师所面临的挑战的复杂性。认识到它们之间的联系和交互作用，并且认同教学是一项充满关系和情感，同时也是智力性的工作。挑战是理解为什么有些教师愿意并能够管理好工作要求并取得成功，而其他教师则没有。综合起来，它们为在其职业生涯的所有阶段建立和维持质量的手段提供了明确的指标。

最近由 CfBT 委托的一份报告指出了激励（和高效）教师的八个主要特征：

- 拥有并传递热情
- 培养与学生的良好关系
- 对自己的实践有灵活度和适应性
- 让学习对学生来说有目的性和有联结
- 构建安全和丰富有趣的课堂氛围
- 建立清晰且积极的课堂管理
- 反思自己的实践并促进合作

- 创新课堂教学

萨门斯(Sammons)等,2014:19

研究还发现,当这些教师被要求确定什么对他们的实践最重要时,答案是:

- 对教学的热情
- 与孩子们的良好关系
- 高水平的动力和投入
- 课堂教学的自信

凤凰社 cit. 第 3 期

这些发现证实了英国和国际上的其他研究结果,这些研究强调了与"有效的"和"鼓舞人心的"教师相关的认知、情感和实践性知识、价值观、素质和技能[如,金顿(Kington)等,2014]。然而,正如本书各章节所展示,有充足的证据表明,许多教师并不总是保持他们进入这个行业时的热情、激情和投入,也不总是持续不断地表现出萨蒙斯和她的同事所列出的与最好的教师和最好的教学相关的这些素质和技能。

本章汇集了前面的章节和主题以及它们间的内在关联。这种对教师工作和世界的复杂性及其影响的整体且细致入微的概念化描述表明,研究人员远离了笼统的理论立场和原子式实证研究。无论采取哪种方式,无论研究结构、设计和实施程度如何,在理解教师是谁以及对他们的意愿、能力和能力产生的最大影响的过程中,这样的研究贡献都是有限的。为什么有些教师仍然对自己的工作充满热情,而另一些教师的投入却减少了,为什么有些教师留下来而另一些教师离开,为什么一些留下来的人始终保持高效,而另一些留下来的却不行,以及为什么"有效性"可能会波动,这些都是本书试图解决的关键问题。教师的价值观和信念、学校文化、PLD 和外部政策干预的内容都非常关键。他们是教师自己应该关注的,同时也是那些负责职前和职后 PLD 质量领导学校,对学校改进和教学负责的人们的重要议题。本书各章中的证据清楚地表明,教师需要以新的方式进行思考和规划,这种方式不仅包括各个独立主题的作用,而且还包括影响高

质量教师留任的各要素的组合及有机互动(见图8.1):

- 专业性和专业身份认同
- 承诺和韧性
- 领导力和信任
- PLD
- 教学和情感

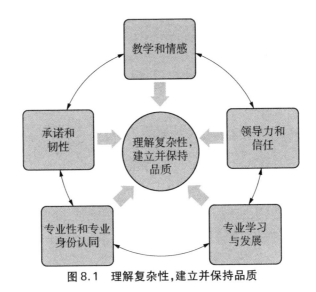

图8.1 理解复杂性,建立并保持品质

主题1: 教师的专业性与身份认同

惠蒂(Whitty)等(1998: 65)的至理名言继续适用于为教师专业性的集体"灵魂"而奋斗。

> 无论我们在这里看到的是一个走向专业化的项目还是一个走向非专业化的项目之间的斗争,这肯定是不同利益相关者之间关于21世纪教师专业性和专业化定义的斗争。

这种斗争还在继续,这可以从持续不断的学术交流中看出,其中大部分是对其"表演性"议题的批评[克拉克和纽曼(Clarke 和 Newman),1997;鲍尔,2003b;福隆(Furlong)等,2000;哈格里夫斯和富兰,2012]及其对校长和教师的影响;此外,详细的政府政策和所谓的"基于证据的"文件(通常是受政府委托,寻求复杂问题的短期解决方案)呈指数级增长,其中许多文件推动的议程继续导致教师和雇主之间的低信任关系。它们似乎无法提供长期的体系改进,或许是因为它们未能说服那些基层官员。霍伊尔和华莱士(Hoyle 和 Wallace,2007:18)将教师和校长对这些问题的反应描述为"适应性讽刺"和"表现性讽刺"。

> 前者指的是校长和教师在实践中必须"绕过"规定和期望,以便在特定学校的偶然情况下满足学生的认知需求。后者指的是校长和教师向负责机构展示其工作的方式,以便表现出符合这些机构的要求。
>
> 霍伊尔和华莱士,2007:18

这些"适应性讽刺"表明,面对更大程度服从国家政策的需求,教师们主张一定程度的自主权,而这些政策并没有被他们判断为符合学生的最佳利益。教师对强制政策的反应也被描述为政策"有效实施"。

我们对"有效实施"一词的使用是指这样一种理解,即政策是由学校环境中不同的政策行动者诠释和"翻译"的,而不是简单地被执行。它基于这样一个前提:"政策通常不会告诉你该做什么,它们会创造一种环境,在这种环境中,决定该做什么的选择范围是狭窄的和变化的,或者特定的目标或结果是设定好的。"(鲍尔,1994:19)

尽管这些研究人员和其他研究者已经报告了"新公共管理"的作用,这似乎使教师"技术化"[麦克尼尔(McNeil),2000 年],并且毫无疑问引起了对可衡量的学术成就的关注,但许多实证研究指向更细微和差异化的现实。例如斯隆已经发现"个别教师以各种不同的,甚至是独特的方式积极阅读并响应当地提出的责任明确的课程政策"[斯隆(Sloan),2006:123],这在一定程度上呼应了对教师工作、生活和高效性的广泛研究,这项研究(戴等,2007)发现,教师的职业素养和职业身份建构不仅受到他们先前的生活和工作经验的影响,还受到他们个人和集体效能感和能动性的积极或消极影响;也受到"呼唤"力量影响其教学,受所在的校园文化以及亲密同事和学校领导者的愿景,素质和行动的影响;并且这些可能会对如何解读外部政策指令产生更大的影响(戴等,2011b)。

许多以心理学为导向的研究仍然将专业身份构建作为一种个人财产,是一个个体间相互作用并在他们所经历的环境中适应(或不适应)他人期望的过程[埃里克森(Erickson),1959]。

> 构建教师身份认同是确保教师对工作的承诺和对专业准则的遵守的重要部分。教师建立的身份感决定了他们的性格、如何付出,是否并如何寻找专业发展机会,以及什么义务被他们认为是他们角色的内在义务。
>
> 哈默尔内斯(Hammerness)等,2005:383—384

身份建构的过程开始于职前准教师阶段。这一过程受多种因素共同作用的影响,其中包含个人经历(自己及学校家庭和生活经历);在受训和教育期间体验到的价值观和实践的特质;在此阶段经历的学校及课堂感受,以及更广泛的教育政策环境。[贝嘉德(Beijaard)等,2004;比彻姆和托马斯(Beauchamp 和 Thomas),2009;阿克尔曼和梅耶尔(Akkerman 和 Meijer),2011]。然而,在取得资格证书时,这一过程不可能完全实现。在过去的20年中,实证研究发现,身份认同的形成不是线性的(即不能保证教师一旦意识到专业的认同感或稳定性,达到目标并一直保持不变)。由于个人、工作场所和外部政策环境的组合所产生的正面或负面影响(有关身份情景的更详细讨论,请参见第2章)。教师的积极性和投入水平以及专业身份的构建也根据实际情况而波动。在一种或所有这些情况下自我管理可能会使教学变得沮丧,并最终使他们疲惫不堪。

因此,教师要在职业生涯的早期及之后各阶段继续努力,以形成相对稳定的职业认同感。这方面的成功将很可能与教师如何管理他们自我的身份认同感与他人看待的身份之间的关联。正如第2章所说明的那样,专业身份认同的形成,构建和重塑不能被描述为一个完全理性的过程。专业身份认同充斥着情感动态,并在变化的情境中发挥作用。

> 变革是复杂的,因为它不可避免地与我们的情感联系在一起。强加的改变会引发一系列的情绪:对强加的愤怒和对个人自主权的否定,对失去旧事物的悲伤,以及对新事物将带来的不确定性的焦虑。自创的变化也与情感交织在一起:对新事物期盼带来的兴奋,旧事物将被抛在脑后的欣慰,不确定和未知的事件开始所带来的焦虑……对变化,尤其是焦虑的非理性应对的管理对于变革管理至关重要。
>
> 詹姆斯和康诺利(James 和 Connolly),2000:16—17

因此,"……教师专业自我的创造是各种学科立场和意识形态融合、冲突的结果……",情绪在其中扮演重要角色[麦克杜格尔(McDougall),2010:682;戴和利奇(Leitch),2001;凡·维恩(Van Veen)等,2005]。

主题2:教师承诺与韧性

教师对专业的承诺以及他们对所在学校的价值观和实践的认同一致被认为是教师留任的重要因素,并被写入政策文件中(OECD,2005)。然而,研究表明,教师承诺的强度和水平可能会产生变化(详细讨论见第3章)。正如蔡(Choi)和唐(Tang)所说,"个人因素、工作场所因素和系统因素的相互作用在积极承诺和消极承诺的教师之间是不同的"(2009:775)。

这种变化是专业性和专业身份认同的结果。承诺与韧性之间存在关联,这些关联与他们管理个人、职业生活阶段、工作场所和更广泛的系统层面带来的挑战的相对能力之间存在关联,这些挑战本身的强度可能会随着时间而变化[戴等,2011b;史密斯(Smethem),2007]。

> 教师在专业认同上的效能感,能动性和情感幸福感之间的相互作用,以及教师在职业生涯不同阶段对这些交互作用与专业、工作场所和个人影响之间的管理是一个复杂的过程,它强烈地促进了教师的承诺,这是教师专业认同有效性的必要条件。
>
> 顾和戴,2007:1314

学生有权利接受来自能力超群、关心学生、对他们的幸福和成就充满热情和智慧的教师的教育。然而,教师对学生的学习和幸福、学科知识,以及所工作学校的持续承诺不能被认为是理所当然的。在招聘和留住高素质、高水平、忠诚的教师方面,忽视个人、学校和系统层面的挑战是愚蠢的。

尽管教书似乎是一个对国家发展和福祉至关重要的职业,但澳大利亚、美国、德国和挪威,以及英国和其他一些欧洲国家的报告显示,招聘和留住教师存在困难。

瓦特(Watt)等,2012:791

瓦特和她的同事(2012)在研究中提供了一个影响学生选择教书动机的因素的可靠的国际比较。他们发现,在澳大利亚、美国、德国和挪威,评分最高的动机是"内在价值、可感知的教学能力、对社会做出贡献的渴望、与儿童/青少年一起工作,以及有积极的教学和学习经历",而"对工作保障渴望、增强社会公平,以及因为有家庭时间而选择教书的动机占比相对较低"[瓦茨(Watts)等,2012:804]。

这与贯穿本书的研究发现是一致的。研究表明,无论教师将他们的工作视为事业、职业还是仅仅是一份工作[塞利格曼(Seligman),2002],他们尽力而为地做到最好的教学意愿和能力可能会因下列情境不断减少:教室和学校是不断的"斗争之地",不同的利益在这里争夺注意力,在这种情况下,他们会受到意料之外的政策要求,父母的期望以及学生参与校本学习的安排等形式的干预。其中的一些或全部可能会挑战教师对其角色、实践和专业意识的认知。当高效的老师对他们的工作环境不满意时,当他们无法感知被认为有能力做好工作,他们要么转移或离开教学,要么保持较低的投入水平。结果是他们的学校和学生付出了代价。慢性的幻灭感,情绪疲劳和流动"会导致教学,财务和组织代价,这可能破坏学校内的学习社区的稳定性,并损害学生的学习,尤其是对表现不佳的学生而言"(西蒙和约翰逊,2015:6)。

因此,要想在一段时间内达到最好的教学效果,就需要持续的承诺,以及如

第 4 章所示——持续的韧性。虽然心理学中阐述的韧性概念有助于阐明具有韧性特质的人的个性特征(在不利环境中反弹的能力),它没有说明他们工作的外部和内部环境的性质、与他们一起工作的人以及他们的信念、愿望和道德/伦理目的的力量如何增强或抑制韧性(顾和戴,2007:1305)。

大量研究表明,作为个体的教师,他们认为自己在多大程度上能给学生的学习和成就带来影响的看法对他们的教学行为和结果产生重大影响。

> 具有强烈效能信念的教师更有热情、更有组织能力,在教学计划上投入更多的时间……此外……(他们)……不太可能对遇到困难的学生生气、不耐烦或感到沮丧;会和那个学生相处更久;并将尝试更多的策略来帮助学生理解……
>
> 柴南·莫兰(Tschannen-Moran),2004:128

教学、学习和领导的过程需要的是参与其中的人,而不是在逆境中复原的能力。它要求他们有绝对的坚持和投入,并在三十多年的时间里得到坚定的核心价值观的支持。越来越多的研究证据显示,虽然有通用的适合所有人的品质、策略和技能,比起其他教师来说,在弱势群体社区服务的教师面临更大程度的坚韧力、广泛认知力和情感上的挑战。因此,他们不仅要提升这些能力,还需要针对他们所处的学校和社区的社会/情感语境下各种不同的品质和技巧。这些学校的许多学生以及他们的父母或看护者很可能有过失败的历史,被学校教育所疏远。对那些认为平等、关怀、社会正义是核心教育承诺的教育者来说,去检视这些条件以改善这种情况是至关重要的。因为在这些情况下,多数学生都有更高的风险,面临个人、社会、学业等方面成就较低(戴,2014:643)。

因此,教育中的韧性并不是一种与生俱来的品质。相反,它是一个相对的、关联的、发展的、动态的结构[拉特(Rutter),1990]。虽然它是个人和职业历史的产物,并通过职业倾向和价值观来实施,但这些都将受到外部政策、组织和个人因素的积极和消极影响,并由个人在管理这些方面的意愿和情感以及智力能力来决定预期和非预期的一系列情景(戴,2014:641)。

最后,值得注意的是,任何时候所经历的内在支持、工作场所支持和外部支持的数量和程度虽然有帮助,但并不总是能直接提高所有教师的长期韧性,因为有些韧性会增长,有些韧性会变弱,有些会消失。具有较强韧性的教师很可能是那些道德目标和效能的个人力量使他们能够积极参与塑造、建设和维持其韧性的教师。正是这种被一些人等同于"能动性"的积极管理[埃特拉佩尔托(Etelapelto)等,2013]可能会使他们产生强烈、持久的个人的、关系的和集体韧性。同样重要的是要注意到,具有韧性本身并不意味着教师会教得很好。如果没有所需的知识和课堂能力,没有强烈的道德和伦理价值观,韧性"可能仅仅被用作生存的手段,甚至是避免或抵制进步的手段"。

主题3:领导与信任

如前几章所示,教师的工作本质和过程比以往受到更微妙、更复杂和更多情境的影响。尽管有人声称,在过去20年中,由于政策话语权的日益主导,教师和校长的回旋余地逐渐缩小,但最近一个有关中英文学校政策制定项目的实证数据被认为是成功的研究(顾等,2014)。该研究表明,在此类学校制定政策后,校长和其他学校领导能够行使比上述分析所建议的更大程度的自治。

在成功的学校里,教师的目的、实践、身份和关系不是被外部意识形态所支配,而是由校长的核心教育信念和价值观所塑造和驱动,并通过学校领导、工作团队和更广泛的学校社群之间的一系列复杂的互动来发挥作用。这些旨在建立一种集体的主人翁意识、专业资本及个人和组织的学习力和幸福力。在这些学校中,组织架构和校园文化考虑到外部政策,但又符合确定的学校价值观和现有的改善重点。在成功的和不断进步的学校里,教师有一种"职业"而非"管理"的专业精神,在这里面,有一种积极和相对稳定的专业认同感。

正如早期在新西兰和英格兰进行的研究所发现的[廷珀利和罗宾逊(Timperley和Robinson),2000;戴等,2007],承诺和韧性的增强、持续或下降的程度受到影响主要取决于学校领导者的价值观和素质,以及他们与同事的关系。在所有学校里,校长的主要责任是在教职员工、学生和外部社区之间建立存在方式和行为规范。正如第7章所示,他们行动的方式,他们的价值观、品质、策略、关系和行动将在现有的权力关系或主导话语中得到反映[曾(Tsang),2013]。例如,它们可能导致一系列间接的控制,比如对教师在课堂上的相对自主性(决策资本)、领导力分布的种类和程度、对PLD的承诺力度,甚至对在教室和办公室的情绪表达等方面[扎莫拉斯(Zembylas),2005b]。

关于成功教师和成功学校的研究报告中经常出现的一个关键词是"信任":

> 为什么要谈论信任?这不仅是因为信任作为一个基本的哲学和伦理概念长期被忽视,而且还因为谈论信任对于建立信任是至关重要的。即使谈论信任可能会令人尴尬或不舒服,但只有通过谈论信任和信任他人,信任才能被创造、维持和恢复。另一方面,不谈论信任……很容易暴露出缺乏信任,或导致持续的不信任。信任……是,而且必须被认为是一种有意识的选择。
>
> 所罗门与弗洛雷斯(Solomon 和 Flores),2001:153

社会资本(信任)的培养和增长可以在学校的日常事务和"忙碌"中找到。互惠、尊重和尊重他人是基本特征。教师们必须"……相互信任,不仅是对个人而言,而且是对他们为社区事业做出贡献的能力的信任,这样他们才能在一起解决真正的问题,并在如实交谈时感到自在"[威戈(Wenger),2000:230]。

布雷克(Bryk)和施耐德(Schneider,2002)关于关系型信任在改善芝加哥小学学业成就中所起关键作用的开创性研究为塞利格曼(2011)的积极关系与幸福感之间的关联提供了实证支持,他们确定了关系型信任不可或缺的四个品质:尊重、能力、为他人着想和正直。

一项由美国中央办公室管理者引入的项目中研究信任是如何影响教师对工作的意愿时,凯伦·西索-路易斯(Karen Seashore-Louis,2007)提供了四条信息,在评估如何通过信任建立和维持改进方面,这四条信息特别相关:

1. 信任是一个连接学区之间有效反应的关键因素,因为它往往需要更高的质量和更强的责任(第20页)。

2. 管理者(校长),尤其是那些被任命和授权改变学校绩效的管理者,必须特别注意到员工中根深蒂固的不信任文化:如果教师之间不能相互信任,他们就不能有效地合作来创造系统而全面的改变(第19页)。

3. 在改变期间,管理员需要密切关注信任的动向过程,而不应该假设他们值得信赖的名声将持续(第 18 页)。

4. 信任与教师赋权和影响力的扩大密不可分。教师在学校中不是被动的行动者,而是信任的共建者。作为活跃的专业人士,感到自己在重要决策中被忽视的教师,就会放弃信任,从而破坏改变(第 18—20 页)。

只要人们彼此信任,互惠就会蓬勃发展。但这需要时间。如第 7 章所述:

> 信任建立在承诺期间,在此期间,每个合作伙伴都有机会向对方表示是否愿意接受个人风险,而不是利用对方的弱点谋求个人利益……当参与者开始感到更舒适,可能有一个心照不宣的信任和影响的测试,以便能形成共同期望的结果。
>
> 柴南-莫兰,2004:42

在采用在组织中建立信任的策略时,人们发现成功的领导者会信任他人。"关系型信任"已被多次报告为教师的专业主义、职业认同和有效性是否建立的关键促成因素[布里克和施耐德,2002;阿德勒曼(Aelterman)等,2007]。在高度信任、成功的"分布式领导"组织中,人们不是只被视为达到目标的手段。以人为本和以任务为中心的领导方式是能够被分辨的:

> ……创建一个包容的社区;强调关系和关怀伦理;通过学校的专业文化创造共享的意义和身份;教职员工发展计划及教学安排;鼓励对话的学习和评估;个人的谈话;互惠的学习;鼓励采用新方法学习;对领导和管理的现代理解一直保持活跃。
>
> 戴和利思伍德,2007:184

因此,在两种领导者之间会出现区别,一种是对员工的信任是知情的、道德驱动的,目的是培养个人对工作和组织的内驱力和承诺。而对另一种领导者来说,信任是达到某一目的的手段,因为他们的目标是在特定的时间范围内完成任务,而不考虑个人的成本或长期利益。成功的校长是那些积极为学校寻找新的机会、体验和挑战,以改善教职员工和学生的学习和成就的人。要做到这一点,他们就像教师一样,既要坚定又要有韧性,还要在其他人身上培养这些特质并且给予支持。

> 领导者是组织活力(韧性)的管理者……首先,他们知道如何有效地管理自己的精力,其次,他们要懂得如何很好地管理、关注、投资和更新他们领导的集体能量(韧性),这些都会激励或挫伤他人的士气。
>
> 洛尔和施瓦茨,2003:5

如果是这样,那么,所有那些培育和支持学校领导者的人必须注意,韧性与道德目标并驾齐驱,为学校范围内 PLD 可持续的关键要素,同时,学校范围的 PLD 的可持性能支持教师承诺、效能感、专业身份认同、幸福感、韧性和持续尽力教好等内容,同时韧性与道德目标同等重要。

主题4:专业学习与发展

> 没有成熟的证据可以证明,在这个星球上停留足够长的时间,直到成年,就一定有从经验中学习的相应能力……我们中的一些人永远无法从经验中学习,而另一些人只能断断续续地学习。
>
> 布鲁克菲尔德,1998:286

为创造机会提高学生学习和成就,那些愿意维持或提高他们感知的和基于证据的课堂有效性的教师而言,他们至少面临职业生涯的五个挑战:

1. 学生在教师主导下进行校本学习的需求和动机可能会继续发生变化;
2. 政府政策的变化越来越强调促进特定价值观、自给自足和人力资本(在就业准备和资格证书方面),随着技术使用的增加和其影响的继续扩大,很可能影响课程和教学方式;
3. 在工作量增加的情况下,维持教师对工作和持续学习的承诺;
4. 培养和维持他们的韧性;

5. 教师的意愿和适应变化的能力,以及强烈而明确的教育价值观。

教师要想有效地应对这些挑战,不仅要靠他们对专业的内在投入,还要靠提供一系列与他们的态度和功能需求相关的适切的专业学习与发展机会。各院系和学校在多大程度上培养、挑战和支持其专业资本的发展,以及在多大程度上重视其社会和情感能力,都会对这些问题产生积极或消极的影响。

> 在社交和情感方面有能力的教师通过与学生建立支持和鼓励的关系,为课堂定下基调……以促进内在动机的方式建立和实施行为准则,指导学生处理冲突情境,鼓励学生之间的合作,成为尊重和合理沟通的榜样,并且展示亲近社会的行为。当教师在学校或教室的特定环境中缺乏有效管理社会和情感挑战的资源时,孩子们的任务行为和表现水平就会下降。
>
> 詹宁斯和格林伯格,2009:492

艾尔维森(Alvesson)和斯派瑟(Spicer)对专注于"功能性"而牺牲了更广泛的学习议程的组织提出了直接的挑战。他们使用了"功能性愚蠢"这个术语,他们将其定义为"(组织)没有能力和/或不愿意使用认知和反思能力,除了以狭隘和谨慎的方式进行。它缺乏反身性,不愿要求或提供理由,以及避免实质性推理"(艾尔维森和斯派瑟,2012:1201)。他们认为,"功能性愚蠢"既有积极的影响,也有消极的影响。参与人员处在他们所描述的一个狭隘却安全的地带,例如,在学校以反思的方式增加组织内现有的效率边界的实践(这可能包括只关注提高学生的考试分数)可以为他们提供一种确定性的目的,在这一过程中,加强组织秩序,使组织能够平稳运行。它可能"激励人们,帮助他们发展自己的事业",但也"使他们屈从于社会可接受的管理和领导形式"。他们认为,从组织成功的长远利益出发,仅通过在组织层面的反身性缺失,而没有实质的推理和判断,"拒绝利用员工的智力资源",也可能会有负面的后果,比如,让个人和组织陷入有问题的思维模式中,从而带来个人和组织失调(艾尔维森和斯派瑟,2012:1196)。简而言之,"功能性愚蠢"会扼杀学生的求知欲、创造力以及发现问题、解决问题的能力,而这些都是所有教师需要的,尤其是在变革时代里。

第 5 章和第 6 章提供了一系列 PLD 方法,强调 PLD 作为个人和组织的共同责任,是基于个人和组织需求,涉及个人和与他人的价值观和实践审视,除了这些,还包括评估和更新承诺,积极稳定的专业认同感,以及韧性的支持和发展。

正如尽心尽力教学的教师一样,他们很好地识别并且努力扩展学生的学习方向,那些在学校计划和领导 PLD 的人也需要了解教师学习的复杂性。他们需要"理解并诠释教师是如何学习的……教师的个人学习导向系统是如何与学校的学习导向系统相互作用的,以及这两个系统是如何共同影响互动的"[奥普弗(Opfer)和毕打(Pedder),2011:393]。在这方面,同样值得注意的是,肯尼迪(Kennedy,2016:974)最近给那些试图理解 PLD 的研究人员,以及那些设计正式活动和支持改善教学的非正式学习的人如下信息:

> 如果我们能将我们的研究设计和我们的 PD 模型与教师动机和教师学习的基本理论更紧密地联系起来,我们将从研究中学到更多。我们需要将当前"优秀"PD 的概念替换为包含一系列特定设计特征的概念,即基于教师做什么、什么激励他们、他们如何学习和成长的更细致的理解。在这个教师们收到大量吸引注意力的关于他们应该做什么的信息时代,这一点尤其重要。

奥普弗和毕打概念化教师专业学习是一个"复杂的系统而不是一个事件",他们指出,社会行为中各种各样的动力在起作用,这些动力以不同的方式相互作用和结合,以至于即使是最简单的决定也可能有多种因果途径(奥普弗和毕打,2011:378)。在采用复杂性理论[惠特利(Wheatley),1999]作为他们的思维框架时,他们挑战了逐渐流行起来的不同形式的 PLD 之间简单的因果关系,以及它们对教师思维和实践,学生素养的相对影响。本书提供了一系列的研究来支持他们的主张,"这些动态如何结合会因不同的人而不同,甚至是同一个人在一天的不同时间或在不同的环境下也是不同的"(奥普弗和毕打,2011:378)。他们提出了一个教师学习和改变的动态模型,在这个模型中,他们确定了三个系统层次之间的相互作用:

1. 个体系统(包括过往经验、个人与集体信念、知识与实践、学习取向)。
2. 学校系统(文化、集体实践规范、教与学的信念)。
3. 学习活动系统(活动的任务、实践、形式及相对强度、时长和地点)。

奥普弗和毕打,2011

本书中的研究报告提出了第四种系统的交互作用:

4. 政策层面系统[如课程改革、教与学条件、服务条件(如绩效管理、教育标准局视察)]。

重要的是要记住,这不是交互本身,而是如何管理四个级别的系统内部和系统间的交互,可能会导致学习行为,并且因为他们之间很有可能有一定冲突——这可能是一个复杂的过程,需要有相当持续智力和情感能量的教师。两个关键因素需要渗透到每一个系统层面的互动中:

- 教师职业素养、职业认同、职业承诺和韧性的培养
- 在管理学习活动中对信念和/或实践可能改变的情绪的理解

最重要的是认识到这种能量是有限的,因此需要更新和增强。

学习,被定义为"……一种反思活动,它使学习者能够利用以前的经验来理解和评价现在,从而形成未来的行动,形成新的知识"[阿尔伯特(Abbott),1994],学习被认为是:

- 将新意义与现有意义联系起来的积极过程,包括对观念、技能、思想等的适应和吸收;
- 在过去、现在和未来之间建立联系,这些联系并不总是以线性的方式进行:不学习和在学习起了一定的作用;
- 一个受学习的用途所影响的过程,以及所学的知识在未来的情境中

是否可以有效地取到。

国家安全创新网:1

如果是这样,那么它尤其为校内学习机会的设计提供了一个有用的起点。为了参与这些过程,教师不仅需要从自己和他人的实践中获取数据,还需要从这些实践所表达的教育价值中获取数据,总是"教育实践中自觉的道德维度"(布鲁克菲尔德,1998:283)。

团队建设作为能力建设过程中的一个关键要素,它的价值已经有很多文章论述过。团队建设是"联结"社会资本的一种手段,也是在学校重要的高层领导之间、在部门领导、教师同事和其他人员(如助教)之间建立初始信任的一种手段。培育、成长和建立不同类型的团队是创造合作文化的重要手段,也是实现哈格里夫和芬克(2006)所描述的"深度学习"的关键。

真正的同僚关系被定义为"教师之间开放、信任和支持的进化关系,在这种关系中,教师们作为一个群体定义和发展自己的目标和实践"。它不同于人为的合作,后者的定义是"在教师见面和工作的地方,通过行政手段安排他们之间的互动[哈格里夫和达维(Dawe),1990:227],不应与"社会"主导的"任务"相混淆。

例如,在缺乏团队建设的情况下,很难考虑转向 PLCs。这是实践去私营化的一个基本要素,增加了工作人员之间透明度的意愿。这是"开放"而不是"关闭"分享教学计划和实践机会的先决条件。持续参与团队建设需要愿意信任他人,愿意让自己变得脆弱,愿意分享(希望、恐惧)和改变。

多年来,学者们一直在批评他们已经(正确地)认定的学校中教师之间合作的主流模式,即教师与教师仅限于交流思想或"交易把戏"(哈格里夫斯和达维,1990;里特,1993)。然而,许多国家的服务条件规定教师只能把大部分时间用于日常教学,而把相对较少的时间用于规划、系统地反思和分享实践,这样的情况就可能普遍存在。然而,具有讽刺意味的是,近年来,由于英国政府的政策原因,学校内部和学校之间的合作和探究已经从志愿活动变成了教师需要定期参与的活动。在中学举行的部门会议以及在小学举行的关键学段和课程发展会议都可能会包括"课例研究"和其他专业发展活动的内容。由于政府激励的自我改进系统,现在整个学校的 PLD 鼓励安排思维技巧考核、系列评测、联合考察和数学入学考试,形式可以是专业咨询,校际合作项目支持和支持新任资格教师(NQTs)、新任资格教师(RQTs)、有抱负的中高层领导和许多其他特定学科和阶段的"教师领导"的针对性导师制和教练式指导。

简而言之,现在对 PLD 有了更加差异化的内容。这一体系很大程度上是由体系内部主导的,比以往任何时候都要多。尽管其中大部分被描述为"工具性的",用于实现在教室中提高学校领导水平和教学水平的政府目标(斯皮兰和伯奇,2006),这是一个过于简单的特征。在教育系统中,更多的决策权被分配给各个学校,现在是学校自己决定如何解读这些需求。在改进和成功的学校中,正如本书中的数据所显示,成功的领导者在这些狭窄的议程中继续强调他们更广泛的道德和伦理目标(戴等,2016)。有关学校-大学伙伴关系的描述,参考[巴索雷谬(Bartholemew)和桑德霍尔兹(Sandholtz),2009],在外部推动密集改革的氛围下,强调了两方的紧张关系。

主题 5:教学与情感

> 重要的不是你学了什么,你可以通过读书学到同样的东西,而是看一个真实的人谈论它并感到兴奋。在我看来,教学不是一件智力上的事,而是一件情感上的事。如果它是一件智力上的事情,你可以用书本取代教师。所以,如果你想要传达一门学科的美,你必须亲自去传达,而且你必须记住,你真正传达的是激情。
>
> 罗维林(Rovelli),2016:8

这段话摘自对一位意大利著名理论物理学家的采访,他是一位鼓舞人心的教师,也是国际畅销书《七堂极简物理课》(*Seven Brief Lessons in Physics*)的作者。这些话强调了情感在良好教学中的重要作用。或许相比于任何其他职业,维持教师在个体上、专业上、智力上、情感上的健康非常重要,如果没有其他因素的不同,教师的工作每天有 30 个孩子(在中学里,或者 30 的倍数),他们有想上学或学习人,也有对所教的东西不感兴趣的人,这在很大程度上是一个复杂的过程,需要教师有足够的情感和智力。

可能在特定的时候,他们的工作由情感工作变为情绪劳动。例如,他们需要(继续)对学生显示他们的工作热情,避免显示极端的负面情绪,比如对于学生的行为,或对其他个人或专业的问题或挫折压抑自己的情绪。在一个融合教室中,开展了一项小规模研究,调查有关关爱的情绪劳动的积极和消极影响,伊森伯格(Isenbarger)和赞比拉(Zembylas,2006)发出了警告,尽管关怀是多方面的,以教师事业的力量和道德目的为中介,关爱的关系也可能成为"情绪紧张,焦虑,失望",影响教师的承诺,满足和自尊(第120页)。当国家政策的变化挑战教师现有的稳定、积极的身份认同感时,这种焦虑就会加剧。

学校领导的积极支持也被认为有助于教师的情绪幸福感、自我效能感和成就感[加兰(Galand)等,2007;那瑞(Naring)等,2006;萨罗斯(Sarros),1992;戴,2014;麦克唐纳,2004]。正如邓洛普和麦克唐纳所发现的(2004:72),"校长的角色是平易近人,能够为教师提供同情和情感支持,并采取一种平易近人的方式主动与员工接触,这些都被教师认为是很重要的"。

研究发现,英国教师最常被报道的引起韧性和责任感下降的原因主要表现在:工作量过大(68%)、学生行为不良(64%)和领导能力低下(58%)(戴等,2011b;戴和顾,2014)。虽然在后来的持续报道中增加了角色和政策议程的多样性,增加了工作量和相关的官僚主义影响教与学的质量,导致普遍存在教师士气低、失望和压力,然而,一系列国际研究继续证明并非总是如此。许多教师在整个职业生涯中都保持着对教学的投入和热情。在不同的国家,有许多学校在不同的社会经济状况下取得了进步和成功,这些学校的校长将建立教师的专业资本作为首要任务,并将其作为情感、社会和智力福祉的一部分[如戴和利斯伍德(Leithwood),2007年;布里切诺(Bricheno)等,2009]。

研究发现,教师"竭尽全力教到最好"的倾向及其与他们的自我效能感、能动性、幸福感和工作成就感之间的联系,也越来越多地被有关教师意义感的研究所断言[霍斯泰特勒(Hostetler)等,2007;奥斯古索普(Osguthorpe)和桑格(Sanger),2013],也与更积极的师生关系的感知、工作参与度的增加以及更高水平的承诺和有效性有关[马勒诗(Maslach),1993,2001]。塞利格曼(2012)将"意义"确定为他的"人类繁荣"概念中的一个关键元素,这对教师尤其重要,因为正如本章和前几章所示,他们的工作本质上对情感和智力都有内在要求。

建设和维持教师品质：未来的议题

本书强调了教师工作和世界的复杂性及其对这些问题的影响，这表明有必要由政策制定者、系统领导者、教师教育者、校长和教师自己进行更细致的概念化。教师教育者需要教师做好准备以应对他们职业精神和职业认同感的挑战，并且学校校长如果想要招募和留住最优秀的教师，就需要合理安排奖励和资源，提供更明确、更完美的会议来满足教师核心增长需求：他们的道德目的、专业、职业身份、承诺、韧性和能力。为了成功地应对他们工作中的挑战，他们必须愿意建立和维持高水平的"专业资本"，即个人资本、社会资本和决策资本。在学校文化中，教师工作和挑战的复杂性受到拥护，而不是被视为难以解决或"工作的一部分"而忽视或不予理会。这些被视为一个以价值观为导向的框架，建立和维持优质的教学、学习和成就，对所有学生的关怀和成就至为重要。如果教师有强大积极的职业认同感，有领导者的高期望且清晰的价值观，高水平的个人特质和人际能力、策略和技巧，并具有个人和集体信任——不是盲目或无条件的信任，而是基于对他们的工作复杂性的理解和协调的影响，并有对学生进步、福利和成就上影响的证据，在这样的情况下，教师将更有可能成功。

以往的许多研究都是针对教师在高风险环境下的生活和工作，都倾向于强调专业性和专业认同的问题。在承认这些的同时，这本书中的证据表明，关注教师在工作和生活中应对不同情况挑战的意愿和能力如何得以维持和提高将会更有成效。例如，关于教师留任的研究表明，除了内部驱动的承诺之外，人际关系在他们决定是留任还是离开时也很重要[艾伦斯沃思（Allens-worth）等，2009；瓜里诺（Guarino）等，2006；约翰逊和伯克兰，2003；考尔多什和约翰逊（Kardos 和 Johnson），2007；布里克和施耐德，2002]。这些关系很可能成为提高教师参与度的关键因素，并影响他们是否继续忠于学校，是否将教学作为终身事业。"研究发现，在各个领域中，员工越敬业，他们的工作积极性就会越高……工作效率也会提高……员工留任率也会更高……"[柯克帕特里克（Kirkpatrick）和摩尔-约翰逊（Moore-Johnson），2014：233]。

这方面的留任被称为"高质量留任"（顾和戴，2007：1314），这一概念基本上定位于教师的价值观、专业性、专业身份、承诺和韧性。

因此,所有有关招聘、培养、聘用和留住最好教师的人所需要更好地了解使大多数教师在专业中能够保持积极性、承诺和效率的因素。研究也应该扮演重要角色。例如,未来的研究议题可能要避免过度简化的意识形态立场以及受学科限制的原子式的实证类研究方法。如前所述,单独来看,这些因素对理解本书所强调的各种影响之间复杂的相互作用、教师管理这些影响所需要的精力和专业知识、对教师的影响以及影响他们的意愿和能力的因素都是有限的。我们还不了解为什么有些教师对他们所从事的工作保持热情,而有些教师却没有,为什么有些教师留下而有些教师离开,为什么有些教师一直高效工作而有些教师则不然。了解为什么一些教师能在个人、组织、政策和社会影响之间的有冲突的组合中建立并保持积极的有效性,而有些教师则不能,这些是教师本身和所有负责初级和在职PLD质量、学校领导、学校改进和课堂教学的人要面对的关键问题。

为了教师职业的未来,雇主、系统领导者、教师教育者、校长和教师本身,都需要共同承担专业成长、更新和振兴的责任,需要以新的方式思考、计划和行动。这样的方式更全面地展示了本书各章的主题讨论与阐述的影响所发挥的作用。他们需要承认,在教室和学校多重变化环境中,教师能否为所有学生提供最佳的学习和获得成就机会的意愿和能力受到复杂组合和动态的智力、情感和社会互动的影响。最重要的是,这样做将有助于确保所有儿童和青少年获得最好的学习机会,跟从最好的教师学习并取得成就。

参考文献

Aaronson, D., Barrow, L. and Sanders, W. (2003). *Teachers and Student Achievement in Chicago Public High Schools*. Chicago, IL: Federal Reserve Bank of Chicago.

Abbott, J. (1994). *Learning Makes Sense: Re-Creating Education for a Changing Future*. Letchworth, UK: Education 2000.

Acker, S. (1999). *The Realities of Teachers' Work: Never a Dull Moment*. London: Cassell.

Ackerman, R. and Goldsmith, M. (2011). Metacognitive regulation of text learning: on screen versus on paper. *Journal of Experimental Psychology: Applied*, 17, (1) 18–32.

Ackerman, B. P., Kogos, J., Youngstrom, E., Schoff, K. and Izard, C. (1999). Family insta-bility and the problem behaviors of children from economically disadvantaged families. *Development Psychology*, 35(1),258–268.

Aeltermann, A., Engels, N., van Petegem, K. and Verheghe, J. P. (2007). The wellbeing of teachers in Flanders. *Educational Studies*, 33(3),285–297.

Ainscow, M., Hopkins, D., Southworth, G. and West, M. (1994). *Creating the Conditions for School Improvement*. London: Fulton.

Akkerman, S. F. and Meijer, P. C. (2011). A dialogical approach to conceptualizing teacher identity. *Teaching and Teacher Education*, 27(2),308–319.

Allensworth, B., Ponisciak, S. and Mazzeo, C. (2009). *The Schools Teachers Leave: Teacher Mobility in Chicago Public Schools*. Chicago, IL: Consortium on Chicago School Research, University of Chicago.

Alvesson, M. and Spicer, A. (2012). A stupidity based theory of organizations. *Journal of Management Studies*, 49(7),1194–1220.

Angelle, P. S., Nixon, T. J., Norton, E. M. and Miles, C. A. (2011). Increasing organiza-tional effectiveness: an examination of teacher leadership, collective efficacy, and trust in schools. Paper presented at the annual meeting of the University Council for Educational Administration, Pittsburgh, PA, November 19,2011.

Angle, H., Gilbrey, N. and Belcher, M. (2007). *Teachers' Workload Diary*

Survey. March 2007. London: Office of Manpower Economics, School Teachers' Review Board.

Apple, M. W. (2006). *Educating the "Right" Way: Markets, Standards, God, and Education* (2nd ed.). New York, NY: Routledge.

Apple, M. W. (2008). Can schooling contribute to a more just society? *Education, Citizenship and Social Justice*, 3(3), 239–261.

Argyris, C. and Schön, D. A. (1974). *Theory in Practice: Increasing Professional Effectiveness*. San Francisco, CA: Jossey-Bass.

Avey, J. B., Luthans, F. and Youssef, C. M. (2009). The additive value of positive psycho-logical capital in predicting work attitudes and behaviors. *Journal of Management*, 36(2), 430–452.

Bajorek, Z., Guilliford, J. and Taskila, T. (2014). *Healthy Teachers, Higher Marks? Establishing a Link between Teacher Health and Wellbeing, and Student Outcomes*. London: The Work Foundation.

Ball, S. J. (1994). *Education Reform: A Critical Post-Structural Approach*. Maidenhead, UK: Open University Press.

Ball, S. J. (2003a). The teacher's soul and the terrors of performativity. *Journal of Education Policy*, 18(2), 215–228.

Ball, S. J. (2003b). Professionalism, managerialism and performativity. Keynote Address, Professional Development and Educational Change, a conference organized by The Danish University of Education, 14 May 2003.

Ball, S. J. (2012). *Global Education Inc: New Policy Networks and the Neo-liberal Imaginary*. London: Routledge.

Ball, S. J. and Goodson, I. (1985). *Teachers' Lives and Careers*. Lewes, UK: Falmer Press.

Ball, S. J., Maguire, M., Braun, A. and Hoskins, K. (2011). Policy actors: doing policy work in schools. Discourse. *Cultural Studies in the Politics of Education*, 32(4), 625–639.

Bandura, A. (1982). Self-efficacy mechanism in human agency. *American Psychologist*, 37(2), 122–147.

Bandura, A. (2000). Cultivate self-efficacy for personal and organizational effectiveness. In E. A. Locke (Ed.), *Handbook of Principles of Organization Behavior*. Oxford, UK: Blackwell, 120–136.

Barley, Z. and Beesley, A. (2007). Rural school success: what can we learn? *Journal of Research in Rural Education*, 21(1), 1–15.

Barth, R. S. (2002). The culture builder. *Educational Leadership*, 59(8), 6–11.

Bartholomew, S. S. and Sandholtz, J. H. (2009). Competing views of teaching in a school-university partnership. *Teaching and Teacher Education*, 25(1), 155–165.

Beatty, B. R. and Brew, C. R. (2005). Measuring student sense of connectedness with school: the development of an instrument for use in secondary schools. *Leading and*

Managing, 11(2), 103–118.

Beauchamp, C. and Thomas, L. (2009). Understanding teacher identity: an overview of issues in the literature and implications for teacher education. *Cambridge Journal of Education*, 39(2), 175–189.

Beck, L. G. (1994). *Reclaiming Educational Administration as a Caring Profession*. New York, NY: Teachers College Press.

Beijaard, D., Meijer, P. C. and Verloop, N. (2004). Reconsidering research on teachers' professional identity. *Teaching and Teacher Education*, 20(4), 107–128.

Beijaard, D., Verloop, M. and Vermunt, J. D. (2000). Teachers' perceptions of professional identity: an exploratory study from a personal knowledge perspective. *Teaching and Teacher Education*, 16(7), 749–764.

Bell, M., Cordingley, P., Isham, C. and Davis, R. (2010). *Report of Professional Practitioner Use of Research Review: Practitioner Engagement in and/or with Research*. Coventry: CUREE, GTCE, LSIS and NTRP.

Benard, B. (1995). Fostering resilience in children. ERIC/EECE Digest, EDO-PS-99.

Benjamin, K. and Wilson, S. (2005). *Facts and Misconceptions about Age, Health Status and Employability*. Report HSL/2005/20. Buxton, UK: Health and Safety Laboratory.

Benner, P. E. (1984). *From Novice to Expert: Excellence and Power in Clinical Nursing Practice*. Menlo Park, CA: Addison-Wesley.

Bereiter, C. and Scardamalia, M. (1993). *Surpassing Ourselves: An Inquiry into the Nature and Implications of Expertise*. La Salle, IL: Open Court.

Biesta, G. and Tedder, M. (2007). Agency and learning in the lifecourse: towards an ecologi-cal perspective. *Studies in the Education of Adults*, 29(3), 132–149.

Blasé, J. (2001). *Empowering Teachers: What Successful Principals Do*. Thousand Oaks, CA: Corwin Press.

Blau, P. M. (1964). *Exchange and Power in Social Life*. Piscataway, NJ: Transaction Publishers.

Bogotch, I., Miron, L. and Murry, J., Jr. (1998). Moral leadership discourses in urban school settings: the multiple inflof social context. *Urban Education*, 33(3), 303–330.

Bolam, R. and McMahon, A. (2004). Literature, definitions and models: towards a con-ceptual map. In C. Day and J. Sachs (Eds.), *International Handbook on the Continuing Professional Development of Teachers*. Maidenhead, UK: Open University Press, 33–63.

Bolam, R., McMahon, A., Stoll, L., Thomas, S., Wallace, M., Greenwood, A. and Smith, M. (2005). *Creating and Sustaining Effective Professional Learning Communities*. Bath and London: University of Bristol/Institute of Education.

Bolger, N., DeLongis, A., Kessler, R. C. and Wethington, E. (1989). The microstructure of daily role-related stress in married couples. In J. Eckenrode and S. Gore, *Crossing the Boundaries: The Transmission of Stress between Work and Family*. New York, NY: Plenum Press, 95–115.

Bonanno, G. A. (2004). Loss, trauma, and human resilience: have we underestimated the human capacity to thrive after extremely aversive events? *American Psychologist*, 59(1), 20–28.

Borman, G. D. and Dowling, N. M. (2008). Teacher attrition and retention: a meta-analytic and narrative review of the research. *Review of Educational Research*, 78(3), 367–409.

Bottery, M. and Wright, N. (2000). The directed profession: teachers and the state in the third millennium. *Journal of In-Service Education*, 26(1), 475–486.

Boyd, D. (2010). Social network sites as networked publics: affordances, dynamics, and implications. In Z. Papacharissi (Ed.), *Networked Self: Identity, Community, and Culture on Social Network Sites*. New York, NY: Routledge, 39–58. Available online at www.danah.org/papers/2010/SNSasNetworkedPublics.pdf (accessed 10 February 2012).

Boyd, D., Lankford, H., Loeb, S., Ronfeldt, M. and Wyckoff, J. (2010). *The Effect of School Neighborhoods on Teacher Retention Decisions*. (Working paper). Available online at www.stanford.edu/~sloeb/papers/Neighborhoods%2006Jan2010.pdf (accessed 24 February 2017).

Braun, A., Maguire, M. and Ball, S. (2010). Policy enactments in the UK secondary school: examining policy, practice and school positioning. *Journal of Education Policy*, 25(4), 547–560.

Brennan, M. (1996). *Multiple Professionalisms for Australian Teachers in an Important Age*. New York, NY: American Educational Research Association.

Brewster, C. and Railsback, J. (2003). *Building Trusting Relationships for School Improvement: Implications for Principals and Teachers*. Portland, OR: Northwest Regional Educational Laboratory.

Bricheno, P., Brown, S. and Lubansky, R. (2009). *Teacher Wellbeing: A Review of the Evidence*. London: Teacher Support Network.

Bridwell-Mitchell, E. N. and Cooc, N. (2016). The ties that bind: how social capital is forged and forfeited in teacher communities. *Educational Researcher*, 45(1), 7–17.

Britzman, D. P. (1991). *Practice Makes Practice: A Critical Study of Learning to Teach*. New York, NY: SUNY Press.

Brookfield, S. (1998). Understanding and facilitating moral learning in adults. *Journal of Moral Education*, 27(3), 283–300.

Brunetti, G. (2006). Resilience under fire: perspectives on the work of experienced, inner city high school teachers in the United States. *Teaching and Teacher*

Education, 22(7), 812-825.

Bryk, A. S. and Schneider, B. L. (2002). *Trust in Schools: A Core Source for Improvement*. New York, NY: Russell Sage Foundation Publications.

Bryk, A. S., Sebring, P. B., Allensworth, E., Luppescu, S. and Easton, J. Q. (2010). *Organizing Schools for Improvement*. Chicago, IL: University of Chicago Press.

Burke, P. J. and Stets, J. E. (2009). *Identity Theory*. Oxford: Oxford University Press.

Butt, R. L. (1984). Arguments for using biography in understanding teacher thinking. In R. Halkes, and J. K. Olson (Eds.), *Teacher Thinking: A New Perspective on Persisting Problems in Education*. Tilburg, The Netherlands: Swets and Zeitlinger, 98-123.

Calabrese, R. L. (2006). Building social capital through the use of an appreciative inquiry theoretical perspective in a school and university partnership. *International Journal of Educational Management*, 20(3), 173-182.

Campbell, A. (2003). Teachers' research and professional development in England: some questions, issues and concerns. *Journal of In-Service Education*, 29(3), 375-388.

Campbell, S. (1997). *Interpreting the Personal: Expression and the Formation of Feelings*. Ithaca, NY: Cornell University Press.

Caprara, G. V., Barbaranelli, C., Steca, P. and Malone, P. S. (2006). Teachers' self-efficacy beliefs as determinants of job satisfaction and students' academic achievement: a study at the school level. *Journal of School Psychology*, 44(6), 473-490.

Cardno, C. (2005). Leadership and professional development: the quiet revolution, *International Journal of Educational Management*, 19(4), 292-306.

Castells, M. (1997). *Las Metamorfosis de la Cuestión Social [The Metamorphosis of the Social Question]*. Buenos Aires: Paidós.

Castro, A. J., Kelly, J. and Shih, M. (2010). Resilience strategies for new teachers in high needs areas. *Teaching and Teacher Education*, 26(3), 622-629.

Cefai, C. and Cavioni, V. (2014). *Social and Emotional Education in Primary School: Integrating Theory and Research into Practice*. London: Springer.

Certo, J. L. and Engelbright Fox, J. (2002). Retaining quality teachers. *The High School Journal*, 86(1), 57-75.

Chapman, C. and Harris, A. (2004). Improving schools in difficult and challenging contexts: strategies for improvement. *Educational Research*, 46(3), 219-228.

Cherubini, L. (2009). Reconciling the tensions of new teachers' socialisation into school culture: a review of the research. *Issues in Educational Research*, 19(2), 83-99.

Chevalier, A. and Dolton, P. (Winter 2004). Teacher shortage: another impending crisis? *CentrePiece*, 15-21.

Choi, P. L. and Tang, S. Y. (2009). Teacher commitment trends: cases of Hong Kong teach-ers from 1997 – 2007. *Teaching and Teacher Education*, 25(5), 767 – 777.

Chong, S. and Low, E. L. (2009). Why I want to teach and how I feel about teaching- for-mation of teacher identity from pre-service to the beginning teacher phase. *Educational Research Policy and Practice*, 8(1), 59 – 72.

Cinamon, R. G. and Rich, Y. (2005). Work-family conflict among female teachers. *Teaching and Teacher Education*, 21(4), 365 – 378.

Clandinin, J., Long, J., Schaefer, L., Downey, C. A., Steeves, P., Pinnegar, E., McKenzie Robblee, S. and Wnuk, S. (2015). Early career teacher attrition: intentions of teachers beginning, *Teaching Education*, 26(1), 1 – 16.

Clarke, D. and Hollingsworth, H. (2002). Elaborating a model of teacher professional growth. *Teaching and Teacher Education*, 18(8), 947 – 967.

Clarke, J. and Newman, J. (1997). *The Managerial State: Power, Politics and Ideology in the Remaking of Social Welfare*. London: Sage.

Claxton, G. L. (1997). *Hare Brain, Tortoise Mind: Why Intelligence Increases When You Think Less*. London: Fourth Estate; San Francisco, CA: Harper Collins.

Cochran-Smith, M. and Lytle, S. (2009). *Inquiry as Stance: Practitioner Research for the Next Generation*. New York, NY: Teachers College Press.

Cole, A. L. (1997). Impediments to reflective practice: toward a new agenda for research on teaching. *Teachers and Teaching: Theory and Practice*, 3(1), 7 – 27.

Coleman, A. (2011). Towards a blended model of leadership for school based collaborations. *Educational Management Administration and Leadership*, 39(3), 296 – 316.

Coleman, J. S. (1988). Social capital in the creation of human capital. *American Journal of Sociology*, 94 (Supplement: Organizations and Institutions: Sociological and Economic Approaches to the Analysis of Social Structure), S95 – S120.

Collins, C. J. and Smith, K. G. (2006). Knowledge exchange and combination: the role of human resource practices in the performance of high-technology firms. *Academy of Management Journal*, 49(3), 544 – 560.

Cooper, A. (2016). Open for business. *The Guardian*, 13 April 2016, 4.

Cordingley, P., Bell, M., Evans, D. and Firth, A (2005). The impact of collaborative CPD on classroom teaching and learning. Review: what do teacher impact data tell us about collaborative CPD? *Research Evidence in Education Library*. London: EPPI-Centre, Social Science Research Unit, Institute of Education, University of London.

Cowan, D'E., Fleming, G. L., Thompson, T. L. and Morrisey, M. S. (2004). Study descrip-tion: investigating five PLC schools. In S. M. Hord (Ed.), *Learning Together, Leading Together: Changing Schools through Professional Learning Communities*. New York, NY: Teachers College Press and Oxford, OH: NSDC, 15 – 19.

Crippen, K. J., Biesinger, K. D. and Ebert, E. K. (2010). Using professional development to achieve classroom reform and science proficiency: an urban success story from Southern Nevada, USA. *Professional Development in Education*, 36(4), 637–661.

Csikszentmihalyi, M. (1990). *Flow: The Psychology of Optimal Experience* (1st ed.). New York, NY: Harper & Row.

CUREE (2005). *National Framework for Mentoring and Coaching*. London: DfES.

Darling-Hammond, L. (1997). *Doing What Matters Most: Investing in Quality Teaching*. New York, NY: National Commission on Teaching & America's Future.

Darling-Hammond, L. (2000). Teacher quality and student achievement. *Educational Policy Analysis Archives*, 8(1), 1 January 2000. Available online at http://epaa.asu.edu/ojs/arti-cle/view/392/515 (accessed 24 February 2017).

Darling-Hammond, L. and Richardson, N. (2009). How teachers learn. *Educational Leadership*, ASCD, 66(5), 46–53.

Darling-Hammond, L., LaPointe, M., Meyerson, D. and Orr, M. T. (2007). *Preparing School Leaders for a Changing World: Lessons from Exemplary Leadership Development Programs*. Stanford, CA: Stanford Educational Leadership Institute.

Datnow, A., Hubbard, L. and Mehen, H. (2002). *Extending Educational Reform from One School to Many*. London: Taylor & Francis.

Davidson, R.J. and Begley, S. (2012). *The Emotional Life of Your Brain*. New York, NY: Hudson Street Press.

Davidson R.J. and McEwen, B.S. (2012). Social influences on neuroplasticity: stress and interventions to promote well-being. *Nature Neuroscience*, 15(5), 689–695.

Day, C. (1999). *Developing Teachers: The Challenges of Lifelong Learning*. London: Falmer Press.

Day, C. (2002). School reform and transitions in teacher professionalism and identity. *International Journal of Educational Research*, 37(8), 677–692.

Day, C. (2003). Transitions in teacher professionalism: identity, commitment and trust. In L. Moos and J. Krijsler (Eds.), *Professional Development and Educational Change-What Does It Mean to Be Professional in Education?* Copenhagen: Danish University of Education Press, 45–67.

Day, C. (2004). *A Passion for Teaching*. London: Falmer Press.

Day, C. (2009). Building and sustaining successful principalship in England: the importance of trust. *Journal of Educational Administration*, 47(6), 719–730.

Day, C. (2014). Resilient principals in challenging schools: the courage and costs of convic-tion. *Teachers and Teaching*, 20(5), 638–654.

Day, C. and Leitch, R. (2001). Reflective processes in action: mapping personal and profes-sional contexts for learning and change. *Journal of In-service Education*, 27

(2),237-259.

Day, C. and Sachs, J. (2004). Professionalism, performativity and empowerment: discourses in the politics, policies and purposes of continuing professional development. In C. Day and J. Sachs (Eds.), *International Handbook on the Continuing Professional Development of Teachers*. Maidenhead, UK: Open University Press, 3-32.

Day, C. and Gu, Q. (2007). Variations in the conditions for teachers' professional learning and development: sustaining commitment and effectiveness over a career. *Oxford Review of Education*, 33(4),423-443.

Day, C. and Leithwood, K. (Eds.) (2007). *Successful School Principal Leadership in Times of Change: International Perspectives*. Dordrecht Springer.

Day, C. and Johansson, O. (2008). Leadership with a difference in schools servicing disad-vantaged communities: arenas for success. In K. Tirri (Ed.), *Educating Moral Sensibilities in Urban Schools*. Rotterdam: Sense Publishers, 19-34.

Day, C. and Kington, A. (2008). Identity, well-being and effectiveness: the emotional con-texts of teaching. *Pedagogy, Culture and Society*, 16(1),7-23

Day, C. and Gu, Q. (2009). Veteran teachers: commitment, resilience and quality retention. *Teachers and Teaching*, 15(4),441-457.

Day, C. and Gu, Q. (2010). *The New Lives of Teachers*. Abingdon, UK: Routledge.

Day, C. and Gu, Q. (2011). Teacher emotions: well being and effectiveness. In P. A. Schutz and M. Zembylas (Eds.), *Advances in Teacher Emotion Research: The Impact on Teachers' Lives*. Dordrecht, The Netherlands: Springer, 15-31.

Day, C. and Gu, Q. (2014) *Resilient Teachers, Resilient Schools: Building and Sustaining Quality in Testing Times*. New York, NY: Routledge.

Day, C. and Gurr, D. (Eds.) (2014). *Leading Schools Successfully: Stories from the Field*. London: Routledge.

Day, C. and Hong, J. (2016). Influences on the capacities for emotional resilience of teachers in schools serving disadvantaged urban communities: challenges of living on the edge. *Teaching and Teacher Education*, 59 (October 2016),115-125.

Day, C., Harris, A., Hadfield, M., Tolley, H. and Beresford, J. (2000). *Successful Leadership in Times of Change*. Buckingham, UK: Open University Press.

Day, C., Sammons, P., Stobart, G., Kington, A. and Gu, Q. (2007). *Teachers Matter: Connecting Lives, Work and Effectiveness*. Maidenhead, UK: Open University Press.

Day, C., Sammons, P., Hopkins, D., Harris, A., Leithwood, K., Gu, Q., Brown, E., Ahtaridou, E. and Kington, A. (2009). *The Impact of School Leadership on Pupil Outcomes: Final Report*. London: UK Department for Children, Schools and Families Research.

Day, C., Sammons, P., Hopkins, D., Harris, A., Leithwood, K., Gu, Q. and

Brown, E. (2010). *10 Strong Claims about Successful School Leadership*. Nottingham: National College for Leadership of Schools and Children's Services.

Day, C., Sammons, P., Leithwood, K., Hopkins, D., Gu, Q., Brown, E. with Ahtaridou, E. (2011a). *Successful School Leadership: Linking with Learning and Achievement*. Maidenhead, UK: Open University Press.

Day, C., Sammons, P., Leithwood, K., Hopkins, D., Gu, Q., Brown, E. with Ahtaridou, E. (2011b). *School Leadership and Student Outcomes: Building and Sustaining Success*. Maidenhead, UK: Open University Press.

Day, C., Gu, Q. and Sammons, P. (2016). The impact of leadership on student outcomes: how successful school leaders use transformational and instructional strategies to make a difference. *Educational Administration Quarterly*. In Press.

DeConinck, J. B. (2010). The effect of organizational justice, perceived organizational sup-port, and perceived supervisor support on marketing employees' level of trust. *Journal of Business Research*, 63(12), 1349–1355.

Denicolo, P. and Pope, M. (1990). Adults learning-teachers thinking. In C. Day, M. Pope and P. Denicolo (Eds.), *Insights into Teachers' Thinking and Practice*. London: Falmer, 155–169.

Dewberry, C. and Briner, R. (2007). *Report for Worklife Support on the Relation between Well-Being and Climate in Schools and Pupil Performance*. London: Worklife Support.

Dewe, P. and Cooper, C. (2012). *Well-Being and Work: Towards a Balanced Agenda*. Houndmills, Basingstoke, UK: Palgrave-Macmillan.

Dietz, G. and Gillespie, N. (2011). *Building and Restoring Organisational Trust*. London: Institute of Business Ethics.

Dirks, K. T. and Ferrin, D. L. (2001). The role of trust in organizational settings. *Organization Science*, 12(4), 450–467.

Dreyfus, H. L. and Dreyfus, S. E. (1986). *Mind over Machine: The Power of Human Intuition and Expertise in the Era of the Computer*. New York, NY: The Free Press.

Dunlop, C. A. and MacDonald, E. B. (2004). *The Teachers' Health and Wellbeing Study Scotland*. Edinburgh: NHS Health Scotland.

Earley, P. (2010). 'State of the nation', a discussion of some of the project's key findings. *The Curriculum Journal*, 21(4), 473–483.

Earley, P. and Porritt, V. (2009). *Effective Practices in Continuing Professional Development: Lesson from Schools*. London: Institute of Education.

Earley, P. and Porritt, V. (2014). Evaluating the impact of professional development: the need for a student-focussed approach. *Professional Development in Education*, 40(1), 112–129.

Ebbutt, D. (1985). Educational action research: some general concerns and specific quibbles. In R. Burgess (Ed.), *Issues in Educational Research: Qualitative*

Methods. Lewes, UK: Falmer Press, 152–174.

Ebersohn, K., Loots, T., Eloff, I. and Ferreira, R. (2015). Taking note of obstacles research part-ners negotiate in long-term higher education community engagement partnerships. *Teaching and Teacher Education*, 45 (January 2015), 49–72.

Ehrich, L. C., Hansford, B. and Tennent, L. (2004). Formal mentoring programs in educa-tion and other professions: a review of the literature. *Educational Administration Quarterly*, 40(4), 518–540.

Elbaz, F. (1990). Knowledge and discourse: the evolution of research on teacher thinking. In C. Day, M. Pope and P. Denicolo (Eds.), *Insights into Teacher Thinking and Practice*. London: Falmer, 15–42.

Elbaz, F. (1992). Hope, attentiveness, and caring for difference: the moral voice in teaching. *Teaching and Teacher Education*, 8(5/6), 412–432.

Elbaz, R. (1991). Research on teacher's knowledge: the evolution of a discourse. *Journal of Curriculum Studies*, 23(1), 1–19.

Elmore, R. F. (2000). *Building a New Structure for School Leadership*. Washington, DC: Albert Shanker Institute.

Elmore, R. F. (2002). *Bridging the Gap between Standards and Achievement: The Imperative for Professional Development in Education*. Washington, DC: Albert Shanker Institute.

Elmore, R. F. (2004). *School Reform from the Inside Out: Policy, Practice, and Performance*. Cambridge, MA: Harvard Education Press.

Elmore, R. F. (2008). Leadership as the practice of improvement. In D. Nusche, D. Hopkins and B. Pont (Eds.), *Improving School Leadership: Volume 2: Case Studies on System Leadership*. Lexington, KY: OECD, 37–67.

Emmet, D. (1958). *Function, Purpose and Powers*. London: Macmillan.

Engeström, Y. (1987). *Learning by Expanding: An Activity-Theoretical Approach to Developmental Research*. Helsinki: Orienta-Konsultit.

Engeström, Y. (2006). Development, movement and agency: breaking away into mycorrhi-zae activities. In K. Yamazumi (Ed.), *Building Activity Theory in Practice: Toward the Next Generation*. Osaka: Center for Human Activity Theory, Kansai University, 1–43.

Engeström, Y. and Sannino, A. (2010). Studies of expansive learning: foundations, findings and future challenges. *Educational Research Review*, 5(1), 1–24.

England, P. and Farkas, G. (1986). *Households, Employment, and Gender. A Social, Economic, and Demographic View*. New York, NY: Aldine Publishers.

Eraut, M. (1991). *Education and the Information Society*. London: Cassell Education.

Eraut, M. (1995). Developing professional knowledge within a client-centred orientation. In T. R. Guskey and M. Huberman (Eds.), *Professional Development in Education*. New York, NY: Teachers College Press, 227–252.

Erikson, E. H. (1959). *Identity and the Life Cycle; Selected Papers, with an Historical Introduction by David Rapaport*. New York, NY: International University Press.

Eteläpelto, A. Vähäsantanen, K., Hökkä, P. and Paloniemi, S. (2013, Winter). What is agency? Conceptualizing professional agency at work. *Educational Research Review*, 10 (December 2013), 45–65.

Etzioni, A. (1969). *The Semi-Professionals and Their Organizations: Teachers, Workers, Social Workers*. New York, NY: Free Press.

European Commission (2007). *Improving the Quality of Teacher Education*. Available online at http://eur-lex.europa.eu/legal-content/EN/TXT/? uri = celex% 3A52007DC0392 (accessed 10 July 2015).

Evans, G. W. (2004). The environment of childhood poverty. *American Psychologist*, 59(2), 77–92.

Evans, L. (2008). Professionalism, professionality and the development of education profes-sionals. *British Journal of Educational Studies*, 56(1), 20–38.

Evans, G. W. and English, K. (2002). The environment of poverty: multiple stressor expo-sure, psychophysiological stress, and socioemotional adjustment. *Child Development*, 73(4), 1238–1248.

Evetts, J. (2011). Professionalism in turbulent times: challenges to and opportunities for pro-fessionalism as an occupational value. Paper presented at the *NICEC National Network Meeting*, London, 21 March.

Fantilli, R. D. and McDougall, D. E. (2009). A study of novice teacher: challenges and sup-ports in the first years. *Teaching and Teacher Education*, 25(6), 814–825.

Farrell, T. S. (2003). Learning to teach English language during the first year: personal influ-ences and challenges. *Teaching and Teacher Education*, 19(1), 95–111.

Feinstein, L. (2000). The relative economic importance of academic, psychological and behavioural attributes developed in childhood. Centre for Economic Performance Discussion Paper, No. 443, February.

Fenstermacher, G. D. and Richardson, V. (2005). On making determinations of quality in teaching. *Teachers College Record*, 107(1), 186–215.

Field, J. (2005). *Social Capital and Lifelong Learning*. Bristol: Policy Press.

Fielding, M. (2012). Education as if people matter: John Macmurray, community and the struggle for democracy. *Oxford Review of Education*, 38(6), 675–692.

Flores, M. A. and Day, C. (2006). Contexts which shape and reshape new teachers' identi-ties: a multi-perspective study. *Teaching and Teacher Education*, 22(2), 219–232.

Forsyth, P. B. and Adams, C. M. (2014). The school principal and organizational predict-ability. *Trust Relationships and School Life*. New York, NY: Springer.

Fredrickson, B. L. (2001). The role of positive emotions in positive psychology: the broaden-and-build theory of positive emotions. *American Psychologist*, 56(3), 218–

226.

Frost, D. and Durrant, J. (2003). *Teacher-Led Development Work*. London: David Fulton.

Fullan, M. (1993). *Change Forces: Probing the Depths of Educational Reform*. London: Falmer Press.

Fullan, M. (2003). *The Moral Imperatives of School Leadership*. Thousand Oaks, CA: Corwin Press.

Fullan, M. (2007). *The New Meaning of Educational Change*. New York, NY: Teachers College Press.

Fullan, M. (2009). Large-scale reform comes of age. *Journal of Educational Change*, 10(2-3), 101-113.

Furlong, J., Barton, L., Miles, S., Whiting, C. and Whitty, G. (2000). *Teacher Education in Transition: Reforming Professionalism?* Buckingham, UK: Open University Press.

Furu, E.M. (2007). Emotional aspects of action learning. In E.M. Furu, T. Lund and T. Tiller (Eds.), *Action Research. A Nordic Perspective*. Høyskoleforlaget: Norwegian Academic Press, 185-202.

Galand, B., Lecocq, C. and Philippot, P. (2007). School violence and teacher professional disengagement. *British Journal of Educational Psychology*, 77(2), 465-477.

Gardner, H. and Davis, K. (2013). *The App Generation: How Today's Youth Navigate Identity, Intimacy, and Imagination in a Digital World*. New Haven, CT: Yale University Press.

Garet, M.S., Porter, A.C., Desimone, L., Birman, B. and Yoon, K.S. (2001). What makes professional development effective? Results from a national sample of teachers. *American Educational Research Journal*, 38(4), 915-945.

Giddens, A. (1984) *The Constitution of Society: Outline of the Theory of Structuration*. Berkeley, CA: University of California Press.

Gladwell, M. (2008). Most likely to succeed: how can we hire teachers when we can't tell who's right for the job? *New Yorker*, 15 December. Available online at www.newyo-rker.com/magazine/2008/12/15/most-likely-to-succeed-malcolm-gladwell (accessed 6 January 2016).

Goddard, R.D. (2003). Relational networks, social trust, and norms: a social capital perspec-tive on students' chances of academic success. *Educational Evaluation and Policy Analysis*, 25(1), 59-74.

Goddard, R.D., Salloum, S.J. and Berebitsky, D. (2009). Trust as a mediator of the rela-tionships between poverty, racial composition, and academic achievement evidence from Michigan's public elementary schools. *Educational Administration Quarterly*, 45(2), 292-311.

Goe, L. (2007). The link between teacher quality and student outcomes: a research synthe-sis. Washington, DC: National Comprehensive Centre on Teacher Quality. Available online at http://files. eric. ed. gov/fulltext/ED521219. pdf (accessed 8 October 2015).

Goldstein, S. and Brooks, R. B. (2006). *Handbook of Resilience in Children*. New York, NY: Springer Science+Business Media.

Goodall, J., Day, C., Lindsay, G., Muijs, D. and Harris, A. (2005). *Evaluating the Impact of Continuing Professional Development (CPD) Research Report No. 659*. Nottingham: DfES.

Goodson, I. (Ed.) (1992). *Studying Teachers' Lives*. London: Routledge.

Goodson, I., Moore, S. and Hargreaves, A. (2006). Teacher nostalgia and the sustainability of reform: the generation and degeneration of teachers' missions, memory, and meaning. *Educational Administration Quarterly*, 42(1), 42–61.

Gordon, K. A., Longo, M. and Trickett, M. (1999). Fostering resilience in children. *The Ohio State University Bulletin*, 875, 1–15.

Government Office for Science (2013). *GO-Science Annual Report 2013–14*. London: Government Office for Science.

Greenfield, S. (2015). *Mind Change: How Digital Technologies Are Leaving Their Mark on Our Brains*. New York, NY: Random House.

Greenhaus, J. H. and Beutell, N. J. (1985). Sources of conflict between work and family roles. *Academy of Management Review*, 10(1), 76–88.

Griffiths, A. (2007a). Improving with age. *Safety and Health Practitioner*, 25(4), 53–55.

Griffiths, A. (2007b). Healthy work for older workers: work design and management fac-tors. In W. Loretto, S. Vickerstaff and P. White (Eds.), *The Future for Older Workers: New Perspectives*. Bristol: Policy Press, 121–137.

Gronn, P. (2008). *Hybrid Leadership*. In K. Leithwood, B. Mascall and T. Strauss, (Eds.), *Distributed Leadership According to the Evidence*. London: Routledge, 17–40.

Grootaert, C., Narayan, D., Nyhan Jones, V. and Woolcock, M. (2004). Measuring social capital: an integrated questionnaire. World Bank Working Paper No. 18. Washington DC: World Bank.

Grossman, P. L., Wineburg, S. S. and Woolworth, S. (2001). Toward a theory of teacher community. *Teachers College Record*, 103(6), 942–1012.

Groundwater-Smith, S. and Mockler, N. (2009). *Teacher Professional Learning in an Age of Compliance: Mind the Gap* (Vol. 2). Dordrecht, The Netherlands: Springer.

Groundwater-Smith, S. and Mockler, N. (2012). Sustaining professional learning networks: the Australasian challenge. In C. Day (Ed.), *The Routledge Handbook of Teacher and School Development*. London: Routledge, 506–515.

Grundy, S. (1994). Action research at the school level. *Educational Action Research*, 2

(1), 23–38.
GTC. (2005). Research for teachers: teachers' professional learning. General Teaching Council. Available online at www.ntrp.org.uk/sites/all/documents/Teachers%20profes-sional%20learning.pdf (accessed 6 May 2015).
Gu, Q. and Day, C. (2007). Teachers resilience: a necessary condition for effectiveness. *Teaching and Teacher Education*, 23(8), 1302–1316.
Gu, Q. and Day, C. (2013). Challenges to teacher resilience: conditions count. *British Educational Research Journal*, 39(1), 22–44.
Gu, Q. and Li, Q. (2013). Sustaining resilience in times of change: stories from Chinese teachers. *Asia-Pacific Journal of Teacher Education*, 41(3), 288–303.
Gu, Q., Rea, S., Hill, R., Smethem, L. and Dunford, J. (2014). *The Evaluation of Teaching Schools: Emerging Findings from the First Phase Investigation*. London: Department for Education.
Guarino, C. M., Santibañez, L. and Daley, G. A. (2006). Teacher recruitment and retention: a review of the recent empirical literature. *Review of Educational Research*, 76(2), 173–208.
Gudmundsdottir, S. (1990). Values in pedagogical context knowledge. *Journal of Teacher Education*, 41(3), 44–52.
Guskey, T. (2000). *Evaluating Professional Development*. Thousand Oaks, CA: Corwin Press.
Guskey, T. R. (2002). Professional development and teacher change. *Teachers and Teaching: Theory and Practice*, 8(3), 381–391.
Gutiérrez, K. D. (2008). Developing a sociocritical literacy in the third space. *Reading Research Quarterly*, 43(2), 148–164.
Guttman, C. (2001). A hard sell for teaching. *The UNESCO Courier*, October.
Hakonen, J. J., Bakker, A. B. and Schaufeli, W. G. (2006). Burnout and work engagement among teachers. *Journal of School Psychology*, 43(6), 495–513.
Hallinger, P. and Heck, R. H. (2010). Collaborative leadership and school improvement: understanding the impact on school capacity and student learning. *School Leadership and Management: Formerly School Organisation*, 30(2), 95–110.
Halpern, D. (2009). Capital gains. London. *Royal Society of Arts Journal*, Autumn 2009, 10–15.
Hammerness, K., Darling-Hammond, L., and Bransford, J. (2005). How teachers learn and develop. In L. Darling-Hammond and J. Bransford (Eds.), *Preparing Teachers for a Changing World: What Teachers Should Learn and Be Able to Do*. San Francisco, CA: Jossy-Bass, 358–389.
Hammersley-Fletcher, L. (2015). Value(s)-driven decision-making: the ethics work of English headteachers within discourses of constraint. *Educational Management Administration and Leadership*, 43(2), 198–213.

Handford, V. (2011). Why teachers trust school leaders. Unpublished thesis in Department of Theory and Policy Studies in Education, Ontario Institute for Studies in Education, University of Toronto.

Hannah, S. T., Woolfolk, R. L. and Lord, R. G. (2009). Leader self-structure: a framework for positive leadership. *Journal of Organizational Behavior*, 30(2), 269-290.

Hansen, D. (1995). *The Call to Teach*. New York, NY: Teachers College Press.

Hanushek, E. A. (2011). The economic value of higher teacher quality. *Economics of Education Review*, 30(3) (2011), 466-479.

Hargreaves, A. (1994). *Changing Teachers, Changing Times*. London: Falmer Press.

Hargreaves, A. and Dawe, R. (1990). Paths of professional development: contrived collegial-ity, collaborative culture, and the case of peer coaching. *Teaching and Teacher Education*, 6(3), 227-241.

Hargreaves, A. and Fullan, M. (1992). *Understanding Teacher Development*. New York, NY: Teachers College Press.

Hargreaves, A. and Goodson, I. F. (1996). Teachers' professional lives: aspirations and actu-alities. In I. F. Goodson and A. Hargreaves (Eds.), *Teachers Professional Lives*. London: Falmer Press, 1-27.

Hargreaves, A. and Fink, D. (2006). *Sustainable Leadership*. San Francisco, CA: Jossey-Bass.

Hargreaves, A. and Fullan, M. (2012). *Professional Capital: Transforming Teaching in Every School*. New York, NY: Teachers College Press.

Hargreaves, L., Cunningham, M., Everton, T., Hansen, A., Hopper, B., McIntyre D., Maddock, M., Mukherjee, J., Pell, T., Rouse, M., Turner, P. and Wilson, L. (2006). The status of teachers and the teaching profession: views from inside and outside the profes-sion: interim findings from the teacher status project. *Research Report 755*. London: DfES.

Hargreaves, L., Cunningham, M., Hansen, A., McIntyre, D. and Oliver, C. (2007). *The Status of Teachers and the Teaching Profession in England: Views from Inside and Outside the Profession*. Cambridge: University of Cambridge Faculty of Education.

Harris, A. (2008). Distributed leadership: the evidence. *In Distributed School Leadership: Developing Tomorrow's Leaders*, London: Routledge, 42-54.

Harris, A. and Jones, M. (2010). Professional learning communities and system improve-ment. *Improving Schools*, 13(2), 173-182.

Hattie, J. A. C. (2009). *Visible Learning: A Synthesis of over 800 Meta-Analyses Relating to Achievement*. London: Routledge.

Healy, T. (2003). Social capital: challenges for its measurement at international level, paper presented at the conference on Sustainable Ties in the Information Society

(March), Tilburg, The Netherlands: Tilburg University.

Heikkinen, H. L. T., Heikkinen, H., Jokinen, H. and Tynjala, P. (2012). Teacher education and development as lifelong and lifewide learning. In H. L. T. Heikkinen and P. Tynjala (Eds.), *Peer-Group Mentoring for Teacher Development*. London: Routledge, 3–30.

Heller, R., Calderon, S. and Medrich, E. (2003). *Academic Achievement in the Middle Grades: What Does Research Tell Us? A Review of the Literature*. Atlanta, GA: Southern Regional Education Board.

Helsby, G. and McCulloch, G. (1996). Teacher professionalism and curriculum control. In I. F. Goodson and A. Hargreaves (Eds.), *Teachers Professional Lives*. London and Washington DC: Falmer Press, 56–74.

Henry, G. T., Bastian, K. C. and Fortner, C. K. (2011). Stayers and leavers: early career teacher effectiveness and attrition. *Educational Researcher*, 40(6), 271–280.

Hipp, K. K., Huffman, J. B., Pankake, A. M. and Olivier, D. F. (2008). Sustaining profes-sional learning communities: case studies. *Journal of Educational Change*, 9(2), 173–195.

Hobson, A. J., Malderez, A., Tracey, L., Homer, M. S., Tomlinson, P. D., Ashby, P., Mitchell, N., McIntyre, J., Cooper, D., Roper, T., Chambers, G. N. and Tomlinson, P. D. (2009). *Becoming a Teacher: Teachers' Experiences of Initial Teacher Training, Induction and Early Professional Development*. Research Report. DCSF Research Report No. RR115. Nottingham: DCSF.

Hochschild, A. R. (1983). *The Managed Heart: Commercialization of Human Feeling*. Berkeley, CA: University of California Press.

Hogan, D. and Donovan, C. (2005). The social outcomes of schooling: subjective agency among Tasmanian adolescents. *Leading and Managing*, 11(2), 84–102.

Holstein. J. and Gubrium, J. (2000). *The Self That We Live By: Narrative Identity in the Postmodern World*. New York: Oxford University Press.

Hopkins, D. and Stern, D. (1996). Quality teachers, quality schools: international perspec-tives and policy implications. *Teaching and Teacher Education*, 12(5), 501–517.

Hopmann, S. (2007). Epilogue: no child, no school, no state left behind: compara-tive research in the age of accountability. In S. Hopmann, G. Brinek and M. Retzl (Eds.), *PISA Zufolge PISA: PISA According to PISA*. Schulpädagogik und Pädagogishe Psykologie, Band 6. Münster: LIT Verlag, 363–416.

Hord, S. M. (1997). *Professional Learning Communities: Communities of Continuous Inquiry and Improvement*. Austin, TX: Southwest Educational Development Laboratory.

Hostetler, K., Macintyre Latta, M. A. and Sarroub, L. K. (2007). Retrieving meaning in teacher education: the question of being. *Journal of Teacher Education*, 58(3),

231-244.

Howard, S. and Johnson, B. (2004). Resilient teachers: resisting stress and burnout. *Social Psychology of Education*, 7(4), 399-420.

Hoy, W. K. and Tschannen-Moran, M. (1999). Five faces of trust: an empirical confirma-tion in urban elementary schools. *Journal of School Leadership*, 9(3), 184-208.

Hoy, W. K., Tarter, C. J. and Kottkamp, R. B. (1991). *Open Schools, Healthy Schools: Measuring Organizational Climate*. Newbury Park, CA: Sage.

Hoyle, E. (1975). Professionality, professionalism and control in teaching. In V. Houghton, R. McHugh and M. Colin (Eds.), *Management in Education: The Management of Organizations and Individuals*. London: Ward Lock Educational in association with Open University Press, 314-320.

Hoyle, E. and Wallace, M. (2007). Educational reform: an ironic perspective. *Educational Management, Administration and Leadership*, 35(1), 9-25.

Huberman, M. (1988). Teachers' careers and school improvement. *Journal of Curriculum Studies*, 20(2), 119-132.

Huberman, M. (1989). The professional life cycle of teachers, *Teachers College Record*, 91(1), Fall, 31-57.

Huberman, M. (1993a). *The Lives of Teachers*. London: Cassell.

Huberman, M. (1993b). The model of the independent artisan in teachers' professional rela-tions. In J. W. Little and M. W. McLaughlin (Eds.), *Teachers' Work: Individuals, Colleagues and Contexts*. New York, NY: Teachers College Press, 11-50.

Huberman, M. (1995a). *The Lives of Teachers*. London: Cassell.

Huberman, M. (1995b). Professional careers and professional development: some intersec-tions. In T. Guskey and M. Huberman (Eds.), *Professional Development in Education: New Paradigms and Practices*. New York, NY: Teachers College Press, 193-224.

Ingersoll, R. (2001). Teacher turnover, teacher shortages and the organization of schools. Center for the Study of Teaching and Policy, University of Washington, Seattle.

Ingersoll, R. (2003). Is there really a teacher shortage? Research report. The Consortium for Policy Research in Education and the Center for the Study of Teaching and Policy. Philadelphia, PA. Available online at http://repository.upenn.edu/gse_pubs/133/ (accessed 17 November 2016).

Ingersoll, R. (2004). Four myths about America's teacher quality problem. In M. Smylie and D. Miretzky (Eds.), *Developing the Teacher Workforce*. The 103rd Yearbook of the National Society for the Study of Education. Chicago, IL: National Society for the Study of Education, 1-33.

Ingersoll, R. (2011). Power, accountability, and the teacher quality problem. In S.

Kelly (Ed.), *Assessing Teacher Quality: Understanding Teacher Effects on Instruction and Achievement*. New York, NY: Teachers College Press, 97 – 109.

Ingvarson, L. and Greenway, P. (1984). Portrayals of teacher development. *The Australian Journal of Education*, 28(1), 45 – 64.

Isenbarger, L. and Zembylas, M. (2006). The emotional labour of caring in teaching. *Teaching and Teacher Education*, 22(1), 120 – 134.

Jackson, D. (2000). School improvement and the planned growth of leadership capacity. Paper presented at BERA Conference, Cardiff, September 2000.

Jackson, P. W., Boostrom, R. E. and Hansen, D. T. (1993). *The Moral Life of Schools*. San Francisco, CA: Jossey-Bass.

James, C. and Connolly, U. (2000). *Effective Change in Schools*. London: Routledge.

James, C., Connolly, M., Dunning, G. and Elliott, T. (2006). *How Very Effective Primary Schools Work*. London: Paul Chapman.

James-Wilson, S. (2001). The influence of ethnocultural identity on emotions and teaching. Paper presented at the Annual Meeting of the American Educational Research Association, New Orleans.

Jeffrey, B. and Woods, P. (1996). Feeling deprofessionalised: the social construction of emotions during an OFSTED inspection. *Cambridge Journal of Education*, 26(3), 325 – 343.

Jenkins, A. (2004). *A Guide to the Research Evidence on Teaching-Research Relationships*. York, UK: Higher Education Academy.

Jennings, P. A. and Greenberg, M. T. (2009). The prosocial classroom: teacher social and emotional competence in relation to student and classroom outcomes. *Review of Educational Research*, 79(1), 491 – 525.

Jensen, E. (2009). *Teaching with Poverty in Mind: What Being Poor Does to Kids' Brains and What Schools Can Do about It*. Alexandria, VA: Association for Supervision and Curriculum Development (ASCD).

Jersild, A. (1995). *When Teachers Face Themselves*. New York, NY: Teachers College Press.

Johnson, S. M. and Birkeland, S. E. (2003). Pursuing a "sense of success": new teachers explain their career decisions. *American Educational Research Journal*, 40(3), 581 – 617.

Johnson, S. M., Kraft, M. A. and Papay, J. P. (2012). How context matters in high-need schools: the effects of teachers' working conditions on their professional satisfaction and their students' achievement. *Teachers College Record*, 114(10), 1 – 39.

Jordan, J. (2012). Relational resilience in girls. In S. Goldstein and R. B. Brooks (Eds.), *Handbook of Resilience in Children*, 2nd ed. New York, NY: Springer, 73 – 86.

Joyce, B. (2004). How are professional learning communities created? *Phi Delta Kappan*, 86(1), 76–83.

Jugovi, I., Maruši, I., Pavin Ivanec, T. and Vizek Vidovi, V. (2012). Motivation and per-sonality of preservice teachers in Croatia. *Asia-Pacific Journal of Teacher Education, Special Issue*, 40(3), 271–287.

Kahneman, D. (2011). *Thinking, Fast and Slow*. New York, NY: Farrar, Straus and Giroux.

Kane, T. J., Rockoff, J. E. and Staiger, D. O. (2008). What does certification tell us about teacher effectiveness? Evidence from New York City. *Economics of Education Review*, 27(6), 615–631.

Kardos, S. M. and Johnson, S. M. (2007). On their own and presumed expert: new teachers' experience with their colleagues. *Teachers College Record*, 109(9), 2083–2106.

Kelchtermans, G. (1993). Getting the story, understanding the lives: from career stories to teachers' professional development. *Teaching and Teacher Education*, 9(5–6), 443–456.

Kelchtermans, G. (1996). Teacher vulnerability: understanding its moral and political roots. *Cambridge Journal of Education*, 26(3), 307–323.

Kelchtermans, G. (2009). Who I am in how I teach is the message: self understanding, vulnerability and reflection. *Teachers and Teaching: Theory and Practice*, 15(2), 257–272.

Kemmis, S. (2006). Participatory action research and the public sphere. *Educational Action Research*, 14(4), 459–476.

Kennedy, M. K. (2010). The uncertain relationship between teacher assessment and teacher quality. In M. Kennedy (Ed.), *Teacher Assessment and the Quest for Teacher Quality. A Handbook*. San Francisco, CA: Jossey Bass, 1–6.

Kennedy, M. (2016). How does professional development improve teaching? *Review of Educational Research*, 86(4), 945–980.

Keyes, C. L. M. and Haidt, J. (Eds.) (2003). *Flourishing: Positive Psychology and the Life Well Lived. Special Issue: What is Positive Psychology?* Washington, DC: American Psychological Association.

Kington, A., Sammons, P., Brown, E., Regan, E., Ko, J. and Buckler, S. (2014). *Effective Classroom Practice*. Maidenhead, UK: Open University Press.

Kirkpatrick, C. L. and Moore-Johnson, S. (2014). Ensuring the ongoing engagement of second-stage teachers. *Journal of Educational Change*, 15(3), 231–252.

Kirkwood, M. and Christie, D. (2006). The role of teacher research in continuing profes-sional development. *British Journal of Educational Studies*, 54(4), 429–448.

Kitching, K., Morgan, M. and O'Leary, M. (2009). It's the little things: exploring the impor-tance of commonplace events for early-career teachers' motivation, *Teachers and Teaching: Theory and Practice*, 15(1), 43 – 58.

Kohn, A. (1996). *Beyond Discipline: From Compliance to Community*. Alexandria, VA: ASCD.

Kouzes, J. M. and Posner, B. Z. (2007). *The Leadership Challenge* (4th ed.). San Francisco, CA: Jossey-Bass.

Kraft, M. A. and Papay, J. P. (2014). Can professional environments in schools promote teacher development? Explaining heterogeneity in returns to teacher experience. *Educational Evaluation and Policy Analysis*, 36(4), 476 – 500.

Kremer-Hayon, L. and Fessler, R. (1991). The inner world of school principals: reflec-tions on career life stages. Paper presented at Fourth International Conference of the International Study Association on Teacher Thinking, 23 – 27 September 1991, University of Surrey, UK.

Kruse, S. D. and Louis, K. S. (2007). Developing collective understanding over time: reflec-tions on building professional community. In L. Stoll and K. Seashore-Louis (Eds.), *Professional Learning Communities: Divergence, Depth and Dilemmas*. Berkshire, UK: Open University Press, 106 – 118.

Ladd, H. F. and Sorensen, L. C. (2014). *Returns to Teacher Experience: Student Achievement and Motivation in Middle School*. Washington, DC: National Center for Analysis of Longitudinal Data in Education (CALDER).

Lai, E. (2014). Principal leadership practices in exploiting situated possibilities to build teacher capacity for change. *Asia Pacific Education Review*, 15(2), 165 – 175.

Larson, M. S. (1977). *The Rise of Professionalism: A Sociological Analysis*. Berkeley, CA: University of California Press.

Lasch, C. (1991). *True and Only Heaven: Progress and Its Critics*. New York, NY: Norton.

Lasky, S. (2005). A sociocultural approach to understanding teacher identity, agency and professional vulnerability in a context of secondary school reform. *Teaching and Teacher Education*, 21(8), 899 – 916.

Leana, C. R. (2011). The missing link in school reform. *Stanford Social Innovation Review*, 9(4), 30 – 35.

Leana, C. and Pil, F. (2006). Social capital and organizational performance: evidence from urban public schools. *Organization Science*, 17(3), 353 – 366.

Leicht, K. T. and Fennell, M. (2001). *Professional Work: A Sociological Approach*. Oxford: Blackwell.

Leiter, M. P. and Bakker, A. B. (Eds.) (2010). *Work Engagement: A Handbook of Essential Theory and Research*. New York, NY: Psychology Press.

Leithwood, K. (1990). The principal's role in teacher development. In B. Joyce (Ed.), *Changing School Culture through Staff Development*. Alexandria, VA: Association for Supervision and Curriculum, 71 – 90.

Leithwood, K. (2010). How the leading student achievement project improves student learning: an evolving theory of action. February 2010. Curriculum Org. Available online at www.curriculum.org/LSA/fi(accessed 10 February 2012).

Leithwood, K. A. and Hallinger, P. (Eds.) (2012). *Second International Handbook of Educational Leadership and Administration (Vol. 8)*. Dordrecht: Springer Science & Business Media.

Leithwood, K. and Sun, J. P. (2012). The nature and effects of transformational school leadership: a meta-analytic review of unpublished research. *Educational Administration Quarterly*, 48(3), 387–423.

Leithwood, K. I., Jantzi, D. and Steinbach, R. (1999). *Changing Leadership for Changing Times*. Buckingham, UK: Open University Press.

Leithwood, K., Day, C., Sammons, P., Harris, A. and Hopkins, D. (2006). *Seven Strong Claims about Successful School Leadership*. London: DfES and Nottingham: NCSL.

Leithwood, K., Harris, A. and Hopkins, D. (2008). Seven strong claims about successful school leadership. *School Leadership and Management*, 28(1), 27–42.

Lemon, M., Jeffrey, P. and Snape, R. (2014). Levels of abstraction and cross-cutting skills: making sense of context in pursuit of more sustainable futures. In J. McGlade and M. Strathern (Eds.), *The Social Face of Complexity Science*. Litchfield Park, AZ: Emergent Publications.

Lesser, E. L. and Storck, J. (2001). Communities of practice and organizational performance. *IBM Systems Journal*, 40(4), 831–841.

Levinson, D. J., Darrow, C. N., Klein, E. B., Levinson, M. A. and McKee, B. (1978). *Seasons of a Man's Life*. New York, NY: Knopf.

Lewis, C. (2002). *Lesson Study: A Handbook of Teacher-Led Instructional Improvement*. Philadelphia, PA: Research for Better Schools.

Lewis, C., Perry, R. and Murata, A. (2006). How should research contribute to instructional improvement? The case of lesson study. *Educational Researcher*, 35(3), 3–14.

Lichter, D. T., Shanahan, M. J. and Gardner, E. L. (2002). Helping others? The effects of childhood poverty and family instability on prosocial behavior. *Youth and Society*, 34(1), 89–119.

Lieberman, A. (2010). Teachers, learners, leaders: joining practice, policy and research. *Educational Leadership*, 15(67), 1–11.

Lieberman, A. and Miller, L. (2001). Introduction. In A. Lieberman and L. Miller (Eds.), *Teachers Caught in the Action: Professional Development That Matters*. New York, NY: Teachers College Press, vii–x.

Lieberman, A. and Wood, D. R. (2003). *Inside the National Writing Project*. New York, NY: Teachers College Press.

Lieberman, A. and Miller, L. (2004). *Teacher Leadership*. San Francisco, CA: Jossey-Bass.

Lieberman, A. and Mace, D. H. P. (2008). Teacher learning: the key to educational reform. *Journal of Teacher Education*, 59(3), 226–234.

Lieberman, A. and Miller, L. (2008). *Teachers in Professional Communities: Improving Teaching and Learning*. New York, NY: Teachers College Press.

Lieberman, A. and Miller, L. (2011). Learning communities: the starting point for profes-sional learning is in schools and classrooms. *Journal of Staff Development*, 32(4), 16–20.

Lightfoot, S. L. (1983). *The Good High School*. New York, NY: Basic Books.

Lightfoot, L. (2016). Nearly half of England's teachers plan to leave in next five years. *The Guardian*, 22 March 2016. Available online at www.theguardian.com/education/2016/mar/22/teachers-plan-leave-five-years-survey-workload-england (accessed 22 March 2016).

Little, J. W. (1993). Teachers' professional development in a climate of educational reform. *Educational Evaluation and Policy Analysis*, 15(2), 129–151.

Little, J. W. and Veugelers, W. (2005). Big change question: professional learning and school-network ties: prospects for school improvement. *Journal of Educational Change*, 6(3), 277–291.

Loehr, J. and Schwartz, T. (2003). *The Power of Full Engagement*. New York, NY: Free Press.

Lortie, D. C. (1975). *Schoolteacher*. Chicago, IL: University of Chicago Press.

Louis, K. S., Marks, H. M. and Druse, S. (1994). Teachers' professional community in restructuring schools. Paper prepared for the American Educational Research Association, New Orleans, April.

Louis, K. S., Kruse, S. and Bryk, A. S. (1995). Professionalism and community: what is it and why is it important in urban schools? In K. S. Louis, S. Kruse and Associates, *Professionalism and Community: Perspectives on Reforming Urban Schools*. Thousand Oaks, CA: Corwin Press.

Lumby, J. and English, F. W. (2009). From simplicism to complexity in leadership identity and preparation: exploring the lineage and dark secrets. *International Journal of Leadership in Education*, 12(2), 95–114.

Lundahl, L. (2002). Sweden: decentralisation, deregulation, quasi-markets-and then what? *Journal of Education Policy*, 17(6), 687–697.

Luthans, F., Vogelgesang, G. R. and Lester, P. B. (2006). Developing the psychological capital of resiliency. *Human Resource Development Review*, 5(1), 25–44.

Luthans, F., Youssef, C. M. and Avolio, B. J. (2007). *Psychological Capital: Developing the Human Competitive Edge*. Oxford: Oxford University Press.

Luthar, S., Cicchetti, D. and Becker, B. (2000). The construct of resilience: a critical evalu-ation and guidelines for future work. *Child Development*, 71(3), 543–562.

MacBeath, J. (2008). *Distributed Leadership: Paradigms, Policy and Paradox*. In

K. Leithwood, B. Mascall and T. Strauss (Eds.), *Distributed Leadership According to the Evidence*. London: Routledge, 41–58.

McCaffrey, D., Sass, T., Lockwood, J. R. and Mihaly, K. (2009). The intertemporal vari-ability of teacher effect estimates. *Educational Finance and Policy*, 4(4), 572–606.

McCann, T. M. and Johannessen, L. R. (2004). Why do new teachers cry? *The Clearing House*, 77(4), 138–145.

MacDonald, S. (2004). *The History and Philosophy of Art Education*. Cambridge: James Clarke and Co. Ltd.

McDougall, J. K. (2010). A crisis of professional identity: how primary teachers are com-ing to terms with changing views of literacy. *Teacher and Teacher Education*, 26(3), 679–687.

Macey, W. H., Schnieder, B., Barbara, K. M. and Young, S. A. (2009). *Employee Engagement: Tools for Analysis, Practice and Competitive Advantage*. Malden, MA: Wiley.

McLaughlin, M. W. and Talbert, J. E. (2001). *Professional Communities and the Work of High School Teaching*. Chicago, IL: University of Chicago Press.

McLaughlin, M. and Talbert, J. (2006). *Building School-Based Teacher Learning Communities*. New York, NY: Teachers College Press.

Maclean, R. (1992). *Teachers' Careers and Promotional Patterns: A Sociological Analysis*. London: Falmer Press.

MacLure, M. (1993). Arguing for your self: identity as an organising principle in teachers' jobs and lives. *British Education Research Journal*, 19(4), 311–322.

McNeil, L. M. (2000). *Contradictions of School Reform: Educational Costs of Standardized Testing*. New York, NY: Routledge.

McNess, E., Broadfoot, P. and Osborn, M. (2003). Is the effective compromising the affec-tive? *British Educational Research Journal*, 29(2), 243–257.

Mansfi C. F., Beltman, S., Price, A. and McConney, A. (2012). "Don't sweat the small stuff": understanding teacher resilience at the chalkface. *Teaching and Teacher Education*, 28(3), 357–367.

Mansfield, C. F., Beltman, S. and Price, A. (2014). 'I'm coming back again!' The resilience process of early career teachers. *Teachers and Teaching*, 20(5), 547–567.

Margolis, D. (1998). *The Fabric of Self: A Theory of Ethics and Emotions*. New Haven, CT and London: Yale University Press.

Margolis, J. (2008). What will keep today's teachers teaching? Looking for a hook as a new career cycle emerges. *Teachers College Record*, 110(1), 160–194.

Marks, H. M. and Printy, S. M. (2003). Principal leadership and school performance: inte-grating transformational and instructional leadership. *Educational Administration Quarterly*, 39(3), 370–397.

Marzano, R. J., Waters, T. and McNulty, B. A. (2005). *School Leadership That Works: From Research to Results*. Alexandria, VA: Association for Supervision and Curricula Development.

Mascall, B., Leithwood, K., Straus, T. and Sacks, R. (2008). The relationship between dis-tributed leadership and teachers' academic optimism. *Journal of Educational Administration*, 46(2), 214–228.

Maslach, C. (1993) Burnout: A multidimensional perspective. In W. B. Schaufeli, C. Maslach and T. Marek (Eds.), *Professional Burnout: Recent Developments in Theory and Research*. Washington, DC: Taylor & Francis, 19–32.

Maslach, C. (2001). What have we learned about burnout and health? *Psychology and Health*, 16(5), 607–611.

Masten, A. S., Best, K. M. and Garmezy, N. (1990). Resilience and development: contribu-tions from the study of children who overcome adversity. *Development and Psychopathology*, 2(4), 425–444.

Matoba, M., Shibata, Y., Reza, M. and Arani, S. (2007). School-university partnerships: a new recipe for creating professional knowledge in school. *Educational Research, Policy and Practice*, 6(1), 55–65.

Menter, I., Hulme, M., Elliott, D. and Lewin, J. (2010). *Literature Review on Teacher Education in the 21st Century*. Edinburgh: The Scottish Government.

Mintzes, J., Marcum, B., Messerschmidt-Yates, C. and Mark, A. (2013). Enhancing self efficacy in elementary science teaching with professional learning communities. *Journal of Science Teacher Education*, 24(7), 1201–1218.

Mitchell, C. and Sackney, L. (2000). *Profound Improvement: Building Capacity for a Learning Community*. Lisse, the Netherlands: Swets & Zeitlinger.

Mockler, N. and Sachs, J. (2011). *Rethinking Educational Practice through Reflexive Inquiry: Essays in Honour of Susan Groundwater-Smith*. Dordrecht, The Netherlands: Springer.

Molina-Morales, F. X., Martínez-Fernández, M. T. and Torlo, V. J. (2011). The dark side of trust: the benefits, costs and optimal levels of trust for innovation performance. *Long Range Planning*, 44(2), 118–133.

Moore-Johnson, S. (2015). Will VAMS reinforce the walls of the egg-crate school? *Educational Researcher*, 44(2), 117–126.

Mourshed, M., Chijioke, C. and Barber, M. (2010). *How the World's Most Improved School Systems Keep Getting Better*. London: McKinsey & Company.

Mulford, B. (2008). *The Leadership Challenge: Improving Learning in Schools*. Camberwell, Victoria: Australian Education Review Number 53, Australian Council for Educational Research.

Näring, G., Briët, M. and Brouwers, A. (2006). Beyond demands-control: emotional labor and symptoms of burnout in teachers. *Work and Stress*, 20(4), 303–315.

Nias, J. (1989). *Primary teachers talking. A Study of Teaching as Work*. London:

Routledge.

Nias, J. (1996). Thinking about feeling: the emotions in teaching. *Cambridge Journal of Education*, 26(3), 293-323.

Nias, J. (1999). Teachers' moral purposes: stress, vulnerability, and strength. In R. Vandenberghe and A. M. Huberman (Eds.), *Understanding and Preventing Teacher Burnout: A Sourcebook of International Research and Practice*. Cambridge: Cambridge University Press, 223-237.

Nias, J., Southworth, G. and Campbell, P. (1992). *Whole School Curriculum Development in the Primary School*. London: Falmer Press.

Ning, H. K., Lee, D. and Lee, W. O. (2015). Relationships between teacher value orienta-tions, collegiality, and collaboration in school professional learning communities. *Social Psychology of Education*, 18(2), 337-354.

Noddings, N. (1992). *The Challenge to Care in Schools: An Alternative Approach to Education*. New York, NY: Teachers College Press.

Nolder, R. (1992). Bringing teachers to the centre stage: a study of secondary school teach-ers' responses to curriculum change in mathematics. Unpublished PhD thesis. London: King's College, University of London.

Norman, S. M., Avolio, B. J. and Luthans, F. (2010). The impact of positivity and transpar-ency on trust in leaders and their perceived effectiveness. *The Leadership Quarterly*, 21(3), 350-364.

NSIN. *Research Matters*, No. 5, Summer 1996, 1. London: Institute of Education.

Oakes, J. and Rogers, J. (2007). Radical change through radical means: organizing for equi-table schools. *Journal of Educational Change*, 8(3), 193-206.

O'Connor, K. E. (2008). You choose to care: teachers, emotions and professional identity. *Teaching and Teacher Education*, 24(1), 117-126.

OECD (2004). *Learning for Tomorrow's World: First Results from PISA 2003*. Paris: OECD.

OECD. (2005). *Teachers Matter: Attracting, Developing and Retaining Effective Teachers*. Paris: OECD.

OECD. (2008). *Education at a Glance 2008*. Paris: OECD.

OECD. (2009). *Creating Effective Teaching and Learning Environments: First Results from TALIS*. Paris: OECD.

Oja, E. (1989). Neural networks, principle components, and subspaces. *International Journal of Neural Systems*, 1(1), 61-68.

Opfer, V. D. and Pedder, D. (2011). Conceptulisating teacher professional learning. *Review of Educational Research*, 81(3), 376-407.

Orland-Barak, L. and Maskit, D. (2011). Novices "in story": what first year teachers' narra-tives reveal about the shady corners of teaching. *Teachers and Teaching: Theory and Practice*, 17(4), 435-450.

Osguthorpe, R. and Sanger, M. (2013). The moral nature of teacher candidate beliefs about the purposes of schooling and their reasons for choosing teaching as a career. *Peabody Journal of Education*, 88(2), 180–197.

Oswald, M., Johnson, B. and Howard, S. (2003). Quantifying and evaluating resilience pro-moting factors: teachers' beliefs and perceived roles. *Research in Education*, 70(2), 50–64.

Oxford English Dictionary. (2006). Oxford: Oxford University Press.

Ozga, J. (2008). *Social Capital, Professionalism and Diversity: Studies in Inclusive Education* (with J. Allen, G. Smyth). Rotterdam: Sense Publishers.

Ozga, J. (2012). Governing knowledge: data, inspection and education policy in Europe. *Globalisation, Societies and Education*, 10(4), 439–455.

Palmer, P. (1998). *The Courage to Teach*. San Francisco, CA: Jossey-Bass.

Palmer, P. J. (2007). *The Courage to Teach: Exploring the Inner Landscape of a Teachers's Life*. San Francisco, CA: Jossey-Bass.

Palmer, M., Rose, D., Sanders, M. and Randle, F. (2012). Conflict between work and family among New Zealand teachers with dependent children. *Teaching and Teacher Education*, 28(7), 1049–1058.

Panatik, S. A. B., Badri, S. K. Z., Rajab, A., Rahman, H. A. and Shah, I. M. (2011). The impact of work family conflict on psychological well-being among school teachers in Malaysia. *Procedia-Social and Behavioral Sciences*, 29(2011), 1500–1507.

Papatraianou, L. H. and Le Cornu, R. (2014). Problematising the role of personal and professional relationships in early career teacher resilience. *Australian Journal of Teacher Education*, 39(1), 100–116.

Papay, J. P. (2011). Different tests, different answers: the stability of teacher value-added estimates across outcome measures. *American Educational Research Journal*, 48(1), 163–193.

Parr, J. M. and Timperley, H. S. (2010). Multiple "black boxes": inquiry into learning within a professional development project. *Improving Schools*, 13(2), 158–171.

Patoine, B. (2008). *Brain Development in a Hyper-Tech World*. Briefing Paper, 26 August 2008. The DANA Foundation. Available online at www.dana.org/Briefing_Papers/Brain_Development_in_a_Hyper-Tech_World/ (accessed 24 February 2017).

Patterson, J. M. (2002). Integrating family resilience and family stress theory. *Journal of Marriage and the Family*, 64(2), 349–360.

Patterson, J. L. and Kelleher, P. (2005). *Resilient School Leaders: Strategies for Turning Adversity into Achievement*. Alexandria, VA: Association for Supervision and Curriculum Development (ASCD).

Payne, C. M. (2008). *So Much Reform, So Little Change: The Persistence of Failure in Urban Schools*. Chicago, IL: University of Chicago Press.

Pearson UK (2011). New campaign to help parents and teachers get children learning for life. Available online from https://uk. pearson. com/about-us/news-and-policy/news/2011/10/new-campaign-to-help-parents-and-teachers-get-children-reading-f.html (accessed 2 January 2015).

Pennings, J. M. (1975). The relevance of the structure-contingency model for organizational effectiveness. *Administrative Science Quarterly*, 20(3), 292 – 410.

Polanyi, Michael. (1967). The growth of science in society. *Minerva* 5(4), 533 – 545.

Pop, M. M. and Turner, J. E. (2009). To be or not to be ... a teacher? Exploring levels of commitment related to perceptions of teaching among students enrolled in a teacher education program. *Teachers and Teaching: Theory and Practice*, 15(6), 683 – 700.

Postman, Neil. (1992). *Technopoly: The Surrender of Culture to Technology*. New York, NY: Knopf.

Power, M. (2004). *The Audit Explosion*. London: Demos.

Pyhältö, K., Pietarinen, J. and Salmela-Aro, K. (2011). Teacher-working environment fit as a framework for burnout experienced by Finnish teachers. *Teaching and Teacher Education*, 27(7), 1101 – 1111.

Raudenbush, S. W., Rowan, B. and Cheong, Y. F. (1992). Contextual effects on the self-perceived efficacy of high school teachers. *Sociology of Education*, 65(2), 150 – 167.

Reio, T. G., Jr. (2005). Emotions as a lens to explore teacher identity and change: a com-mentary. *Teaching and Teacher Education*, 21(8), 985 – 993.

Rhodes, S. (1983). Age-related differences in work attitudes and behaviour: a review and conceptual analysis. *Psychological Bulletin*, 93(2), 328 – 367.

Rinne, R., Kivirauma, J. and Simola, H. (2002). Shoots of revisionist education policy or just slow readjustment? The Finnish case of educational reconstruction. *Journal of Educational Policy*, 17(6), 643 – 658.

Rippon, J. H. (2005). Re-defining careers in education. *Career Development International*, 10(4), 275 – 292.

Risley, T. R. and Hart, B. (2006). Promoting early language development. In N. F. Watt, C. Ayoub, R. H. Bradley, J. E. Puma and W. A. LeBoeuf (Eds.), *The Crisis in Youth Mental Health: Critical Issues and Effective Programs, Volume 4, Early Intervention Programs and Policies*. Westport, CT: Praeger, 83 – 88.

Rivers, J. C. and Sanders, W. L. (1996). *Cumulative and Residual Effects of Teachers on Future Student Academic Achievement*. Knoxville, TN: University of Tennessee Value-Added Research and Assessment Center.

Rivkin, S. G., Hanushek, E. A. and Kain, J. F. (2005). Teachers, schools and academic achievement. *Econometrica*, 73(2), 417 – 458.

Robinson, V. M. J. (2007). *School Leadership and Student Outcomes: Identifying What Works and Why*. No. 41. October 2007. Melbourne: Australian Council for Educational Leaders.

Robinson, V. M. J. (2010). From instructional leadership to leadership capabilities: empiri-cal findings and methodological challenges. *Leadership and Policy in Schools*, 9(1), 1–26.

Robinson, V., Lloyd, C. and Rowe, K. (2008). The impact of leadership on student out-comes: an analysis of the differential effects of leadership types. *Educational Administration Quarterly*, 44(5), 635–674.

Robinson, V., Hohepa, M. and Lloyd, C. (2009). *School Leadership and Student Outcomes: Identifying What Works and Why. Iterative Best Evidence Syntheses (BES) Programme*. Wellington: Ministry of Education, New Zealand.

Rockoff, J. E. (2004). The impact of individual teachers on student achievement: evidence from panel data. *American Economic Review*, 94(2), 247–252.

Rose, N. (1990). *Governing the Soul: The Shaping of the Private Self*. London and New York: Routledge.

Rosenfeld, L. B. and Richman, J. M. (1997). Developing effective social support: team building and the social support process. *Journal of Applied Sport Psychology*, 9(1), 133–153.

Rosenholtz, S. (1984). *Political Myths about Reforming the Teaching Profession*. Denver, CO: Education Commission of the States, July, 1984.

Rosenholtz, S. J. and Simpson, C. (1990). Workplace conditions and the rise and fall of teachers' commitment. *Sociology of Education*, 63(4), 241–257.

Rovelli, C. (2016). A lesson from the world's most inspirational physics teacher, *The Telegraph*, cited in Boudicca Fox-Leonard. Available online at www.telegraph.co.uk/education/2016/10/15/a-lesson-from-the-worlds-most-inspirational-physics-teacher/ (accessed 15 October 2016).

Rutter, M. (1990). Psychosocial resilience and protective mechanisms. In J. Rolf, A. S. Masten, D. Cicchetti, K. H. Nuechterlein and S. Weintraub (Eds.), *Risk and Protective Factors in the Development of Psychopathology*. New York, NY: Cambridge University Press, 181–214.

Ryan, R. M. and Deci, E. L. (Eds.) (2002). *Handbook of Self-Determination Research*. Rochester, NY: The University of Rochester Press.

Sachs, J. (2001). Teacher professional identity: competing discourses, competing outcomes. *Journal of Educational Policy*, 16(2), 149–161.

Sachs, J. (2005). Teacher education and the development of professional identity: learn-ing to be a teacher. In M. Kompf and P. Denicolo (Eds.), *Connecting Policy and Practice: Challenges for Teaching and Learning in Schools and Universities*. London and New York: Routledge, 5–21.

Sachs, J. (2016). Teacher professionalism: why are we still talking about it? *Teachers and Teaching: Theory and Practice*, 22(4), 413–425.

Sachs, J. and Mockler, N. (2012). Performance cultures of teaching: threat or opportu-nity?' In C. Day (Ed.), *International Handbook of Teacher and School*

Development. London: Routledge, 33–43.

Sammons, P., Kington, A., Lindorff-Vijayendran, A. and Ortega, L. (2014). *Inspiring Teachers: Perspectives and Practices*. Reading: CfBT Education Trust.

Sanger, M. N. and Osguthorpe, R. D. (2011). Teacher education, preservice teacher beliefs, and the moral work of teaching. *Teaching and Teacher Education*, 27(3), 569–578.

Sarros, J. C. (1992). What leaders say they do: an Australian example. *Leadership and Organization Development Journal*, 13(5), 21–27.

Scheffler, I. (1968). University scholarship and the education of teachers. *Teachers College Record*, 70(1), 1–12.

Schön, D. (1983). *The Reflective Practitioner. How Professionals Think in Action*. New York, NY: Basic Books.

Schutz, P. A. and Zembylas, M. (2009). *Advances in Teacher Emotion Research: The Impact on Teachers' Lives*. Dordrecht, The Netherlands: Springer.

Schutz, P. A. and Zembylas, M. (Eds.) (2011). *Advances in Teacher Emotion Research. The Impact of Teachers' Lives*. Heidelberg: Springer.

Seashore-Louis, K. (2007). Trust and improvement in schools. *Journal of Educational Change*, 8(1), 1–24.

Seashore-Louis, K. R., Anderson, A. R. and Riedel, E. (2003). Implementing arts for aca-demic achievement: the impact of mental models, professional community and interdisci-plinary teaming. Available online at http://conservancy.umn.edu/handle/11299/143717 (accessed 27 February 2017).

Sebring, P. B. and Bryk, A. S. (2000). School leadership and the bottom line in Chicago. *Phi Delta Kappan*, 81(6), 440–443.

Seldon, A. (2009). *Trust: How we lost it and how to get it back*. London: Biteback Publishing.

Seligman, M. E. P. (2002). *Authentic Happiness*. New York, NY: Free Press.

Seligman, M. (2011). *Flourish: A New Understanding of Happiness and Well-Being*. New York, NY: Simon & Schuster.

Seligman, M. (2012). *Flourish: A Visionary New Understanding of Happiness and Well-Being*. New York, NY: Atria Books.

Senge, P. (1990). *The Fifth Discipline*. London: Century Business.

Shleifer, A. (2012). Psychologists at the gate: a review of Daniel Kahneman's *Thinking, Fast and Slow*. *Journal of Economic Literature*, 50(4). Available online at https://dash.harvard.edu/handle/1/10735580 (accessed 24 February 2017).

Shoffner, M. (2011). Considering the first year: reflection as a means to address beginning teachers' concerns. *Teachers and Teaching: Theory and Practice*, 17(4), 417–433.

Shulman, L. (1986). Those who understand: knowledge growth in teaching.

Educational Researcher, 15(2), 4 – 14.

Sikes, P., Measor, L. and Woods, P. (1985). *Teacher Careers: Crises and Continuities*. Lewes, UK: Falmer.

Simon, N. S. and Johnson, S. M. (2015). Teacher turnover in high-poverty schools: what we know and can do. *Teachers College Record*, 117(3), 1 – 36.

Slater, H., Davies, N. and Burgess, S. (2009). Do teachers matter? Measuring the variation in teacher effectiveness in England. Centre for Market and Public Organisation Bristol Institute of Public Affairs, University of Bristol. Available from http://www.bristol.ac.uk/media-library/sites/cmpo/migrated/documents/wp212.pdf (accessed 7 February 2015).

Sloan, K. (2006). Teacher identity and agency in school worlds: beyond the all-good/all-bad discourse on accountability-explicit curriculum policies. *Curriculum Inquiry*, 36(2), 119 – 152.

Smethem, L. (2007). Retention and intention in teaching careers: will the new generation stay? *Teachers and Teaching*, 13(5), 465 – 480.

Smith, K. and Ulvik, M. (2014). Learning to teach in Norway: a shared responsibility. In O. McNamara (Ed.), *Workplace Learning in Teacher Education*. Dordrecht, The Netherlands: Springer Publishing Company, 261 – 277.

Smithers, A. and Robinson, P. (2000). *Coping with Teacher Shortages*. London: NUT.

Smithers, A. and Robinson, P. (2005). *Physics in Schools and Colleges: Teacher Deployment and Student Outcomes*. Buckingham, UK: Centre for Education and Employment Research, University of Buckingham.

Sockett, H. (1993). *The Moral Base for Teacher Professionalism*. New York, NY: Teachers College Press.

Soini, T., Pietarinen, J. and Pyhalto, K. (2016). What if teachers learn in the classroom? *Journal of Teacher Development*, 20(3), 380 – 397.

Solomon, R. C. and Flores, F. (2001). *Building Trust: In Business, Politics, Relationships, and Life*. New York, NY: Oxford University Press.

Somekh, B. (1988). Action research and collaborative school development. In R. McBride (Ed.), *The In-Service Training of Teachers*. London: Falmer Press, 160 – 176.

Somekh, B. (2006). *Action Research: A Methodology for Change and Development*. Buckingham, UK: Open University Press.

Southworth, G. (2011). Speech given at the Cambridge Teachers Conference on School Leadership.

Spillane, J. and Burch, P. (2006). The institutional environment and instructional practice: changing patterns of guidance and control in public education. In B. Rowan and H. Meyer (Eds.), *The New Institutionalism in Education*. Albany, NY: SUNY Press, 87 – 102.

Spillane, J. P. and Healey, K. (2010). Conceptualizing school leadership and

Spillane, J. P., Camburn, E. M. and Pareja, A. S. (2007). Taking a distributed perspective to the school principal's workday. *Leadership and Policy in Schools*, 6 (1), 103 – 125.

Split, J. L., Koomen, H. M. U. and Thijs, J. T. (2011). Teacher wellbeing: the importance of teacher-student relationships. *Educational Psychology Review*, 23 (4), 457 – 477.

Sroufe, L. A. (2005). Attachment and development: a prospective, longitudinal study from birth to adulthood. *Attachment and Human Development*, 7(4), 349 – 367.

Starratt, R. J. (1991). Building an ethical school: a theory for practice in educational leader-ship. *Educational Administration Quarterly*, 27(2), 185 – 202.

Stenhouse, L. (1975). *An Introduction to Curriculum Research and Development*. London: Heinemann.

Stokking, K, Leenders, F. de Jong, J. and van Tartwijk, J. (2003). From student to teacher: reducing practice shock and early dropout in the teaching profession. *European Journal of Teacher Education*, 25(3), 329 – 350.

Stoll, L. and Seashore-Louis, K. (2007). *Professional Learning Communities: Divergence, Depth and Dilemmas*. Maidenhead, UK: Open University Press.

Stoll, L., Bolam, R., McMahon, A., Wallace, M. and Thomas, S. (2006). Professional learn-ing communities: a review of the literature. *Journal of Educational Change*, 7(4), 221 – 258.

Sumsion, J. (2002). Becoming, being and unbecoming an early childhood educator: a phenom-enological case study of teacher attrition. *Teaching and Teacher Education*, 18(7), 869 – 885.

Sutton, R. E. (2004). Emotional regulation goals and strategies of teachers. *Social Psychology of Education*, 7(4), 379 – 398.

Swann, M., McIntyre, D., Pell, T., Hargreaves, L. and Cunningham, M., (2010). Teachers' conceptions of teacher professionalism in England in 2003 and 2006. *British Educational Research Journal*, 36(4), 549 – 571.

Szewczyk-Sokolowski, M., Bost, K. K. and Wainwright, A. B. (2005). Attachment, tem-perament, and preschool children's peer acceptance. *Social Development*, 3 (14), 379 – 397.

Talbert, J. E. and McLaughlin, M. W. (1996). Teacher professionalism in local school contexts. In I. Goodson, and A. Hargreaves (Eds.), *Teachers' Professional Lives*. London: Falmer Press, 127 – 153.

Thomson, M. M. and McIntyre, E. (2013). Prospective teachers' goal orientation: an exami-nation of different teachers' typologies with respect to motivations and beliefs about teaching. *Teacher Development: An International Journal of Teachers' Professional Development*, 17(4), 409 – 430.

Thomson, M. M. and Palermo, C. (2014). Preservice teachers' understanding of their pro-fessional goals: case studies from three different typologies. *Teaching and Teacher Education*, 44 (November 2014), 56 – 68.

Thomson, M. M., Turner, J. E., and Nietfeld, J. L. (2012). A typological approach to inves-tigate the teaching career decision: motivations and beliefs about teaching of prospective teacher candidates. *Teaching and Teacher Education*, 28 (3), 324 – 335.

Timperley, H. (2008). *Teacher Professional Learning and Development*. Brussels: International Academy of Education and International Bureau of Education.

Timperley, V. and Robinson, V. (2000). Workload and the professional culture of teachers. *Educational Management and Administration*, 28(1), 47 – 62.

Townsend, A. (2013). Rethinking networks in education: case studies of organisational devel-opment networks in neoliberal contexts. *Journal of Educational Change*, 43 (4), 343 – 362.

Tsang, K. K. (2013). Teacher emotions: sociological understandings. *Research Studies in Education*, 11, 127 – 143

Tschannen-Moran, M. (2004). *Trust Matters: Leadership for Successful Schools*. San Francisco, CA: Jossey-Bass.

Tschannen-Moran, M. (2014a). *Trust Matters: Leadership for Successful Schools* (2nd ed.). San Francisco, CA: Jossey-Bass.

Tschannen-Moran, M. (2014b). The interconnectivity of trust in schools. *In Trust and School Life*. Dordrecht, The Netherlands: Springer, 57 – 81.

Tschannen-Moran, M. and Hoy, W. K. (2000). A multidisciplinary analysis of the nature, meaning, and measurement of trust. *Review of Educational Research*, 70 (4), 547 – 593.

Tugade, M. and Fredrickson, B. L. (2004). Resilient individuals use positive emotions to bounce back from negative emotional arousal. *Journal of Personality and Social Psychology*, 86(2), 320 – 333.

Van den Berg, R. (2002). Teachers' meanings regarding educational practice. *Review of Educational Research*, 72(4), 577 – 625.

Vandenberghe, R. and Huberman, M. (Eds.) (1999). *Understanding and Preventing Teacher Burnout: A Sourcebook of International Research and Practice*. Cambridge: Cambridge University Press.

Van Maele, D., Van Houtte, M. and Forsyth, B. P. (2014). *Trust and School Life: The Role of Trust for Learning, Teaching, Leading and Bridging*. Dordrecht: Springer.

Van Veen, K. and Sleegers, P. (2006). How does it feel? Teachers' emotions in a context of change. *Journal of Curriculum Studies*, 38(1), 85 – 111.

Van Veen, K., Sleegers, P. and van de Ven, P. (2005). One teacher's identity, emotions, and commitment to change: a case study into the cognitive-affective processes of a secondary school teacher in the context of reforms. *Teaching and Teacher Education*, 21(8), 917–934.

Vermunt, J. D. and Verloop, N. (1999). Congruence and friction between learning and teaching. *Learning and Instruction*, 9(3), 257–280.

Veugelers, W. M. M. H. (2005). Networks of teachers or teachers caught in networks. *Journal of Educational Change*, 6(3), 284–291.

Villegas-Reimers, E. (2003). Teacher professional development: an international review of the literature. UNESCO: IIEP (International Institute for Educational Planning: 7). Available online at http://unesdoc.unesco.org/images/0013/001330/133010e.pdf (accessed 19 November 2015).

Waldman, D. and Avolio, B. (1986). A meta-analysis of age differences in job performance. *Journal of Applied Psychology*, 71(1), 33–38.

Ware, H. and Kitsantas, A. (2007). Teacher and collective efficacy beliefs as predictors of professional commitment. *The Journal of Educational Research*, 100(5), 303–309.

Warr, P. (1994). Age and job performance. In J. Snel and Cremer, R. (Eds.), *Work and Age: A European Perspective*. London: Taylor & Francis, 309–322.

Wasik, B. A. and Hindman, A. H. (2011). Improving vocabulary and pre-literacy skills of at-risk preschoolers through teacher professional development. *Journal of Educational Psychology*, 103(2), 455–469.

Watt, H. M. G., Richardson, P. W., Klusmann, U., Kunter, M., Beyer, B., Trautwein, U. and Baumert, J. (2012). Motivations for choosing teaching as a career: an international comparison using the FIT-choice scale. *Teaching and Teacher Education*, 28(6), 791–805.

Watts, A. G. (1981). Career patterns. In A. G. Watts, D. E. Super and Kidd, J. M. (Eds.), *Career Development in Great Britain*. Cambridge: Hobson's Press.

Webster-Wright, A. (2009). Reframing professional development through understanding authentic professional learning. *Review of Educational Research*, 79(2), 702–739.

Welle-Strand, A. and Tjeldvoll, A. (2002). *Learning, ICT and Value Creation-Strategies Missing?* BI Research Report Series. Sandvika, Norway: BI.

Wenger, E. (1998). *Communities of Practice: Learning, Meaning and Identity*. Cambridge: Cambridge University Press.

Wenger, E. (2000). Communities of practice and social learning systems. *Organization*, 7(2), 225–246.

Wenger, E. C. and Snyder, W. M. (2000). Communities of practice: the organizational frontier. *Harvard Business Review*, 78(1), 139–145.

Wennergren, A. (2016). Teachers as learners-with a little help from a critical friend. *Educational Action Research*, 24(3), 260–279.

Wertsch, J. V., Tulviste, P. and Hagstrom, F. (1993). A sociocultural approach to agency. In E. A. Forman, N. Minick and C. A. Stone (Eds.), *Contexts for Learning: Sociocultural Dynamics in Children's Development*. Oxford: Oxford University Press, 336–356.

Wheatley, M. J. (1999). *Leadership and the New Science: Discovering Order in a Chaotic World*. San Francisco, CA: Berrett-Koehler Publishers.

Wheatley, M. (2001). Restoring hope for the future through critical education of leaders. *Vimut Shiksha*, March.

Whitty, G., Power, S. and Halpin, D. (1998). *Devolution and Choice in Education: The School, the State and the Market*. Buckingham, UK: Open University Press.

Williams, J., Ryan, J. and Morgan, S. (2014). Lesson study in a performative culture. In O. McNamara, J. Murray and M. Jones (Eds.), *Workplace Learning in Teacher Education: International Practice and Policy*. Dordrecht, The Netherlands: Springer, 141–157.

Wong, J. L. N. (2010). What makes a professional learning community possible? A case study of a Mathematics department in a junior secondary school of China. *Asia Pacific Education Review*, 11(2), 131–139.

Woolfolk Hoy, A., Hoy, W. K. and Kurz, N. (2008). Teacher's academic optimism: the development and test of a new construct. *Teaching and Teacher Education*, 24(4), 821–834.

Wright, M. O. and Masten. A. S. (2006). Resilience processes in development. In S. Goldstein and R. Brooks (Eds.), *Handbook of Resilience in Children*. New York, NY: Springer, 17–37.

Yamagata-Lynch, L. C. and Smaldino, S. (2007). Using activity theory to evaluate and improve K–12 school and university partnerships. *Evaluation and Program Planning*, 30(4), 364–380.

Youngs, P. and King, M. (2002). Principal leadership for professional development to build school capacity. *Educational Administration Quarterly*, 38(5), 643–670.

Zeichner, K. (1993). *Educating Teachers for Cultural Diversity*. Special Report. East Lansing, MI: Michigan State University, National Center for Research on Teacher Learning.

Zeichner, K. (2010). Rethinking the connections between campus courses and field experi-ences in college and university-based teacher education. *Journal of Teacher Education*, 61(1–2), 89–99.

Zeichner, K. and Liston, D. (1996). *Reflective Teaching: An Introduction*. Mahwah, NJ: Lawrence Erlbaum Associates.

Zembylas, M. (2003). Interrogating "teacher identity": emotion, resistance, and self-formation. *Educational Theory*, 53(1), 107–127.

Zembylas, M. (2005a). *Teaching with Emotion: A Postmodern Enactment*.

Greenwich, CT: IAP.

Zembylas, M. (2005b). Discursive practices, genealogies, and emotional rules: a poststruc-turalist view on emotion and identity in teaching. *Teaching and Teacher Education*, 21(8),935–948.

译后记

又是一年的三月,万物复苏,春回大地,暖阳透过窗户,照进我的办公室,正好照在电脑屏幕上,一下子把我拉回到了2015年的3月,同样是这样的一缕阳光落在了我的笔记本电脑上,只是当时我坐在 Hallward 的图书馆窗边。一晃八年过去了,但是我仍然清晰地记得那年在英国校园里与戴杰思教授的相逢,也更有幸了解到这本新书之初的萌芽,正如戴教授在为中文读者特意撰写的中文版序中提到的那样,本是应出版社之邀,计划将1999年出版的畅销书《培养教师:终身学习的挑战》(*Developing Teachers: Challenges of Lifelong Learning*)升级更新,添加一些最新的文献后重新再版。然而,戴杰思教授觉得这不应该是简单的文献更新升级,因为之后近20年里教师的工作、生活和世界都在发生巨大的变化,更加具有专业性,同时也更加具有复杂性。戴教授也决定给自己更大的挑战,不仅仅是更新文献,更是重新全面地描述现代教师发展领域的前沿研究与理论,探析教师工作和世界的错综复杂,从而有了眼前我们看到的崭新杰作。

由于当时在英国诺丁汉大学攻读教育领导与管理的博士学位,我才有更进一步的机会在第一时间了解并拜读戴教授的这一新书,让我受益匪浅。我时常可以发现自己曾经作为一名教师的时候的一些困惑、苦恼在书中都能找到一定的支持和认同;同时,我也看到戴教授对于教师的专业成长和发展的理解透彻,把教师世界里的重要元素,不仅是工作,特别是有质量、有品质的教师生活紧密结合在一起。当我是一名中学教师的时候,我深刻体会到教师工作的繁琐与挑战,如果想成为一名优秀的教师,需要在专业上的不断精进,研究教学,研究学生,研究教育的变革,同时更需要不断自我学习与资源拓展,仰望星空,面向未来,培养真正的全面的人。但是这个过程或者旅程是需要有智慧的"引路人",他们可以是一线的名师,也可以是资深的教研员,但是同样更需要在教师专业领域深耕的研究者和学者专家们,我觉得戴杰思教授便是这样的一位导师。

因此,在我进行理论学习的过程中,最大的感受就是希望能让中国的读者,尤其是一线的教师也和我一样,能尽快地、全面地了解教师研究领域最前沿的理论,让老师们能够感受到实践智慧与理论的知识对话和关联的机会,也让自己实践中的困惑能在理论里找到一把钥匙,同时实践中鲜活的故事又能让理论更加生动并不断完善。于是这本译著《保持教学生命力:追求有品质的教师生活》顺势诞生。

本书围绕贯穿教师专业发展的相关话题开展讨论,强调的核心目标就是要追求竭尽全力做到最好的有品质的教师生活。我们可能会看到有的教师非常努力,但是不一定能教得很好;我们也发现有的做得好的老师可以做得更好,因为他们可能还可以更加投入、付出甚至引领更多的人。突如其来的新冠疫情给全世界本来就很忙碌的教师工作带来更大的挑战,但是无论怎样的复杂,无论多么的忙碌,书中强调我们要认识到承诺和常新的重要性和必要性,因此,创新与学习就会无时无处不在,但矛盾和挑战也同在。因此本书剖析了为学习和创造提供的多维因素:智力、情绪与组织等等,同时需要将头脑和心灵当作一个整体,将成人学习的角色和成长特点相结合,这绝不是一件容易的事情。戴教授也指出,拥抱教师世界和工作的复杂性,追求教师质量,做到高品质教育生涯是本书的本质。戴杰思教授通过旁征博引,从政策、研究和实践的视角来全面深刻地分析和理解教与学、学习和领导力的复杂性,值得我们在教师生涯的不同阶段来阅读某一个章节,细细体味,不断思考,相信收获是不一样的。

尽管戴杰思教授的原著读起来并没有晦涩的内容,但是译著要做到忠实原文,同时又要符合中文的阅读习惯、阅读思维和实际情境,真正做到"信、达、雅"的翻译也并不是一件容易的事情。本译著中难免有些疏漏之处,还请读者能够批评指正。另外,本书在翻译的过程中得到了多位学生助理的支持和帮助,特别是参与统稿和多次的校对过程的王晓阳、王玉。华东师范大学出版社的张艺捷编辑对于本书的出版给予了专业指导和支持。本书的顺利完成还离不开在教育一线的老师和朋友们的关心和帮助,同时更期待读者们的意见和建议,希望与大家共同进步,一起成长与发展。

谢 萍

2023年3月于北京